高职高专汽车类规划教材编审委员会

主　任　张西振

副主任　张红伟　　何乔义　　胡　勇　　李幸福
　　　　　周洪如　　王凤军　　宋保林　　熊永森
　　　　　欧阳中和　王贵槐　　刘晓岩　　黄远雄

委　员　（按姓名笔画排序）

于丽颖	上官红喜	王木林	王凤军
王志文	王贤高	王贵槐	王洪章
王晓波	王海宝	韦焕典	卢华
代洪	冯伟	冯培林	伍静
刘刚	刘凤波	刘玉清	刘泽国
刘晓岩	刘鸿健	孙晓峰	李刚
李彦	李幸福	杨安杰	杨晓波
吴东平	吴东阳	吴瑛萍	吴喜骊
何乔义	何金戈	沈洪松	宋东方
宋保林	张军	张晔	张西振
张红伟	张利民	张忠伟	陈宣
陈振斌	苗全生	欧阳中和	罗富坤
周晶	周洪如	郑劲	赵文龙
赵伟章	胡勇	胡文娟	胡寒玲
姜伦	姚杰	索文义	贾永枢
党宝英	郭秀香	黄坚	黄远雄
龚文资	崔雯辉	梁振华	董继明
蒋芳	韩建国	惠有利	曾庆吉
谢三山	强卫民	廖忠诚	熊永森
潘天堂	戴晓松		

高职高专汽车类规划教材
国家技能型紧缺人才培养培训系列教材

汽车服务企业管理

胡寒玲 主编

化学工业出版社

北京

本书根据汽车服务企业特点及其对企业管理提出的特殊要求,融合先进的管理理论、工具及在汽车服务企业中的运用,结合交通行业职业技能规范标准,对汽车服务企业各项管理活动进行了较为系统的论述。

本书主要内容包括:汽车服务企业管理概论、汽车服务企业生产管理、汽车服务企业质量管理、汽车服务企业人力资源管理、汽车服务企业设备和配件管理、汽车服务企业财务管理、汽车售后服务管理、汽车服务企业信息管理和企业文化与企业形象等内容。

本书可作为高等职业院校汽车类相关专业的教学用书,也可供汽车服务企业的管理人员和有关从业人员参考使用。

图书在版编目(CIP)数据

汽车服务企业管理/胡寒玲主编. —北京:化学工业出版社,2010.3(2020.11重印)
高职高专汽车类规划教材
国家技能型紧缺人才培养培训系列教材
ISBN 978-7-122-07401-0

Ⅰ.汽… Ⅱ.胡… Ⅲ.汽车工业-工业企业管理-高等学校:技术学院-教材 Ⅳ.F407.471.6

中国版本图书馆 CIP 数据核字(2010)第 008509 号

责任编辑:韩庆利　　　　　　　　　　　装帧设计:尹琳琳
责任校对:徐贞珍

出版发行:化学工业出版社(北京市东城区青年湖南街 13 号　邮政编码 100011)
印　　刷:北京京华铭诚工贸有限公司
装　　订:三河市振勇印装有限公司
787mm×1092mm　1/16　印张 12¼　字数 309 千字　2020 年 11 月北京第 1 版第 7 次印刷

购书咨询:010-64518888　　　　　　　　　售后服务:010-64518899
网　　址:http://www.cip.com.cn
凡购买本书,如有缺损质量问题,本社销售中心负责调换。

定　　价:35.00 元　　　　　　　　　　　　　　　　　　　　版权所有　违者必究

前　　言

近年来，我国汽车工业快速而稳步发展，汽车工业的繁荣，使汽车及其相关产业的人才需求量大幅度增长。尽管我国很多汽车服务企业已经初具规模，但未来几十年是一个对汽车服务行业充满挑战的时代，汽车技术的飞速发展，必然会带来一场汽车服务行业的革命，传统的维修模式、经营方式、管理手段已经远远不能适应现代激烈的市场竞争的需要，汽车服务企业需要接受新的管理理念，需要一批业务全面的综合型人才。

本书根据汽车服务企业的特点，运用现代企业管理的理论和方法，对企业各项管理活动进行了系统的论述，其主要内容包括汽车服务企业管理概论、汽车服务企业生产管理、汽车服务企业质量管理、汽车服务企业人力资源管理、汽车服务企业设备和配件管理、汽车服务企业财务管理、汽车售后服务管理、汽车服务企业信息管理和企业文化与企业形象等。

本书编写分工如下：胡寒玲编写第 1 章、第 4 章、附录；何乔义编写第 2 章、第 3 章；李刚编写第 5 章、第 7 章；伍静编写第 6 章、第 8 章；牛忠文编写（第 9 章）。全书由胡寒玲担任主编。

在本书的编写过程中得到了许多汽车服务单位的专业技术人员的无私帮助，特别是武汉宝泽汽车销售服务有限公司售后服务部经理牛忠文先生的大力支持，另外，在编撰过程中，还参阅了大量的相关文献资料。在此，谨代表本书全体编者向有关人士表示诚挚的谢意！

本书有配套电子教案，可赠送给用本书作为授课教材的院校和老师，如果有需要，可发邮件至 hqlbook@126.com 索取。

由于编者水平有限，书中疏漏之处在所难免，殷切希望广大读者批评指正。

编　者

目 录

第1章 汽车服务企业管理概论 ·· 1
1.1 现代企业管理 ·· 1
1.1.1 企业的概念、特征和类型 ·································· 1
1.1.2 企业管理 ·· 2
1.2 现代企业制度与公司治理结构 ·································· 3
1.2.1 现代企业制度 ·· 3
1.2.2 现代企业制度的构建 ······································ 5
1.2.3 公司治理结构 ·· 7
1.3 汽车服务企业概述 ·· 8
1.3.1 汽车服务 ·· 8
1.3.2 汽车服务企业 ·· 9
1.3.3 汽车服务企业的经营特点 ·································· 12
1.4 汽车服务企业的职能与任务 ···································· 13
1.4.1 汽车服务企业管理的职能 ·································· 13
1.4.2 汽车服务企业管理的任务和内容 ···························· 14
1.5 汽车服务企业组织结构 ······································ 15
1.5.1 汽车服务企业管理组织设计的原则 ·························· 15
1.5.2 汽车服务企业组织机构的基本形式 ·························· 16
1.5.3 汽车服务企业组织机构设置与职能规划 ······················ 18
复习思考题 ·· 22

第2章 汽车服务企业生产管理 ·· 23
2.1 汽车服务企业经营计划 ······································ 23
2.1.1 汽车服务企业经营计划特点和作用 ·························· 23
2.1.2 汽车服务企业经营计划的分类和主要任务 ···················· 24
2.1.3 汽车服务企业经营计划的内容 ······························ 25
2.1.4 汽车服务企业经营计划的编制 ······························ 27
2.1.5 汽车服务经营计划的实施与控制 ···························· 29
2.2 汽车服务企业的生产组织 ···································· 30
2.2.1 汽车服务企业服务系统设计 ································ 30
2.2.2 汽车服务企业生产能力规划与设备选择 ······················ 34
2.2.3 服务流程设计 ·· 35
2.2.4 汽车维修企业车间现场管理 ································ 37
2.3 汽车服务企业运营管理 ······································ 38
2.3.1 汽车服务企业服务供给与服务需求 ·························· 38
2.3.2 服务能力与服务需求平衡的管理 ···························· 39
2.3.3 汽车服务企业的顾客满意管理 ······························ 41
复习思考题 ·· 46

第3章 汽车服务企业质量管理 ·· 47
3.1 服务质量与服务质量管理 ···································· 47

  3.1.1 服务质量与竞争优势 ………………………………………………… 47
  3.1.2 服务质量问题产生的原因 ……………………………………………… 49
  3.1.3 服务质量的衡量 ………………………………………………………… 50
 3.2 质量管理体系的建立 …………………………………………………………… 52
  3.2.1 服务质量管理与控制 …………………………………………………… 52
  3.2.2 建立汽车维修现场管理体系 …………………………………………… 54
 3.3 企业质量保证体系 ……………………………………………………………… 56
  3.3.1 全面质量管理与ISO质量认证 ………………………………………… 56
  3.3.2 全面质量管理的思想基础和方法依据 ………………………………… 57
 复习思考题 …………………………………………………………………………… 59

第4章 汽车服务企业的人力资源管理 …………………………………………… 60
 4.1 人力资源管理概述 ……………………………………………………………… 60
  4.1.1 人力资源及其特征 ……………………………………………………… 60
  4.1.2 人力资源管理 …………………………………………………………… 60
 4.2 人力资源规划与工作分析 ……………………………………………………… 62
  4.2.1 人力资源规划 …………………………………………………………… 62
  4.2.2 工作分析 ………………………………………………………………… 63
 4.3 汽车服务企业员工招聘与培训 ………………………………………………… 64
  4.3.1 员工招聘 ………………………………………………………………… 64
  4.3.2 员工培训 ………………………………………………………………… 66
 4.4 汽车服务企业绩效评估管理 …………………………………………………… 69
  4.4.1 绩效评估的含义和类型 ………………………………………………… 69
  4.4.2 绩效评估管理的程序 …………………………………………………… 70
 4.5 薪酬体系设计 …………………………………………………………………… 73
  4.5.1 薪酬体系的作用与意义 ………………………………………………… 73
  4.5.2 薪酬的主要内容 ………………………………………………………… 73
  4.5.3 薪酬体系设计的基本程序 ……………………………………………… 74
  4.5.4 薪酬体系设计过程中应该注意的问题 ………………………………… 75
 复习思考题 …………………………………………………………………………… 78

第5章 汽车服务企业设备和配件管理 …………………………………………… 79
 5.1 设备管理概述 …………………………………………………………………… 79
  5.1.1 设备管理概念及分类 …………………………………………………… 79
  5.1.2 设备管理工作的内容 …………………………………………………… 80
  5.1.3 设备管理的任务 ………………………………………………………… 80
 5.2 设备的选择与评价 ……………………………………………………………… 81
  5.2.1 设备的选择 ……………………………………………………………… 81
  5.2.2 设备选择的经济评价 …………………………………………………… 82
 5.3 设备的使用、维护与修理 ……………………………………………………… 84
  5.3.1 设备的合理使用和维护保养 …………………………………………… 84
  5.3.2 设备的检查与修理 ……………………………………………………… 85
 5.4 汽车配件管理 …………………………………………………………………… 90
  5.4.1 汽车配件的概念 ………………………………………………………… 90
  5.4.2 汽车配件的编号 ………………………………………………………… 91
  5.4.3 汽车配件的仓储管理 …………………………………………………… 93

  5.4.4 汽车配件的库存控制 ᠁᠁᠁᠁᠁᠁᠁᠁᠁᠁᠁᠁᠁᠁ 96
 复习思考题 ᠁᠁᠁᠁᠁᠁᠁᠁᠁᠁᠁᠁᠁᠁᠁᠁᠁᠁᠁᠁᠁᠁ 98

第6章 汽车服务企业财务管理 ᠁᠁᠁᠁᠁᠁᠁᠁᠁᠁᠁ 99
 6.1 汽车服务企业财务管理 ᠁᠁᠁᠁᠁᠁᠁᠁᠁᠁᠁᠁᠁᠁ 99
  6.1.1 概述 ᠁᠁᠁᠁᠁᠁᠁᠁᠁᠁᠁᠁᠁᠁᠁᠁᠁᠁᠁ 99
  6.1.2 汽车服务企业筹资管理 ᠁᠁᠁᠁᠁᠁᠁᠁᠁᠁᠁᠁ 103
  6.1.3 汽车服务企业资产的管理 ᠁᠁᠁᠁᠁᠁᠁᠁᠁᠁᠁ 107
  6.1.4 汽车服务企业财务分析与评价 ᠁᠁᠁᠁᠁᠁᠁᠁ 112
 6.2 汽车服务企业成本费用管理 ᠁᠁᠁᠁᠁᠁᠁᠁᠁᠁ 119
  6.2.1 成本费用管理概述 ᠁᠁᠁᠁᠁᠁᠁᠁᠁᠁᠁᠁᠁ 119
  6.2.2 成本预测和成本计划 ᠁᠁᠁᠁᠁᠁᠁᠁᠁᠁᠁᠁ 121
  6.2.3 成本控制 ᠁᠁᠁᠁᠁᠁᠁᠁᠁᠁᠁᠁᠁᠁᠁᠁ 124
 复习思考题 ᠁᠁᠁᠁᠁᠁᠁᠁᠁᠁᠁᠁᠁᠁᠁᠁᠁᠁᠁᠁᠁ 126

第7章 汽车售后服务管理 ᠁᠁᠁᠁᠁᠁᠁᠁᠁᠁᠁᠁᠁ 127
 7.1 汽车售后服务概述 ᠁᠁᠁᠁᠁᠁᠁᠁᠁᠁᠁᠁᠁᠁᠁ 127
 7.2 信贷服务与购车 ᠁᠁᠁᠁᠁᠁᠁᠁᠁᠁᠁᠁᠁᠁᠁᠁ 128
  7.2.1 信贷购车概况 ᠁᠁᠁᠁᠁᠁᠁᠁᠁᠁᠁᠁᠁᠁᠁ 128
  7.2.2 我国汽车信贷存在的问题 ᠁᠁᠁᠁᠁᠁᠁᠁᠁᠁᠁ 129
 7.3 汽车保险与理赔 ᠁᠁᠁᠁᠁᠁᠁᠁᠁᠁᠁᠁᠁᠁᠁᠁ 129
  7.3.1 汽车保险 ᠁᠁᠁᠁᠁᠁᠁᠁᠁᠁᠁᠁᠁᠁᠁᠁ 129
  7.3.2 理赔 ᠁᠁᠁᠁᠁᠁᠁᠁᠁᠁᠁᠁᠁᠁᠁᠁᠁᠁ 132
 7.4 旧车交易服务 ᠁᠁᠁᠁᠁᠁᠁᠁᠁᠁᠁᠁᠁᠁᠁᠁᠁ 133
  7.4.1 旧车交易的概念及类型 ᠁᠁᠁᠁᠁᠁᠁᠁᠁᠁᠁᠁ 133
  7.4.2 旧车交易价格的评估 ᠁᠁᠁᠁᠁᠁᠁᠁᠁᠁᠁᠁ 134
 7.5 汽车维修与检测 ᠁᠁᠁᠁᠁᠁᠁᠁᠁᠁᠁᠁᠁᠁᠁᠁ 135
  7.5.1 汽车维修 ᠁᠁᠁᠁᠁᠁᠁᠁᠁᠁᠁᠁᠁᠁᠁᠁ 135
  7.5.2 汽车检测 ᠁᠁᠁᠁᠁᠁᠁᠁᠁᠁᠁᠁᠁᠁᠁᠁ 138
 7.6 汽车美容与装饰 ᠁᠁᠁᠁᠁᠁᠁᠁᠁᠁᠁᠁᠁᠁᠁᠁ 140
  7.6.1 汽车美容服务 ᠁᠁᠁᠁᠁᠁᠁᠁᠁᠁᠁᠁᠁᠁᠁ 140
  7.6.2 汽车的装饰服务 ᠁᠁᠁᠁᠁᠁᠁᠁᠁᠁᠁᠁᠁᠁ 142
 复习思考题 ᠁᠁᠁᠁᠁᠁᠁᠁᠁᠁᠁᠁᠁᠁᠁᠁᠁᠁᠁᠁᠁ 144

第8章 汽车服务企业信息管理 ᠁᠁᠁᠁᠁᠁᠁᠁᠁᠁᠁ 145
 8.1 汽车服务企业信息化管理概述 ᠁᠁᠁᠁᠁᠁᠁᠁᠁ 145
  8.1.1 我国汽车服务企业信息化管理现状 ᠁᠁᠁᠁᠁᠁ 145
  8.1.2 汽车服务企业管理信息系统的基本内涵 ᠁᠁᠁᠁ 147
  8.1.3 汽车服务企业管理信息系统基本类型 ᠁᠁᠁᠁᠁ 148
 8.2 互联网络在汽车服务中的应用 ᠁᠁᠁᠁᠁᠁᠁᠁᠁ 149
 8.3 电子商务 ᠁᠁᠁᠁᠁᠁᠁᠁᠁᠁᠁᠁᠁᠁᠁᠁᠁᠁ 150
  8.3.1 电子商务的分类 ᠁᠁᠁᠁᠁᠁᠁᠁᠁᠁᠁᠁᠁᠁ 150
  8.3.2 电子商务系统构成 ᠁᠁᠁᠁᠁᠁᠁᠁᠁᠁᠁᠁᠁ 151
 8.4 汽车服务企业资源计划 ᠁᠁᠁᠁᠁᠁᠁᠁᠁᠁᠁᠁ 152
  8.4.1 ERP 的产生与发展 ᠁᠁᠁᠁᠁᠁᠁᠁᠁᠁᠁᠁ 152
  8.4.2 ERP 的管理思想 ᠁᠁᠁᠁᠁᠁᠁᠁᠁᠁᠁᠁᠁ 153
  8.4.3 ERP 的作用 ᠁᠁᠁᠁᠁᠁᠁᠁᠁᠁᠁᠁᠁᠁᠁ 154

    8.4.4 ERP系统的结构 …………………………………………………………………… 155
  8.5 典型的汽车品牌专营（4S）店计算机管理实例 ……………………………………… 156
  复习思考题 …………………………………………………………………………………… 162
第9章 企业文化与企业形象 …………………………………………………………………… 163
  9.1 企业文化概述 ………………………………………………………………………… 163
    9.1.1 企业文化的内涵 …………………………………………………………………… 163
    9.1.2 企业文化的内容 …………………………………………………………………… 163
    9.1.3 企业文化的特征 …………………………………………………………………… 165
  9.2 企业文化建设 ………………………………………………………………………… 165
    9.2.1 企业文化建设原则 ………………………………………………………………… 165
    9.2.2 企业文化建设基本程序 …………………………………………………………… 168
    9.2.3 企业文化建设的基本方法 ………………………………………………………… 169
    9.2.4 企业文化与企业制度的关系 ……………………………………………………… 171
  9.3 企业形象 ……………………………………………………………………………… 172
    9.3.1 企业形象概述 ……………………………………………………………………… 172
    9.3.2 企业形象设计 ……………………………………………………………………… 175
  复习思考题 …………………………………………………………………………………… 178
附录 汽车维修企业用到的法律、法规、标准（简介） …………………………………… 180
  一、中华人民共和国道路运输条例 ………………………………………………………… 180
  二、汽车维修质量纠纷调解办法 …………………………………………………………… 181
  三、汽车维修合同实施细则 ………………………………………………………………… 182
  四、缺陷汽车产品召回管理规定 …………………………………………………………… 183
  五、营运车辆技术等级划分和评定要求（JT/T 198—2004） …………………………… 184
  六、机动车维修管理规定（交通部令2005年第7号） …………………………………… 184
参考文献 ……………………………………………………………………………………… 189

第1章　汽车服务企业管理概论

> **学习目标**
> 1. 掌握企业的概念、特征和类型，熟悉企业管理的概念和基本特征。
> 2. 熟悉现代企业制度和公司治理结构。
> 3. 了解汽车服务企业及其经营特点。
> 4. 理解汽车服务企业管理的职能和任务。
> 5. 熟悉汽车服务企业组织结构。

1.1　现代企业管理

1.1.1　企业的概念、特征和类型

1. 企业的概念

企业是指从事生产、流通、服务等经济活动，以产品或劳务满足社会需要，并以获取盈利为目的，依法设立，实行自主经营、自负盈亏的经济组织。

2. 企业的特征

（1）企业的存在有社会性和经济性双重目的。满足社会需求是企业存在的社会性目的，主要是指满足顾客需求；获取盈利是企业存在的经济性目的，企业应谋求最大的或尽可能多的盈利，获取最佳的经济效益，为职工提供日益增长的物质和精神福利，为企业的生存和发展提供利润，为国家提供税收等。

（2）企业应自主经营、自负盈亏。自主经营是实现企业目的和自负盈亏的基本条件，经营决策权和投资决策权是企业最主要的自主权。自负盈亏是企业的动力，权利和义务是对等的，企业应承担权利带来的全部后果。

（3）企业具有独立的法人地位。所谓法人是指具有一定的组织机构和独立财产，能以自己的名义享有民事权利和承担民事义务，依照法定程序成立的组织。法人应具备的条件如下：

① 必须正式在国家政府的有关部门注册备案完成登记手续；
② 应有专门的名称、固定的工作地点和一定的组织机构及组织章程；
③ 应有独立的财产，实行独立核算；
④ 能独立承担民事责任。

（4）企业是经济组织。企业必然要追求经济利益，它的存在和发展的前提就是能够赚钱，盈利和追求利润最大化是企业的动力源泉。因此，不能把企业当作公益部门，更不是政府部门和事业单位。

3. 企业类型

根据不同特点，可以把企业分为多种类型。

（1）根据资产构成和承担的法律责任划分为个人独资企业、合伙企业和公司制企业。

① 个人独资企业。个人独资企业是指个人出资兴办、完全归个人所有和控制的企业。

个人独资企业的优点是：设立、转让、关闭容易，出资人拥有绝对决策权，管理灵活。

个人独资企业的缺点是：负无限责任，风险大；受资金和个人管理能力的限制，规模有限。

② 合伙企业。合伙企业是指由两个或两个以上合伙人共同出资、共同经营、共享收益和共担风险的企业。

合伙企业的优点：由于可以由众多合伙人共同筹资，因而可以扩大规模；也由于合伙人共负偿债的无限责任，减少了贷款者的风险；较容易成长和扩展。

合伙企业的缺点：合伙企业属无限责任企业，合伙人对经营有连带责任，风险大；合伙人皆能代表公司，权力分散，多头领导，意见易产生分歧，决策缓慢。

③ 公司制企业。公司是由两个或两个以上自然人或法人投资设立的，具有独立法人资格和法人财产的企业。

其优点是：容易筹资；公司具有独立寿命，不受出资人寿命影响；容易吸收人才。

其缺点是：手续复杂，透明度较高，而且容易受"内部人控制"。

(2) 根据企业生产经营领域分类，可以分为生产型企业、流通型企业、服务型企业和金融型企业。

(3) 根据企业规模划分，可以分为大型企业、中型企业、小型企业。

1.1.2 企业管理

1. 企业管理的概念

企业管理是对企业生产经营活动进行计划、组织、指挥、协调和控制等一系列活动的总称，是社会化大生产的客观要求。企业管理者尽可能利用企业的人力、物力、财力、信息等资源，实现"多、快、好、省"的目标，取得最大的投入产出效率。随着生产精细化的发展，分工越来越细，生产专业化程度不断提高，生产经营规模不断扩大，企业管理也就越来越重要。科学化管理成为培育企业核心竞争力、实现企业可持续发展的重要途径。

2. 企业管理的基本特征

(1) 企业管理是一种组织活动　在人类的社会生产活动中，多人组织起来，进行分工，能达到单独活动所不能达到的效果。只要是多人共同活动，都需要通过制定计划、确定目标等活动来达到协作的好处，这就需要管理。因此，管理活动存在于组织活动中，或者说管理活动的载体是组织。

组织的类型、形式和规模可能千差万别，但其内部都含有5个基本要素，即：人（管理的主体和客体）；物（管理的客体、手段和条件）；信息（管理的客体、媒介和依据）；机构（反映了管理的分工关系和管理方式）；目的（表明为什么要有这个组织）。外部环境对组织的效果与效率有很大影响，外部环境一般包含9个要素：行业，原材料供应，财政资源，产品市场，技术，经济形势，政治状况及国家法律、规章、条例，社会文化。一般认为，组织内部要素是可以控制的，组织外部要素是部分可以控制的（如产品市场）、部分不可以控制的（如国家政策）。

(2) 企业管理的主体是管理者　管理是让别人和自己一道去实现既定目标，管理者就要对管理的效果负重要责任。管理者的第一个责任是管理一个组织；第二个责任是管理管理者；第三个责任是管理生产和工人。企业管理者在企业生产活动中处于领导地位，具有特殊重要的作用。现代企业管理者一般独立于企业的资本所有者，自主地从事企业经营活动，是企业管理的最高决策者和企业各项经营活动的统一领导者,其职能主要包括:确立企业的目标与计划;建立和健全企业的组织机构;配备重要的企业主管人员;实现对企业全局的有效指挥;实现对企业经营全局的有效控制;实现对企业经营整体的有效协调。

3. 管理的职能、任务与层次

管理的职能有 5 个,即计划、组织、指挥、协调和控制。管理者的任务就是设计和维持一种环境,使在这种环境中工作的人员能够用尽可能少的支出,实现既定的目标。管理组织通常划分为 3 个层次,即上层管理、中层管理和基层管理。

4. 管理的核心是处理好人际关系

人,既是管理中的主体,又是管理中的客体;管理的大多数情况是人和人打交道。管理的目的是实现多人共同完成目标,因此,管理中一定要处理好人际关系。切忌,管理者给人一种高高在上的感觉。

1.2 现代企业制度与公司治理结构

1.2.1 现代企业制度

建立现代企业制度,是发展社会化大生产和市场经济的必然要求,是适应社会主义市场经济的要求,符合中国改革发展的实际情况,真正体现企业是一个独立的法人实体和市场竞争主体要求的一种企业制度。全面正确地把握现代企业制度的内涵、基本特征,认识现代企业制度的内容体系,对指导整个企业的改革具有重要的现实意义。

1. 现代企业制度的概念

现代企业制度是指以完善的企业法人制度为基础,以有限责任制度为保证,以公司企业为主要形式,以产权清晰、权责明确、政企分开、管理科学为条件的新型企业制度。

现代企业制度是企业产权制度、企业组织形式和经营管理制度的总和。企业制度的核心是产权制度,企业组织形式和经营管理制度是以产权制度为基础的,三者分别构成企业制度的不同层次。企业制度是一个动态的范畴,它是随着商品经济的发展而不断创新和演进的。

从企业发展的历史来看,具有代表性的企业制度有以下三种:

(1) 业主制。这一企业制度的物质载体是小规模的企业组织,即通常所说的独资企业。在业主制企业中,出资人既是财产的唯一所有者,又是经营者。企业主可以按照自己的意志经营,并独自获得全部经营收益。这种企业形式一般规模小,经营灵活。正是这些优点,使得业主制这一古老的企业制度一直延续至今。但业主制也有其缺陷,如资本来源有限,企业发展受限制;企业主要对企业的全部债务承担无限责任,经营风险大;企业的存在与解散完全取决于企业主,企业存续期限短等。因此业主制难以适应社会化商品经济发展和企业规模不断扩大的要求。

(2) 合伙制。这是一种由两个或两个以上的人共同投资,并分享剩余、共同监督和管理的企业制度。合伙企业的资本由合伙人共同筹集,扩大了资金来源;合伙人共同对企业承担无限责任,可以分散投资风险;合伙人共同管理企业,有助于提高决策能力。但是合伙人在经营决策上也容易产生意见分歧,合伙人之间可能出现偷懒的道德风险。所以合伙制企业一般都局限于较小的合伙范围,以小规模企业居多。

(3) 公司制。现代公司制企业的主要形式是有限责任公司和股份有限公司。公司制的特点是公司的资本来源广泛,使大规模生产成为可能;出资人对公司只负有限责任,投资风险相对降低;公司拥有独立的法人财产权,保证了企业决策的独立性、连续性和完整性;所有权与经营权相分离，为科学管理奠定了基础。

2. 现代企业制度的特征

从企业制度演变的过程看，现代企业制度是指适应现代社会化大生产和市场经济体制要求的一种企业制度，也是具有中国特色的一种企业制度。十四届三中全会把现代企业制度的基本特征概括为"产权清晰、权责明确、政企分开、管理科学"十六个字。1999年9月党的十五届四中全会再次强调要建立和完善现代企业制度，并重申了对现代企业制度基本特征"十六字"的总体要求。

(1) 产权清晰　所谓"产权清晰"，主要有两层含义：

有具体的部门和机构代表国家对某些国有资产行使占有、使用、处置和收益等权利。

国有资产的边界要"清晰"，也就是通常所说的"摸清家底"。首先要搞清实物形态国有资产的边界，如机器设备、厂房等；其次要搞清国有资产的价值和权利边界，包括实物资产和金融资产的价值量，国有资产的权利形态（股权或债权，占有、使用、处置和收益权的分布等），总资产减去债务后净资产数量等。

(2) 权责明确　"权责明确"是指合理区分和确定企业所有者、经营者和劳动者各自的权利和责任。所有者、经营者、劳动者在企业中的地位和作用是不同的，因此他们的权利和责任也是不同的。

权利。所有者按其出资额，享有资产受益、重大决策和选择管理者的权利，企业破产时则对企业债务承担相应的有限责任。企业在其存续期间，对由各个投资者投资形成的企业法人财产拥有占有、使用、处置和收益的权利，并以企业全部法人财产对其债务承担责任。经营者受所有者的委托在一定时期和范围内拥有经营企业资产及其他生产要素并获取相应收益的权利。劳动者按照与企业的合约拥有就业和获取相应收益的权利。

责任。与上述权利相对应的是责任。严格意义上说，责任也包含了通常所说的承担风险的内容。要做到"权责明确"，除了明确界定所有者、经营者、劳动者及其他企业利益相关者各自的权利和责任外，还必须使权利和责任相对应或相平衡。此外，在所有者、经营者、劳动者及其他利益相关者之间，应当建立起相互依赖又相互制衡的机制，这是因为他们之间是不同的利益主体，既有共同利益的一面，也有不同乃至冲突的一面。相互制衡就要求明确彼此的权利、责任和义务，要求相互监督。

(3) 政企分开　"政企分开"的基本含义是政府行政管理职能、宏观和行业管理职能与企业经营职能分开。政企分开要求政府将原来与政府职能合一的企业经营职能分开后还给企业，进行的"放权让利"、"扩大企业自主权"等就是为了解决这个问题；政企分开还要求企业将原来承担的社会职能分离后交还给政府和社会，如住房、医疗、养老、社区服务等。应注意的是，政府作为国有资本所有者对其拥有股份的企业行使所有者职能是理所当然的，不能因为强调"政企分开"而改变这一点。当然，问题的关键还在于政府如何才能正确地行使而不是滥用其拥有的所有权。

(4) 管理科学　"管理科学"是一个含义宽泛的概念。从较宽的意义上说，它包括了企业组织合理化的含义；从较窄的意义上说，"管理科学"要求企业管理的各个方面，如质量管理、生产管理、供应管理、销售管理、研究开发管理、人事管理等方面的科学化。管理致力于调动人的积极性、创造性，其核心是激励、约束机制。要使"管理科学"，当然要学习、创造，引入先进的管理方式，包括国际上先进的管理方式。对于管理是否科学，虽然可以从企业所采取的具体管理方式的"先进性"上来判断，但最终还要从管理的经济效益上，即管理成本和管理收益的比较上做出评判。

3. 现代企业制度的主要内容

根据以上分析，在较为具体的层面，现代企业制度大体可包括以下内容：

（1）企业资产具有明确的实物边界和价值边界，具有确定的政府机构代表国家行使所有者职能，切实承担起相应的出资者责任。

（2）企业通常实行公司制度，即有限责任公司和股份有限公司制度，按照《公司法》的要求，形成由股东代表大会、董事会、监事会和高级经理人员组成的相互依赖又相互制衡的公司治理结构，并有效运转。

（3）企业以生产经营为主要职能，有明确的盈利目标，各级管理人员和一般职工按经营业绩和劳动贡献获取收益，住房分配、养老、医疗及其他福利事业由市场、社会或政府机构承担。

（4）企业具有合理的组织结构，在生产、供销、财务、研究开发、质量控制、劳动人事等方面形成了行之有效的企业内部管理制度和机制。

（5）企业有着刚性的预算约束和合理的财务结构，可以通过收购、兼并、联合等方式谋求企业的扩展，经营不善难以为继时，可通过破产、被兼并等方式寻求资产和其他生产要素的再配置。

1.2.2 现代企业制度的构建

企业按照公司化的总体模式来构建现代企业制度，这是走向市场经济过程中的一大突破。不过，要真正使企业走向现代公司制度，还必须采取以下策略：

1. 实现所有者主体多元化

从某种意义上说，没有所有者主体的多元化，就没有真正规范化的公司。对国有企业实行公司化改造，是要有效地实现投资者所有权与企业法人财产的分离，实现政企分开，摆脱行政机关对企业的直接控制，解除国家对企业承担的无限责任，使企业拥有法人财产权，即对所经营的资产具有占有、使用、受益和处分权，成为自负盈亏的法人实体。因此，对绝大多数企业来说，进行公司化改造，必须以实现所有者（投资者）主体多元化为前提条件，并根据国家规定和自身的不同情况，改造成有限责任公司和股份有限公司。对国有独资公司形式，应持特别谨慎的态度，严格限制它们的数量。

2. 正确确定国有资产的代表

正确确定国有资产的代表，是个难度较大的问题。这个问题如果解决得不好，就会出现两种倾向：一是产权关系仍然不能理顺，继续存在多方插手的政企不分的状况，不利于企业经营机制的转换和企业活力的增强；二是产权代表形同虚设，不能发挥应有的作用，特别是不能增强产权约束，不能保证国有资产的保值增值。

为了避免出现上述两种倾向，国有资产的产权不能再由政府机构来代表，而应当由经济组织来代表。这种经济组织可以是专门从事国有资产经营的中介投资公司、控股公司，也可以是大型企业集团，国家授权它们作为国有资产的代表，对国有资产进行经营。它们以国有股股东的身份依法享有资产收益、选择管理者、参与重大决策以及转让股权等权力，不干预企业的生产经营活动。企业拥有法人财产权和经营自主权，不再隶属于政府机构，成为无上级行政主管部门的独立法人实体。

3. 构建科学规范的公司领导体制

现在仍有许多国有企业采用厂长（经理）负责制的领导制度。这种领导制度是按照单一的全民所有制的企业组织制度确定的。其主要缺陷是：

（1）所有者或所有者代表没有进入企业，缺乏行使所有权职能的机构。

（2）实行横向分权制，决策与执行决策的机构、人员及职能不清，缺乏相互间的制约和监督机制，不能适应多种企业组织形式的需要。

进行公司化改造，必须设立股东会、董事会、监事会和经理班子等分层次的组织结构和权力机构，并明确规定它们各自的权责和相互之间的关系，不同的权力机构，各司其职，各负其责，相互制约，形成层次分明、逐级负责的纵向授权的领导体系。

建立、健全上述机构，还必须处理好它们与党委会和职代会的关系。根据一些企业的经验，党委会和职代会主要成员可根据法定程序，分别进入董事会和监事会，参与企业重大问题的决策及其他有关方面的监督。

4. 改革劳动制度和分配制度

在市场经济体制下，企业必须拥有用工自主权，劳动者必须拥有择业自主权，这是建立现代企业制度的一项重要内容。为了建立这种双向选择的能进能出、能上能下的劳动制度，首先需要消除干部与工人、不同所有制职工之间的身份界限，实行统一的"企业职工"制度。其次在用工形式上，不应强求一律，而应由国家通过法律规定的多种用工形式，由企业根据自己的情况自主选用，实行正式工、合同工、临时工、计时工等相互结合的用工形式。

按照建立现代企业制度的要求，企业分配制度的基本特点应当是：企业是完全自负盈亏的，企业从事各种生产经营活动，都必须依法向国家缴纳各种税款，税后利润由企业股东会、董事会依照国家有关法规和公司章程确定分配办法，除用于企业生产发展和职工集体福利的部分外，其余部分按股份分配红利。职工的报酬全部进入产品成本，工资形式、资金分配办法由企业自主确定，职工之间通过落实内部经济责任制等办法实行按劳分配，拉开职工之间的收入差距；职工向企业投资，应像其他股东一样，取得相应的资产收益。这样的分配制度有利于充分发挥各方面的积极性，促进社会资金的合理运用和企业经济效益的提高。

5. 改革企业内部组织机构

国有企业"大而全"、"小而全"，企业办社会，机构臃肿、人浮于事及劳动生产率低、效率差是其进行公司改造的又一大难题。要建立现代企业制度，就必须改革我国企业内部组织结构不合理状况，将为职工生活服务的设施及人员独立出来，组成服务性经济实体，面向社会、自主经营，逐步做到自负盈亏。服务经济实体与企业实行脱钩后，企业可将生活补贴中的暗补部分转为明补，成为工资性支出，发给职工。有条件的地方和企业，还可将辅助生产部门独立出来，自主经营、自负盈亏，在为本企业服务的基础上，为社会提供服务，充分发挥它们的生产服务功能。辅助部门和非生产部门成为独立的经济实体后，可成为原企业的子公司，原企业要给予一定的人、财、物支持，帮助其扩大经营，增强实力。

除此之外，还必须积极推进配套改革，包括进行宏观经济管理、市场体系、社会保障体系等方面的综合性的配套改革。

（1）政企职责分开。促进政府职能转变，是建立现代企业制度的关键。政府要从直接干预企业经营活动，转向运用经济手段、法律手段和必要的行政手段管理国民经济，制定经济和社会发展目标，引导企业实施产业政策。

（2）大力培育市场，建立完备的市场体系。这包括理顺价格关系，以法律、法规的形式规范各类市场的经营交易规则和程序，建立相应的市场管理、协调及监督组织，建立与完善产权交易市场、生产资料市场和劳动力市场。

（3）建立与完善社会保障体系，为企业深化改革和劳动力自主流动创造条件。比较完善的社会制度是实行现代企业制度的基础，因为只有建立统一的社会保障制度，才能打破各类不同产业、不同企业之间以及不同身份职工之间的界限,保证企业或职工在同等外部条件下公平竞争。

1.2.3 公司治理结构

现代企业所有权与控制权相分离的特点,必然要求在所有者与经营者之间形成一种相互制衡的机制,依靠这种机制对企业进行管理和控制,以公司治理结构的形式表现。良好的公司治理结构可以激励董事会和经理层通过更有效地利用资源去实现符合公司和股东利益的奋斗目标。

1. 公司治理结构的概念

公司治理结构,或称法人治理结构、公司治理系统、公司治理机制,是一种对公司进行管理和控制的体系。是指由所有者、董事会和高级执行人员即高级经理三者组成的一种组织结构。现代企业制度区别于传统企业的根本点在于所有权和经营权的分离,或称所有与控制的分离,从而需要在所有者和经营者之间形成一种相互制衡的机制,用以对企业进行管理和控制。现代企业中的公司治理结构正是这样一种协调股东和其他利益相关者关系的一种机制,它涉及激励与约束等多方面的内容。简单地说,公司治理结构就是处理企业各种契约关系的一种制度。

例如,董事会、经理层、股东和其他利害相关者的责任和权利分布,而且明确了决策公司事务时所应遵循的规则和程序。公司治理的核心是在所有权和经营权分离的条件下,由于所有者和经营者的利益不一致而产生的委托-代理关系。公司治理的目标是降低代理成本,使所有者不干预公司的日常经营,同时又保证经理层能以股东的利益和公司的利润最大化为目标。

2. 公司治理结构的作用

公司治理结构要解决涉及公司成败的两个基本问题。

一是如何保证投资者(股东)的投资回报,即协调股东与企业的利益关系。在所有权与经营权分离的情况下,由于股权分散,股东有可能失去控制权,企业被内部人(即管理者)所控制。这时控制了企业的内部人有可能做出违背股东利益的决策,侵犯股东的利益。这种情况引起投资者不愿投资或表决的后果,会有损于企业的长期发展。公司治理结构正是要从制度上保证所有者(股东)的控制与利益。

二是企业内各利益集团的关系协调。这包括对经理层与其他员工的激励,以及对高层管理者的制约。这个问题的解决有助于处理企业各集团的利益关系,又可以避免因高管决策失误给企业造成的不利影响。

3. 公司治理结构的选择

西方的公司治理结构通常有英美模式、日本欧洲大陆模式等。英美重视个人主义的不同思想,在企业中的组织是以平等的个人契约为基础。股份有限公司制度制定了这样一套合乎逻辑的形态,即依据契约向作为剩余利益的要求权者并承担经营风险的股东赋予一定的企业支配权,使企业在股东的治理下运营,这种模式可称为"股东治理"模式。它的特点是公司的目标仅为股东利益服务,其财务目标是"单一"的,即股东利益最大化。

在"股东治理"结构模式下,股东作为物质资本的投入者,享受着至高无上的权力。它可以通过建立对经营者行为进行激励和约束的机制,使其为实现股东利益最大化而努力工作。但是,由于经营者有着不同于所有者的利益主体,在所有权与控制权分离的情况下,经营者有控制企业的权利,在这种情况下,若信息非对称,经营者会通过增加消费性支出来损害所有者利益，至于债权人、企业职工及其他利益相关者会因不直接参与或控制企业经营和管理，其权益也必然受到一定的侵害，这就为经营者谋求个人利益最大化创造了条件。日本和欧洲大陆尊重人和，在企业的经营中，提倡集体主义，注重劳资的协调，与英美形成鲜明对比。在现代市场经济条件下，企业的目标并非唯一的追求股东利益的最大化。企业的本质是系列契约关系的总和，是由企业所有者、经营者、债权人、职工、消费者、供应商组成的契约网，契约本身所内含的各利益主体的平等化和独立化，要求公司治理结构的主体之间应该是平等、独立的关系，契约网触及的各方称为利益相关者，企业的效率就是建立在这些利益相关者基础之上。为了实现企业整体效率，企业不仅要重视股东利益，而且要考虑其他利益主体的利益，一个采取不同方式的对经营者的监控体系。具体讲就是，在董事会、监事会当中，要有股东以外的利益相关者代表，其目旨在发挥利益相关者的作用。这种模式可称为共同治理模式。

1999年5月，由29个发达国家组成的经济合作与发展组织（OECD），理事会正式通过了其制定的《公司治理结构原则》，它是第一个政府间为公司治理结构开发出的国际标准，并得到国际社会的积极响应。该原则皆在为各国政府部门制定有关公司治理结构的法律和监管制度框架提供参考，也为证券交易所、投资者、公司和参与者提供指导，它代表了OECD成员国对于建立良好公司治理结构共同基础的考虑，其主要内容包括：

（1）公司治理结构框架应当维护股东的权利；

（2）公司治理结构框架应当确保包括小股东和外国股东在内的全体股东受到平等的待遇；如果股东的权利受到损害，他们应有机会得到补偿；

（3）公司治理结构框架应当确认利益相关者的合法权利，并且鼓励公司和利益相关者为创造财富和工作机会以及为保持企业财务健全而积极地进行合作；

（4）公司治理结构框架应当保证及时准确地披露与公司有关的任何重大问题，包括财务状况、经营状况、所有权状况和公司治理状况的信息；

（5）公司治理结构框架应确保董事会对公司的战略性指导和对管理人员的有效监督，并确保董事会对公司和股东负责。

从以上几点可以看出，这些原则是建立在不同公司治理结构基础之上的，该原则充分考虑了各个利益相关者在公司治理结构中的作用，认识到一个公司的竞争力和最终成功是利益相关者协同作用的结果，是来自不同资源提供者特别是包括职工在内的贡献。

1.3 汽车服务企业概述

1.3.1 汽车服务

提起汽车服务人们往往会联想到汽车的售后服务，尤其是汽车的维修技术服务，其实汽车服务不仅仅是指售后服务和维修技术服务。它涵盖的工作内容是十分广泛的，概括起来说，汽车服务概念有狭义和广义之分。

狭义的汽车服务是指汽车从新车出厂进入销售流通领域开始，直至其使用寿命终止后回收报废各个环节涉及的全部技术和非技术的各类服务和支持性服务。如汽车的分销流通、物流配送、售后服务、维修检测、美容装饰、配件经营、智能交通、回收解体、金融、汽车租赁、旧车交易、驾驶培训、信息咨询、广告会展、交易服务、停车服务、故障救援、汽车运动、汽车文化及汽车俱乐部经营等。

广义的汽车服务还可延伸到汽车生产领域的各种相关服务。如原材料供应、工厂保洁、产品外包装设计、新产品的试验测试、产品质量认证及新产品研发前的市场调研等。甚至还可延伸至使用环节中的如汽车运输服务、出租汽车运输服务等。

汽车服务工程中，技术性服务属于机械电子工程范畴，而非技术性服务则属于管理工程范畴，汽车服务的各项内容是相互有联系的，它组成了一个有机的工程系统。由于汽车服务企业所涉及的工作都是服务性的工作，因此它属于第三产业。

1.3.2 汽车服务企业

1. 汽车服务企业的概念

由于汽车服务涉及与汽车有关的一切行业，所以面很宽，这里必须限定一个范畴。

这里所讲的汽车服务企业就是为潜在和现实汽车使用者或消费者提供服务的企业，主要是指从事汽车经销的企业和为汽车使用者或消费者提供备件、维修服务、保养服务以及其他服务的企业，它属于服务业企业。

无论是汽车经销企业、汽车维修企业还是其他汽车服务企业，都是随着汽车的发明、使用与普及而诞生的企业形式。一百多年汽车发展历史给人们的社会生活带来了翻天覆地的变化。汽车无论是外观设计、质量性能，还是功能设定，技术含量都发生了许多本质的变化。早期的汽车是仿造马车的结构，而现代汽车则配备了电子燃油喷射（EFI）、电子控制制动防抱死系统（ABS）、先进的GPS卫星导航系统等。2008年我国汽车产销量分别为934.5万辆和938万辆，超过美国的868.1万辆，位居世界第二，同比增长5.21%和6.71%；其中乘用车产销673.77万辆和675.56万辆，同比增长5.59%和7.27%；商用车产销260.73万辆和262.48万辆，同比增长4.24%和5.25%。

2009年1～11月，国产汽车累计产销分别为1226.58万辆和1223.04万辆，同比增长41.59%和42.39%，其中，乘用车产销920.44万辆和922.81万辆，同比增长47.47%和49.70%；商用车产销306.15万辆和300.24万辆，同比增长26.44%和23.80%。与此相对应，汽车服务企业从企业形式、经营方式到管理理念也经历了由传统经营管理向现代公司制管理，由单一经营形式向复合经营形式的转变。汽车品牌专营、多品牌经销、旧车交易、连锁经营、综合型汽车维修企业、特约维修站、路边快修店，还有汽车改装、装饰、美容店、汽车金融、汽车保险、汽车租赁、汽车俱乐部等已形成了适应汽车消费者多层次需求的汽车服务体系。

汽车属高技术含量产品，在整个汽车生命周期里，汽车使用者或消费者都需要专业的技术人员提供专门的帮助。汽车服务企业有良好的生存土壤。据统计测算，在美国1美元的汽车工业产值会带来8美元的汽车后市场的产值。因此，汽车服务业又具有广阔的发展空间。正是因为看到这一点，近年来，汽车服务企业在我国无论是数量还是经营形式，都呈现高速增长的趋势。据不完全统计，近年来全国每年汽车服务企业总数正以10%左右的速度增长。国外汽车服务企业正逐步进入我国内地市场。汽车服务业的市场竞争将会日趋激烈。

企业经营管理是提高企业市场竞争能力的一个非常重要的要素，改善汽车服务企业的经营管理，无疑是应对激烈竞争的汽车后市场的一件法宝。为搞好汽车服务企业管理，必须了解汽车服务企业的性质、特征及其生产经营特点。

2. 汽车服务企业的类型

汽车既是生产资料，也是生活消费品。既有几万元的微型汽车，也有价格近千万元的豪华轿车。其价格跨度之大，是其他一般商品所不能比拟的。汽车产品结构形式多种多样，每一部汽车又由成千上万个零部件组成，结构异常复杂。现代汽车广泛应用了科学技术、工业生产技术的最新研究成果，其技术含量非常之高，是高新技术得到广泛应用的产品。而汽车使用者或消费者无论是在地域分布、职业分布、文化层次分布，还是在可支配收入分布等方面都具有相当的离散性。因此，汽车使用者或消费者对产品服务的需求明显地具有多样性的特点。这些特点决定了汽车服务企业类型的多样性。现阶段我国汽车服务企业按照业务类型大体可分为如下的类型：整车销售、配件与精品销售、汽车维修、汽车租赁、汽车金融服务、汽车保险服务、汽车俱乐部等。

各类企业按经营方式和方向还可以细分。

整车销售企业可分为新车销售和旧车交易企业，新车销售企业又可分为品牌专营和多品牌经销企业。

配件与精品销售企业可分为连锁经营企业和独立经营企业，亦可分为单品种或少品种经营企业和多品种经营企业。

汽车维修企业可分为特约维修站、汽车快修店、汽车美容与装饰店。

(1) 汽车品牌专营企业　这种企业与某一品牌汽车生产商签订特许专营合同，受许可合同制约，接受生产商指导、监督、考核，只经销该品牌汽车，并为该品牌汽车的消费者提供技术服务。汽车品牌专营店一般采用前店后厂的方式，采用统一的店面外观设计，一般具整车销售（Sale）、配件供应（Spear-part）、维修服务（Service）和信息反馈（System）四项主要功能，所以俗称为"4S"店，也称为"四位一体店"。这种形式的优点是专营某一品牌汽车，集销售与服务于一体，店面洁净，服务规范。走进店堂，使消费者拥有贵宾的感觉；能得到汽车生产商在技术和商务上的支持，能提供专业化的技术服务，更有利于为汽车消费者提供优质的服务，有利于吸引消费者。这种形式也有缺憾，主要是建店成本较高。按照生产厂商的要求建立品牌专营店，在土地、厂房、设备等方面一般需要投资上千万元。当汽车市场竞争十分激烈或汽车市场需求疲软时，初期成本高置，给汽车经销商的生产经营带来沉重的资金负担。综合来看，这种形式较适合于经营市场保有量较大的汽车品牌或单车价格较高的汽车品牌。

(2) 多品牌经销企业　汽车经销商在同一卖场同时经销多个品牌汽车。这种形式的优点是建店成本较低，有利于企业的经营；顾客在一个店里就可以对多种不同品牌汽车进行比较选购。它的缺点是没有提供专业化的技术服务，使消费者增添购买顾虑。综合来看，这种形式较适合于经营社会保有量较少的汽车品牌或生产厂商技术服务网络建设较规范和完善的汽车品牌。

(3) 二手车交易企业　从事为旧车车主和旧车需求者提供交易方便，促进旧汽车交易的企业。旧车不一定是车况不好的汽车，主要是针对二次交易而言的（汽车生产厂商或经销商向用户售卖新车为一次交易），即按车辆管理规定，需要办理车主过户手续的车辆。旧车交易的业务内容主要有旧车收购、旧车售卖、旧车寄售、撮合交易、车辆评估、拟订合同、代办手续，乃至车况检测和必要的维修服务。我国《旧机动车交易管理办法》规定：所有旧机动车交易行为必须在经合法审批后设立的旧机动车交易中心进行。

(4) 汽车配件销售企业　这类企业又可大致分为两大类型：一是批发商或代理商型，主要从事汽车配件及精品的批发业务，其服务对象是汽车配件零售商中各类汽车维修、美容、装饰企业；二是汽车配件零售商中主要从事汽车配件及精品的零售业务，其服务对象主要是私车车主。

(5) 汽车配件连锁经营企业　连锁经营是经营汽车配件的若干企业在核心企业或总部的领导下，通过规范化经营实现规模效益的经营形式和组织形态。连锁系统的分店像锁链似的分布在各地,形成强有力的销售网络。它利用资本雄厚的特点大量进货,大量销售,具有很强的竞争能力。这种形式在国内外汽车配件中广泛采用,国外许多经销商已涌入我国的配件市场。

(6) 汽车特约维修站　与汽车生产厂商签署特约维修合同,负责某地区某品牌汽车的故障修理和质量保修工作。汽车特约维修站拥有该品牌汽车专业拆装和修理设备、工具,具有较强的技术实力,并能及时获得生产厂商售后服务部门的技术支援。所有特约维修站构成汽车生产厂商售后服务网络的主干。主要业务内容为汽车养护、汽车故障诊断与维修和汽车检测等。

(7) 汽车快修店　这类企业主要从事汽车生产厂商质量保修范围以外的故障维修工作,一般是汽车保养、换件修理等无须专业诊断与作业设备的小修业务。它们分布在街头巷尾,道路、公路两旁,随时随地为汽车使用者提供汽车维修服务,十分贴近用户,因此也俗称为"路边店",是汽车生产厂商售后服务网络的重要补充。

(8) 连锁维修服务企业　与汽车配件连锁经营企业一样,在核心企业或总部的领导和技术支持下,通过统一规范化维修作业,批量化配件供应和销售,实现规模效益的经营形式或组织方式。连锁系统像锁链似的分布在各地,形成强有力的维修服务网络,利用资本雄厚的特点,大批量进货和销售配件,规范化维修作业方式,统一低廉的服务价格,赢得消费者信赖,占领市场。

(9) 汽车美容与装饰店　这类企业从事的主要业务是在不改变汽车基本使用性能的前提下,根据客户要求对汽车进行内部装饰(更换座椅面料、地板胶、内饰等)、外部装饰(粘贴太阳膜、雨挡、表面光洁养护、婚庆车辆外部装饰等)和局部改装(中控门锁、电动门窗、电动后视镜、加装防盗装置等)等。随着汽车逐渐走进普通家庭,汽车使用者或消费者对汽车个性化追求的特征将会体现得越来越明显,这类业务的需求量亦会不断增加。

(10) 汽车租赁企业　这类企业主要为短期或临时性的汽车使用者提供各类使用车辆,按使用时间或行驶里程收取相应的费用。汽车租赁企业为车辆办理上路手续或证照,缴纳与车辆使用相关的各种税费,承担汽车维修、保养费用,为汽车使用者特别是短期或临时性用户,提供很大的便利,还可以很大程度提高汽车利用效率。汽车使用者除支付租金外,仅承担汽车使用的直接费用如燃油费、过路过桥费、停车费等。在国外,汽车租赁企业发展十分成熟,汽车租赁网络的实现,使汽车使用者可以在异地进行交接车,极大地方便了汽车使用者,也极大地促进了租赁业务的拓展。国外很多大型汽车生产厂商每年新车销量的20%左右流向了这类汽车租赁企业,汽车租赁也成为一种变相的汽车销售方式。国内近年来汽车租赁业发展也相当迅速,但有待规范化管理。

(11) 汽车金融服务企业　这类企业的主要业务是为汽车消费者提供资金融通服务。汽车金融服务企业以资本经营和资本保值增值为目标,主要提供客户资信调查与评估,提供贷款担保方式和方案,拟订贷款合同和还款计划,发放消费信贷,承担合理的金融风险等服务。汽车金融服务在国外已获得很好的发展,有资料显示在美国贷款购车占全年新车销售的比例达80%,汽车金融服务成为了汽车市场的助推器。

(12) 汽车保险服务企业　在我国机动车保险是第一大财产保险,保险保费收入中超过60%是机动车保险保费收入。汽车保险服务企业主要从事合理设计并向汽车使用者或消费者提供汽车保险产品,提供定责、定损、理赔服务等业务。一般附属于大型保险公司。近年来还出现了一种新型的汽车保险服务企业——保险公估企业,即以第三方的身份为汽车保险企业和汽车使用者或消费者提供客观公正的定责、定损意见。这种形式的企业的诞生,有利于汽车保险市场的操作规范化，有利于平衡保险企业与汽车使用者或消费者间强弱关系，有利于提高汽车保险服务业的服务水平。

（13）汽车俱乐部　以会员制形式，向加盟会员提供能够满足会员要求的与汽车相关的各类服务的企业。汽车俱乐部主要从事代办汽车年检年审、代理汽车保险理赔、汽车救援、维修、主题汽车文化活动等业务。汽车俱乐部一般又可分为三种类型：经营型俱乐部，它为会员有偿提供所需的与汽车相关的服务；文化娱乐型俱乐部，它为会员提供一个文化娱乐、交友谈心、交流信息、切磋技艺的场所和环境；综合型俱乐部，它集前述两类俱乐部于一体。

实际上，汽车服务企业往往是由上述多种类型的综合状态存在。比如："4S"店，既从事整车销售、配件供应、汽车维修业务，也从事代办保险、汽车救援、旧车置换等业务；大型汽车服务企业集团则是由多个汽车销售、维修、配件经销企业构成。本教材所讲的汽车服务企业主要是针对汽车后市场整车销售和售后服务企业。

1.3.3　汽车服务企业的经营特点

尽管汽车服务企业服务内容涵盖非常广泛，服务形式也多种多样，其经营在表象上有很大差异。但仔细分析，实际上汽车服务企业的经营特点仍然是有许多共同特性的。为搞好汽车服务企业管理，有必要了解这些特点。

1. 汽车服务企业经营的顾客中心性

汽车服务企业以潜在和现实的汽车使用者或消费者为服务对象，企业经营的所有活动都是以顾客为中心展开的。特别是随着汽车市场买方市场特征的越来越明显，汽车市场同质化竞争越来越激烈，汽车使用者或消费者拥有越来越多的选择机会。汽车服务企业必须从顾客需求出发来确定自身经营目标和理念，以满足顾客需求来最终实现企业利润。又由于在汽车服务企业生产经营过程中，顾客参与程度较高，因此，顾客满意度就成为了考量企业经营优劣和管理水平高低的重要指标。比如，汽车生产厂商每年都会对其营销和服务网络的成员主要是汽车经销商和汽车特约维修站进行检查与考核，检查与考核中非常重要的内容就是顾客满意度调查。汽车服务企业都以提高顾客满意度为其重要的经营管理任务。

2. 汽车服务企业经营的波动性

汽车是价格比较昂贵的消费品，其供求关系必然会受到国民经济波动的影响。消费人群、季节及节假日也是重要的影响因素。因此，为汽车用户服务的汽车服务企业的经营活动表现出较为明显的波动性。比如，汽车市场常称的"金九银十"说的就是每年九至十月是汽车产品销售的黄金时间段。这时，汽车销售服务企业进销存业务比较繁忙。同时，汽车金融保险服务企业的经营活动也相应达到高潮。每逢节假日，汽车使用需求急剧扩大，这时汽车租赁企业就会供不应求。私家车消费人群工作特点，导致汽车维修服务企业每逢周末维修服务量会急剧增大。汽车服务企业经营活动的波动性对企业管理提出的挑战是如何合理设计企业的服务能力，如何有效地进行需求管理，采取各种措施使企业的服务能力与服务需求相适应。目前，许多国内汽车服务企业正在尝试用客户关系管理工具、服务促销等方式进行需求管理。

3. 汽车服务企业经营的社会性

汽车服务企业涉及的服务门类广泛。汽车既可作为消费品供私人使用，也可作为生产资料在经济生活中扮演重要角色。汽车服务业产业规模大，实现的经济利润也大，汽车服务企业提供的就业机会多，社会效益良好。汽车服务企业与社会的方方面面联系密切，在国民经济中具有重要的地位与作用，同时也极其容易受到外部环境变动的影响。因此，其经营活动表现出很强的社会性。这就要求汽车服务企业密切关注社会环境、技术环境、法律环境的变化，及时调整经营策略，完善与改进经营服务内容，以适应外部环境的变化。

1.4 汽车服务企业的职能与任务

1.4.1 汽车服务企业管理的职能

1. 基本职能

马克思认为管理具有二重性，即：一方面它具有与生产力、社会化大生产相联系的自然属性；另一方面它又具有与生产关系、社会制度相联系的社会属性。企业管理的职能是由企业管理的二重性决定的。因此，企业管理具有两方面的基本职能：一是合理组织生产力，它是企业管理自然属性的表现，是企业管理的一般职能；二是维护与完善现有的生产关系，它是企业管理社会属性的表现，是企业管理的特殊职能。

在企业管理实践中，这两种职能总是结合在一起发生作用的。当它们结合作用于生产过程时，又表现为管理的具体职能。

2. 具体职能

根据汽车服务企业管理工作的基本内容或过程，汽车服务企业管理的具体职能主要是计划、组织、指挥、协调和控制，这些职能贯彻到企业生产经营活动的各方面，是统筹全局的综合性职能。

（1）计划职能　计划职能是管理的首要职能，是指把企业的各种生产经营活动按照实现企业目标的要求，纳入统一的计划。广义的计划还包括研究和预测未来汽车服务市场的变化，以及据此做出正确的决策，决定企业的经营目标和经营方针，并编制为实现此目标服务的综合经营计划以及各项专业活动的具体执行计划及对计划执行情况进行的检查、分析、评价、修正等。计划的职能在于确定企业的计划目标和制定计划，以便有计划地进行生产经营活动，保证企业经营目标的实现。

（2）组织职能　管理的组织职能是指按照制定的计划，把企业的劳动力、劳动资料和劳动对象，从生产的分工协作上下左右的关系上、时间和空间的联结上合理地组织起来，组成一个协调一致的整体，使企业的人、财、物得到最合理的使用。

企业组织可分为管理机构组织、生产组织和劳动组织三部分。管理机构组织规定着企业管理的组织层次和组织系统，各个组织单位（部门）的职责分工以及相互关系。生产组织是对企业进行生产布局，将各个生产环节进行合理的衔接。劳动组织规定每个职工的职责分工及其相互关系。

（3）指挥职能　为了保证企业的生产经营活动按计划、有组织地运转，企业的一切活动，都必须服从统一的指挥，这是现代社会化大生产的客观要求。指挥职能包括领导、指挥、教育、鼓励、正确处理各种关系等。

指挥的基本原则是：目标协调原则，即指挥应使每个职工的工作都与企业的整体目标、计划要求相协调，为完成企业的任务而有效地工作；指挥统一化原则，即指挥要统一，命令要统一，避免多头领导。

指挥的方式有：强调运用管理权力，以命令、指示等进行指挥和领导的强制性方式；强调人际关系，反对强制性指挥，强调以民主方式进行指导、教育和激励，使被领导者产生自觉的工作热情、责任心和积极性的思想政治工作和行政命令相结合的方式。

（4）协调职能　管理的协调职能是指为完成企业计划任务而对企业内外各部门、各环节的活动加以统一调节，使之配合适当的管理活动。它的目的就是为了使各种活动不发生矛盾或互相重复，保证相互间建立良好的配合关系，以实现共同的目标。协调可分成垂直协调和水平协调，对内协调和对外协调等。垂直协调，是指各级领导人员和各职能部门之间的纵向协调；水平协调，就是企业内各专业、各部门、各单位之间的横向协调。对内协调，是指企业内部的协调活动；对外协调，则指企业与外部环境的协调，如企业与国家、企业与其他生产经济单位之间的协调活动。

（5）控制职能　管理的控制职能，是指根据经营目标、计划、标准以及经济原则对企业的生产经营活动及其成果进行监督、检查，使之符合于计划，以及为消除实际和计划间差异所进行的管理活动。控制的目的和要求，就在于把生产经营活动及其实际成果与计划、标准做比较，发现差异，找出问题，查明原因，并及时采取措施，加以消除，防止再度发生。

以上各种管理职能，并不是独立存在的，而是互相密切联系，是在同一管理过程中实施的，这就是管理职能的总体性。管理的整个过程，就是以计划为出发点，按各项具体职能的顺序，依次进行而达到企业目标的活动过程。

1.4.2　汽车服务企业管理的任务和内容

1. 汽车服务企业管理的任务

汽车服务企业管理的任务，就是按照汽车服务市场的客观规律，对企业的全部生产、销售、服务等经营活动进行计划、组织、指挥、协调和控制，使各汽车服务环节互相衔接，密切配合，使人、财、物各因素得到合理组织、充分利用，以最小的投入，取得满意的产出，完成企业的任务，实现企业的经营目标。

对汽车服务企业而言，为实现良好的经济效益，必须不断扩大本企业产品（服务）的市场占有率。所谓市场占有率，可用相对市场占有率和绝对市场占有率来表示，它是反映企业市场地位的一个指标。这可能表现为本企业销售新车或旧车的数量，或销售额与同期市场总销量或销售额的比值关系；或者可能表现为本企业汽车维修台次或维修收入占同期市场总维修台次或维修收入的比例；也可能表现为本企业承揽的汽车保险费收入与同期市场的汽车保险费收入之比；还有可能表现为汽车俱乐部拥有的会员数量，占同期该区域汽车驾驶员数量的百分比等。以销售量表示的基本计算公式为：

绝对市场占有率＝该产品本企业销售量/同期该产品市场总销售量

相对市场占有率＝该产品本企业销售量/同期该产品最大竞争对手销售量

市场占有率的提高，在产品同质化趋势日益明显的市场中，很大程度地取决于顾客的满意度。所以，所有汽车服务企业都将提高顾客满意度作为企业最重要的任务之一。汽车服务企业的管理应该也必须与提高顾客满意度相适应。从某种意义上说，汽车服务企业管理的任务就是充分利用企业的内部和外部各种可利用的资源，对生产（服务）经营活动进行计划、组织、指挥、协调和控制，努力提高顾客满意度，提高顾客忠诚度，不断提高本企业产品市场占有率，从而达到实现企业最佳经济效益的目的。

2. 汽车服务企业管理的内容

根据汽车服务企业生产经营的内容和特点，企业管理包含如下几个方面的内容。

（1）经营管理　经营管理是指为实现企业目标，使企业生产技术经济活动与企业外部环境达成动态平衡的一系列管理活动，是一项战略性、决策性的管理。其主要内容包括通过对企业外部经营环境的研究，确定企业的经营思想和方针，制定企业的发展战略和目标，搞好

第 1 章 汽车服务企业管理概论

企业经营决策、经营计划、市场营销、产品开发、技术创新等管理工作。

(2) 服务管理　服务管理是指对服务的全过程进行管理。它包括以下几个方面。

① 服务质量管理：通过建立质量保障体系，设计与推行标准服务流程，完善服务补救程序等提高服务质量，从而提高顾客满意度，使顾客由满意而生感动，直至成为企业的忠诚顾客。

② 设备管理：合理设计企业的服务能力，如销售能力、维修能力等，对服务设施定期计量检定，维护保养，适时更新和报废。

③ 定额管理：制定、执行、修改和管理各类技术经济定额，如工时定额、物料消耗定额、费用定额等。

④ 备件管理：保障备件供应率是提高服务质量的重要内容。要提高备件供应率必须确立适当的备件经营机制，做好备件的计划、采购和仓储管理工作。

(3) 财务管理　财务管理是企业再生产过程中对资金运作的管理，是对企业再生产过程以价值形态表现的全部活动，包括物质基础配置、产销经营过程、经营活动成果以及最后处理的全过程在账面上的正确反映和分析。所以现代财务管理的主要内容包括资金的筹集、运用、资产的管理、收入、成本、利润管理、分配管理等。

(4) 人力资源管理　人力资源管理是现代企业管理的重要方面。因为寻找到优秀的雇员，并创造有利条件，充分调动发挥雇员的主观能动性和其各自的优势，对企业的市场竞争力有巨大的影响，人力资源管理包括：人员的招募与选聘，岗位设计和职能划分，人员薪酬和考核评估设计，人员的培训等。

(5) 信息管理　现代企业的竞争，在占有信息以及充分控制信息价值方面显得非常激烈。因此，信息管理是汽车服务企业管理的重要内容之一。信息管理的主要内容包括：产品质量与保修信息管理、客户信息管理（其理论上的发展是客户关系管理CRM）和外部环境信息管理（包括国家政策、法规、行业发展动态、市场竞争情报等）。

1.5　汽车服务企业组织结构

企业管理组织是指由企业中从事生产经营活动的部门和人员所组成的组织系统。现代汽车服务企业，其管理活动越来越趋于复杂化。既要搞好企业内部管理，比如销售、服务、人员、设备、资金等，又要搞好外部关系管理，比如供应商、顾客、行业及管理者、媒体及宣传机构等。为使管理人员内部工作分工与协作关系得以明确，管理组织的合理设计就显得十分重要。它是提高管理效能和效率的保证。

1.5.1　汽车服务企业管理组织设计的原则

管理组织设计主要是选择合理的管理组织结构，确定相应的组织系统，规定各部门及管理人员的职责和权限等，它以协调组织中人与事，人与人的关系，最大限度地发挥人的积极性，提高工作绩效，更好地实现组织目标为基本目的。在进行组织设计时应遵循以下几项基本原则。

1. 系统整体性原则

企业是一个复杂社会系统，组织结构的设计应站在整体的高度，以系统的观点使企业各层次、各部门、各职位之间形成相互配合，相互协作的关系，并把它们联结。这主要体现在如下两个方面：首先，企业应有一个完整的、健全的运作系统，它由决策中心、执行系统、操作系统、监督系统和反馈系统构成，其次，组织中人员、岗位的设置，权力和责任的规定，应该做到"事事有人管、人人有事做"，不仅如此，各职责、各职权之间要避免出现重叠和空缺，以防止在工作中产生不必要的矛盾、摩擦以及相互推诿、无人负责的问题。

2. 权责一致原则

各级机构、各个部门的职位是根据各项业务工作设立的，为此，就要明确每个职位应完成的工作，应承担的责任，赋予相应的权力，建立相应的奖惩制度。尤其要强调的是权责一致。

权责一致就是强调，有多大责任，就要有多大权力，必须防止两种偏差：一种是有责无权或责大权小；另一种是有权无责或权大责小。

一个管理者如果没有必要的决策权、指挥权和赏罚权，就无法对他所管理的部门负责；一个工人如果没有拒绝使用不合格工具、配件的权力，就无法对他维修汽车的质量负责。有责无权或责大权小会束缚和压制员工承担任务的积极性；权大责小或有权无责，就必然会导致瞎指挥滥用权力的官僚主义。

3. 有效管理幅度原则

管理幅度是管理者能够直接有效地指挥监督其直接下级员工的数目。有效管理幅度是一个变量，它受多种因素影响。如工作性质、人员素质、授权程度以及组织机构健全程度等。一般认为高层管理幅度为5～8人，中层8～15人，基层15人以上。为避免管理效率下降，在管理幅度超过限度时，应增加管理层次。管理层次是组织机构自下而上或自上而下的机构层次。管理层次与管理幅度的关系是：在企业规范已定时，管理幅度大则管理层次少，管理幅度小，则管理层次多。

4. 集权与分权相结合原则

权力是指企业经营与管理的决策权力。集权与分权指的是决策权的集中化和分散化。集中化就是趋向把较多和较大的决策权集中到企业高层组织，中下层组织只负责日常业务；分散化就是高层组织只保留对项目的选择和控制等重大决策权，而给予中下层组织较多和较大的决策授权。集权与分权各有利弊。任何企业都必须根据本企业的具体情况，处理好集权与分权的关系，掌握好两者的平衡。影响集权与分权程度的主要因素如下。

(1) 企业规模。规模越大，则分权应较多；反之集权应多些。

(2) 生产经营特点。企业各生产环节之间协作和联系比较紧密，则应集权多些；反之，则应分权多些。

(3) 市场状况。市场面小，且稳定少变，宜于集权；市场复杂多变，且市场面大的，则宜分权多些。

(4) 管理人员素质。管理人员素质高，宜分权多些，反之，应集权多些。

(5) 控制手段的完善程度。控制手段强的，宜于分权，相反，则应集权。

1.5.2 汽车服务企业组织机构的基本形式

按照管理组织理论，企业组织机构的基本形式主要有以下几种：直线制、职能制、直线职能制、事业部制、矩阵结构。

1. 直线制

直线制是最古老、最简单的一种组织形式。这种组织结构中各级职位按垂直方向依次排列，命令传递和信息沟通只有一条直线通道，任何下级都只受各自唯一上级的领导。其结构示意见图1-1。

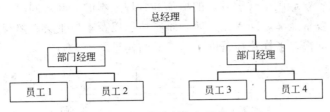

图 1-1　直线制组织结构

2. 职能制

这种组织结构按不同管理职能设立职能部门，负责各自职能范围内的业务管理，下级除接受直线上级管理者的领导外，还必须接受其他职能部门的领导。这种组织结构由于客观上形成了"多头领导"的结果，因而并未在实际中广泛使用。其结构示意见图 1-2。

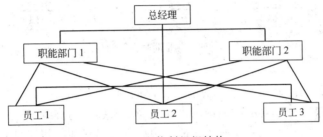

图 1-2　职能制组织结构

3. 直线职能制

这种组织形式是在直线制和职能制的基础上发展起来的。

它的主要特点是，由直线部门构成指挥命令系统，管理所属下级，对本部门负责全面责任；按专业分工原则设立的职能部门构成参谋系统，充当直线人员的参谋，他们对直线部门没有任何指挥命令权，只能向直线部门提供建议和业务指导。一般来说，直线职能制组织结构适用于中小规模企业，其组织结构见图 1-3。

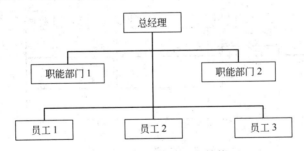

图 1-3　直线职能制组织结构

4. 事业部制

这种结构的关键特点是，把企业划分成若干个相对独立的事业部，各事业部拥有各自独立的产品和市场，是独立核算、自负盈亏的利润中心，在最高管理层设计的统一发展战略框架中，可运用自主经营权、财务独立性，谋求自我发展。这就使企业实现了"集中决策，分散经营"。它的优点是，有利于企业的最高管理层（公司总部）摆脱具体的日常事务性工作，集中对关系企业全局和长远战略发展的重大问题做出正确决策，有利于发挥各事业部的积极性、主动性，有利于培养和训练具有全面管理才能的管理人员，提高了整个企业的稳定性和对环境变化的灵活适应性，为企业规模的扩大与多样化经营提供了极大的空间。它的缺点是，机构的重复设置，造成了管理人员的增加和管理成本的上升；同时，由于各事业部的相对独立性，造成了各事业部之间支援较差，难于协调以及本位主义、忽视整体和长远利益等问题。它适用于大规模、多样化经营的企业。其结构见图1-4。

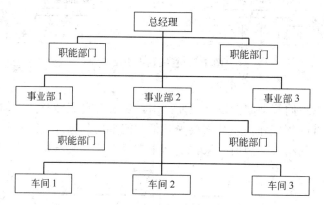

图1-4 事业部制组织结构

5. 矩阵结构

这种结构在直线职能制基础上，增设了横向的项目管理系统，两者结合组成了若干小组。小组的成员既隶属于各自的职能部门，又接受小组领导的直线指挥。它的优点是创造了集权与分权较好结合的新形式，克服了职能部门原有的局限和职能部门之间的脱节现象，加强了各部门之间的通力协作与横向交流，有利于企业发挥人员潜力，不断创新，机动灵活地适应环境的变化。它的缺点是存在明显的双重领导，容易出现意见分歧、协调困难等问题。另外，小组临时性的特点也局限了项目经理对小组成员的控制能力。矩阵式组织结构特别适应于产品种类多、变化大，以研究、开发、创新为主的企业。其结构见图1-5。

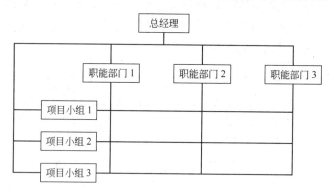

图1-5 矩阵式组织结构

1.5.3 汽车服务企业组织机构设置与职能规划

正如前述，不同的企业规模应采用不同的组织结构形式。汽车服务企业从规模上来讲，可分为大、中、小型企业。故其组织结构可采用上述所有的组织结构形式。对小型汽车服务企业，如汽车快修店、汽车配件经销店等，大多数采用直线制组织结构；对中小型汽车服务企业，如汽车品牌专营店、汽车特约维修站等，大多数采用直线职能制组织结构；对大型汽车服务企业，如汽车服务集团、汽车配件连锁经营企业等，大多采用事业部制组织结构。下面介绍典型的汽车品牌专营店的组织结构及影响顾客服务质量的主要职位的职责说明。

1. 汽车品牌专营店组织结构

在我国，汽车品牌专营店一般采用董事会领导下的总经理负责制。在总经理下设：销售部、技术服务部、财务部和行政部等机构。随着企业规模的扩大，整车销量的增加或根据整车生产厂商的要求，有的企业会将市场部从销售部分离出来成为一个独立的部门；还有的企业将备件部从技术服务部分离出来成为一个独立的部门。另外，随着汽车市场竞争的日趋激烈，许多汽车经销商都在不断探索新的盈利模式和手段，而拓展了一些新的服务业务内容，如旧车置换、会员服务等。从而成立以旧车置换中心、车友俱乐部等部门组成的特殊事业部。

销售部主要负责与整车销售活动有关的业务。如开发潜在客户、接受客户咨询、市场营销策划、制定购车计划、实现整车销售等。

技术服务部主要负责与整车维修、保养活动有关的业务。如服务接待、建立客户档案、汽车质量保修、备件供应、服务促销等。

财务部主要负责与企业对资金运作的管理活动有关的工作。如资金筹措、结算、成本核算、资金管理等。

行政部主要负责企业人事管理、日常事务和劳动保险与福利等工作。

2. 汽车品牌专营店主要职位的职责说明

（1）总经理　总经理是汽车品牌专营店所有经营活动的首脑，对企业经营成败起决定性作用。他/她应该富有激情，思维敏捷，具创新精神，有远见及洞察力，敢于正视困难，承受压力能力强；并且熟悉"4S"店的管理模式及工作流程，具备丰富的汽车产品知识，较强的管理能力、营销能力，具备一定的财务知识和良好的交流能力。他/她全面负责企业的经营战略制定与执行；全面负责企业组织机构设定与人力资源管理；全面负责企业经营管理工作；全面负责企业的公共关系处理，为企业建立良好的外部环境。他/她是顾客满意度的第一负责人。其职责范围如下：

① 分析企业目前形势（企业的市场地位、竞争形势和客户组成等），明确优势与不足；

② 制定企业的指导思想与远景规划（如客户定位、员工定位与利润定位），制定实施措施；

③ 企业组织结构及人员编制初审；

④ 规划人员要求，明确工作要求与岗位职责；

⑤ 以员工为导向管理并激励员工，使员工认同企业目标；

⑥ 对主管骨干、部门经理及以上人员的面试、录用、考评、薪酬、任免的决策；

⑦ 明确说明与贯彻公司目标、定价方针，以及厂家所规定的销售、服务与零配件的标准，制定年度、月度经营目标，并负责监督实施；

⑧ 制定销售、服务与零配件销售的市场营销战略；

⑨ 根据市场配置、模式、价格与宣传政策以及销售、服务和零配件的销售组织，组织积极的营销活动；

⑩ 确保企业各部门的协调与合作；

⑪ 进行预算与成本核查；

⑫ 对经销商间的比较结果进行评估；

⑬ 出席月度经营计划会，并负责汇报；

⑭ 审核企业各项管理制度及业务流程，并在其实施过程中给予监督及控制；

⑮ 与银行、税务、工商、公安等部门建立良好的关系。

（2）销售部经理　销售部经理是整车销售业务的核心。他/她必须有很强的责任心和进取心；有较强的组织和沟通能力，团队建设和领导管理能力；应变能力强，能适应较强的工作压力；具极强的服务意识和创新精神；清廉诚信，公正务实。同时他/她应熟悉汽车销售工作流程和销售技能，了解汽车市场动态，具备丰富的汽车产品知识，还必须具备一定的培训技能。其职责范围如下：

① 管理销售业务代表，分解销售任务，保证企业经营目标的实现；
② 分析市场潜力并确保其潜力得到挖掘；
③ 实施新车销售的标准和指南；
④ 监督新车销售和二手车销售标准、指南的执行；
⑤ 监督销售量和销售额（每天/每月报告）；
⑥ 监督销售领域的经销商业绩对比数据，并实施经常性的反馈/检查讨论；
⑦ 负责汽车展厅与展示车的管理；
⑧ 创建和更新销售队伍的组织结构和岗位描述；
⑨ 制定销售人员需求计划，参与人员甄选；
⑩ 建立保质保量的销售调查、销售和客户关怀目标；
⑪ 负责处理客户投诉，协助达到客户满意度和忠诚度；
⑫ 销售人员培训，激励。

（3）市场部经理　市场部经理是总经理或销售部经理的智囊，负责对市场环境进行观察与分析，管理企业客户数据库，评价竞争对手竞争行为的影响与效果，为企业制定适应市场需求的商务政策提供咨询建议，评价本企业销售推广活动的效果。他/她必须有很强的责任心和进取心；有较强的组织和沟通能力，团队建设和领导管理能力；应变能力强，能适应较强的工作压力；具备极强的服务意识和创新精神；具有较强的市场洞察能力及市场分析、预测能力；熟悉汽车销售工作流程和销售技能，掌握汽车市场动态，具备扎实的汽车产品和丰富的汽车市场营销理论知识与实践经验。其职责范围如下：

① 负责观察汽车市场，进行市场分析并对市场发展趋势和市场变化进行评估；
② 监察竞争对手的市场活动；
③ 负责广告活动策划、客户联络和客户关系的衡量等；
④ 实施广告活动；
⑤ 实施生产商市场部策划的销售推广计划和本企业内部的销售推广措施；
⑥ 从相应的客户资料中选择并建立客户档案，检查客户数据库的质量，确保客户数据库清晰完整；
⑦ 确保沟通销售部和技术服务部对客户联络的信息，并使双方信息充分共享；
⑧ 根据生产商的标准框架创建本企业网站，并更新和维护本企业的网站；
⑨ 处理收到的电子邮件并将信息转到相关部门或人员；
⑩ 分析广告实施的有效性并对比投入与产出。

（4）技术服务部经理　技术服务部经理是售后服务的责任人，必须致力于使技术服务部门通过优质的保养维修服务，为提高顾客满意度和挖掘市场潜力做贡献。其中，必须使全体员工树立顾客至上的理念，并在工作中贯彻执行。他/她必须有很强的责任心和进取心；有较强的组织和沟通能力，团队建设和领导管理能力；应变能力强，能适应较强的工作压力；具有极强的服务意识和创新精神；清廉诚信，公正务实。具备重大事件的判断力和处理能力，有丰富的汽车故障诊断与维修经验，熟悉技术服务工作流程，熟悉汽车的构造、备件管

第1章 汽车服务企业管理概论

理知识，还必须具备一定的培训技能。其职责范围如下：

① 制定定性和定量的年度目标；
② 执行并达到服务目标（服务满意度、忠诚度，零件和维修车间销售以及提高客户服务质量等方面）；
③ 分析服务市场潜力并确保发掘这种潜力；
④ 进行调查，评价区域市场和竞争信息；
⑤ 在执行生产商为经销商服务部门统一制定的标准/方针的同时，建立适合本企业的独特服务标准/方针；
⑥ 定期进行内部质量评估并制定改进措施；
⑦ 部署、实施并监督市场和广告活动；
⑧ 确保维修车间的持续利用率并监督人员配备与工作安排情况；
⑨ 根据生产商要求和本企业实际情况组织并检查产品召回、保修和商誉保修处理情况；
⑩ 为服务部门员工创建并更新组织机构图与工作描述；
⑪ 负责计划并执行服务部门内的人事要求（招聘/解雇）；
⑫ 定期与员工进行内部讨论，制定培训措施，促进服务部门员工培训；
⑬ 策划并实施服务促销活动；
⑭ 负责维护服务信息和内部信息通道；
⑮ 负责技术召回活动以及促进并评估服务部门内的改进措施；
⑯ 确保遵守工作安全与事故预防规定；
⑰ 计划并检查维修车间设备、所用资源和工具；
⑱ 为服务部门制定单独的流程图和检查表，以便优化流程；
⑲ 制定工作进度表和假期时间表，规定维修车间工作时间与服务部门营业时间；
⑳ 在服务部门内使用与工作业绩挂钩的奖惩体系。

（5）备件部经理　备件部经理负责在一定的库存成本基础上，维持适当的备件库存，确保合理的备件供应率，确保顾客满意度的实现。他/她必须有很强的责任心和进取心；有较强的组织和沟通能力、团队建设和领导管理能力；应变能力强，能适应较强的工作压力；具备极强的服务意识和创新精神；文字功底强。

熟悉汽车专营店备件经营实际运作，了解汽车的维修、保养工作及其相关知识。其职责范围如下：

① 全面负责备件经营（含精品）计划的制定及实施；
② 负责执行本企业及生产商各类备件管理标准、规范、政策；
③ 确保维修用备件供应及时、合乎要求；
④ 全面负责备件部安全、有序的工作；
⑤ 负责订货发票的审核、订货资料的存档，制定备件储存定额及最低库存量；
⑥ 收集、反馈各种备件市场及技术信息；
⑦ 填写备件检验表，对备件市场进行预测和分析，并将相关信息及时反馈生产商备件科；
⑧ 负责组织备件人员的技术交流，不断提高相关技能。

【案　例】

江铃于20世纪80年代中期在中国率先通过引进国际上最新的卡车技术制造五十铃汽车，成为中国主要的轻型卡车制造商,目前已拥有每年 10 万辆一流水平的冲压、焊装、涂装、总装制造能力。节能、实用、环保的江铃汽车产品,已经包括了"凯运"、"顺达"及 JMC 轻卡、"宝典"皮卡、"宝威"多功能越野车、"运霸"面包车在内的四大系列车型。江铃自主品牌的宝典皮卡、凯运及 JMC 轻卡系列的销量连续占据中高档市场的主导地位。江铃还将具有性价比优势的汽车打入国际市场,海外销售网络已延伸到中东、中美洲的许多国家,是中国轻型柴油商用车最大出口商,被商务部和发改委认定为"国家整车出口基地",江铃品牌成为商务部重点支持的两家商用车出口品牌之一。

作为江西较早引入外商投资的企业,江铃以开放的理念和富于进取性的发展战略,积极吸收世界最前沿的产品技术、制造工艺、管理理念,有效的股权制衡机制、高效透明的运作和高水准的经营管理,使公司形成了规范的管理运作体制,以科学的制度保证了公司治理和科学决策的有效性。江铃建立了 ERP 信息化支持系统,高效的物流体系实现了拉动式均衡生产;建立了 JPS 江铃精益生产系统,整体水平不断提升;建立了质量管理信息网络系统,推广 NOVA-C、FCPA 评审,运用 6σ 工具不断提升产品质量、节约成本。2000 年被中国机械工业管理协会评定为"管理进步示范型企业",2003 年荣获全国机械行业九家"现代化管理企业"之一的荣誉。2005 年底成为国内率先通过 OHSAS18001:1999 职业健康安全管理体系、EN ISO14001:2004 环境管理体系、ISO/TS16949:2002 质量管理体系等一体化管理审核的汽车企业。

公司十分注重人才的培养,充分提供发展的空间,鼓励员工树立终身学习的理念。根据工作需要,公司定期组织大量内、外部培训(如 JPS 精益生产、8D、6σ、UG、质量和环境体系、同步物流、沟通技巧、培训师 TTT、英语等技术和管理培训),同时不定期选送优秀的技术、管理骨干出国培训,或到国内知名高校进行系统培训和深造(如推荐攻读在职研究生的学历教育);员工申请经领导批准后,考取在职研究生毕业时取得学位或毕业证,学费予以报销等优惠政策。

U8 管理软件与企业管理有效结合,协助企业实现管理增值。U8 在广州五十铃有限公司的成功应用,协助企业消除了信息孤岛,真正实现了财务业务一体化;采购流程的科学化保证了库存成本最小化;项目管理的应用,加强了对成本费用的控制和分析,加速了资金的周转,保证了资金的安全性;实现了产品成本核算和管理。

[复习思考题]

1. 什么是企业?企业管理的基本特征包括哪些方面内容?
2. 什么是现代企业制度?
3. 简述现代企业制度的特征。
4. 简述现代企业制度的主要内容。
5. 什么是公司治理结构?它的作用是什么?
6. 广义和狭义的汽车服务分别是指什么?
7. 简述汽车服务企业管理的职能。
8. 简述汽车服务企业管理的任务和内容。
9. 简述汽车服务企业组织设计的原则。
10. 汽车服务企业组织机构的基本形式有哪几种?它们的内容是什么?

第 2 章　汽车服务企业生产管理

>>> **学习目标**
1. 了解汽车服务企业经营计划的特点、作用和分类。
2. 熟悉汽车服务企业经营计划的主要任务及编制方法。
3. 熟悉汽车服务企业经营计划的实施与控制方法。
4. 了解汽车服务企业的生产组织和运营管理方法。

2.1　汽车服务企业经营计划

2.1.1　汽车服务企业经营计划特点和作用

经营计划是指在经营决策基础上，根据经营目标对企业的生产经营活动和所需要的各项资源，从时间和空间上进行具体统筹安排所形成的计划体系。事实上，经营计划是企业围绕市场，为实现自身经营目标而进行的具体规划、安排和组织实施的一系列管理活动。企业经营计划是企业经营活动的先导，并始终贯穿于企业经营活动的全过程。

经营计划体系的纵向可以分为三个层次：战略计划、业务计划和基层作业计划。三者之间的关系是：战略计划提供由上而下的指导；基层作业计划提供由下而上的保证；业务计划发挥承上启下、上传下达的作用。

汽车服务企业的经营计划是企业经营的纲领性文件，在制定过程中能帮助企业深入地思考自己的业务发展，弄清企业的目标，分析市场、产品和服务，进而评估汽车市场、经营与财务行为，并为发展企业做出可行性计划；作为一个目标管理工具，经营计划能用于对实际经营状况和计划经营情况进行比较，并帮助管理者理解和明确实际经营状况和计划经营情况之间的任何偏差，并协助他们找出原因，以在需要的时候采取补救措施。

汽车服务企业的经营计划除了作为企业内部目标管理的工具外，同时它也是与供应商进行业务沟通、协调运作的基础性文件，供应商据此安排其相应的生产与物流计划，协调整体性的市场运作。

制定经营计划应遵循的原则是：

1. 系统性原则

企业在制定计划时一定要坚持系统性原则，不但考虑到企业本身，还要从整个系统的角度出发，要认识到企业是整个大系统中的一个小系统，如果不考虑大系统的利益，只顾个体利益，肯定会受到整个系统的惩罚。

2. 平衡性原则

企业本身以及内外环境之间都存在着许多矛盾，平衡就是要对影响企业生产经营的各个方面，企业内部各部门的产、供、销等各环节进行协调，使之保持一定的、合理的比例关系。

3. 灵活性原则

计划规定未来的目标和行动，而未来却充满众多的不确定性，因此计划的制定就要保持一定的灵活性,即有一定的余地,而不能规定得过死或过分强调计划的稳定。在计划执行过程中,更要注意不确定因素的出现,对原计划做出必要的调整或修改。

4. 效益性原则

企业的经营计划必须以提高经济性和社会效益为中心。

5. 全员性原则

这种全员参与并不是说所有的员工都参加到制定计划的工作中去,而是指计划的制定应该让员工们知道和支持,这是计划能够得以实现的保证。

2.1.2 汽车服务企业经营计划的分类和主要任务

企业经营计划是在一定时期内确定和组织全部生产经营活动的综合规划。它在国民经济计划指导下,根据市场需求和企业内外环境和条件的变化并结合长远和当前的发展需要,合理地利用人力、物力和财力资源,组织筹划企业全部经营活动,以达到预期的目标和提高经济效益。

企业经营计划按时间可分为长期经营计划、中期经营计划和短期经营计划三种;按管理层次可分为全企业经营计划、职能部门经营计划和车间经营计划;按计划内容又可分为供应、销售、生产、劳动、财务、产品开发、技术改造和设备投资等计划。

长期经营计划是企业五年和五年以上的长远规划。它的任务是选择、改变或调整企业的经营服务领域和业务单位,确定企业的发展方向和目标,确定实现目标的最佳途径和方法。长期经营计划具有明确的方向性和指导性,具有统率全局的作用。它是一种战略性规划。

中期经营计划是企业二至五年的计划。它的任务是建立企业的经营结构,为实现长远经营计划所确定的战略目标设计合理的设备、人员、资金等的结构,以形成企业的经营能力和综合素质。中期经营计划起着承上启下的重要纽带作用。

短期经营计划是企业的年度计划。它的任务是适应企业内外的实际情况,组织和安排好企业的经营活动,以分年度逐步实现企业的经营目标。

1. 长期经营计划的主要内容

因行业和企业的特点不同,长期经营计划的主要内容也会有所不同,但一般包括下面几个方面:

(1) 科研和新产品开发计划,规定企业产品品种发展方向、新产品开发和老产品整顿任务和有关探索性的科研项目等。

(2) 企业改造和固定资产投资计划,规定企业在一定计划期限内的设备更新、技术改造、产品品种结构调整和环境保护等项目及其完成的进度、费用预算和预期达到的目标等。

(3) 生产能力利用计划,规定设备、厂房、仓库、运输工具等设施的报废、更新、处理、添置等的数量、时间和费用预算等。

(4) 人才开发和职工培训计划,规定智力投资、人才开发、职工教育和技术培训的人数、时间和费用预算等。

(5) 企业主要技术经济指标的发展计划,规定利润目标、产品质量指标、产品成本指标、劳动生产率增长指标、流动资金周转速度指标、能源消耗和材料利用指标等。

(6) 职工生活福利设施计划,规定职工食堂、俱乐部等公共设施的发展计划。

2. 短期经营计划(企业年度计划)的主要内容

年度经营计划由企业的年度销售、生产、供应、财务、成本等计划构成的综合性计划。它是长期经营计划的具体化和实施方案。20 世纪 50 年代初以来,中国企业年度综合计划采用生产技术财务计划的形式。20世纪70年代末开始改革经济管理体制，企业扩大了自主权，成为社会主义商品生产的相对独立的经济实体，在国家计划指导下，主动从事生产经营的全部活动。企业开始编制年度经营计划，取代以往的生产技术财务计划。

（1）销售计划：根据国家计划、市场预测和订货合同编制，是编制生产计划的重要依据，它规定企业在计划年度内销售产品的品种、数量、销售收入、销售利润、交货期、产品质量和销售渠道等，是保证利润计划实现的关键性计划。

（2）生产计划：以销售计划为主要的编制依据。它规定企业在计划年度内所生产的产品品种、质量、数量和生产进度以及生产能力的利用程度，是编制劳动工资计划、物资供应计划和技术组织措施计划的依据，对企业实现销售计划起保证作用。

（3）劳动工资计划：根据生产计划和技术组织措施计划编制。它规定企业在计划年度内为完成生产计划所需的各类人员的数量、定员、定额，劳动生产率提高水平，工资总额和平均工资水平，奖励制度和奖金，职工培训指标等，对企业提高劳动生产率，提高职工的文化和技术业务水平起重要作用。

（4）新产品试制计划：它是新产品开发计划的具体落实，对推动企业不断创新和开展市场竞争起重要作用，它规定企业的新产品设计和研制、新工艺攻关和投产前的技术准备等指标。

（5）物资供应计划：根据生产计划、新产品试制计划和技术组织措施计划等编制，起合理利用和节约物资减少资金占用的作用。它规定企业在计划年度内生产、科研、维修等所需的原材料、燃料、动力、外协件、外购件、外购工具等的需要量、储备量和供应量、供应渠道、供应期限等。

（6）产品成本计划：以生产计划、劳动工资计划和物资供应计划为主要的编制依据，对企业节约人力、物力、财力和增加盈利起保证作用。它规定在计划年度内生产和销售的产品所需的全部费用，具体包括主要产品单位成本计划、全部商品产品成本计划和产品成本降低计划等。

（7）财务计划：根据生产销售、供应、劳动工资、成本等计划编制，对保证企业的经营和合理使用资金起重要作用。它包括固定资产计划、流动资金计划、利润计划、专用基金计划和财务收支计划，是企业生产经营状况的综合反映。

（8）技术组织措施计划：规定企业在计划年度内改进技术和组织的各项措施的项目、进度、预期的经济效果及实现措施所需的人力、材料、费用和负责人及执行单位。它是实现生产计划和新产品试制计划等的技术组织保证，对企业动员内部潜力、改造薄弱环节和增产节约起重要作用。

（9）其他计划：包括设备维修计划、工具生产计划、动力计划、动能生产计划和运输计划等。

2.1.3 汽车服务企业经营计划的内容

汽车服务企业的经营计划作为未来一个经营周期中的进行管理和绩效考核的纲领性文件，主要包含销售计划、服务计划、市场推广计划、投资计划、财务计划、人员配置计划和培训计划等几个方面。

1. 销售计划

销售计划主要是根据近几年本地汽车市场上品牌车辆的销售情况和市场发展预期，在考虑竞争对手商务政策与市场举措的条件下，合理确定未来一段时期内（通常是一年）企业整车和延伸产品的销售状况，并做出按月和按车型的详细分布计划，这是与供应商进行协调和谈判的基础和最重要内容。

2. 服务计划

服务计划中包含根据预测的未来年度市场情况和自身的销售计划，计算来年内辖区汽车服务企业代理品牌车辆的保有数量，根据该品牌车辆以往在维修保养方面的经验数据，计算出来年的服务总工时和备件消费的总数量。

3. 市场推广计划

汽车服务企业为了扩大市场影响，挖掘潜在客户，提高已有客户对企业的认知，提高销售与服务市场份额，需要开展系统、多样的市场推广活动。汽车销售服务企业可以选择的市场推广活动有平面广告（报纸、杂志）、电视广告、广播广告、户外路牌广告、宣传品制作、车展活动、客户活动、新产品推介活动、服务活动、直邮、试乘试驾等。汽车服务企业应根据所代理品牌汽车的定位以及产品的特点，选择合适的广告媒体，结合消费者的习惯和往年市场情况，进行有针对的宣传活动。一般来说，广告由于其传播面广、传播效率高等原因应用得最为广泛，企业可根据不同媒体形式的特点、不同媒体在发行量和收视率方面差异以及媒体形象等多方面的因素决定预算的投向，并根据销售服务市场的波动确定测算随时间的分布情况。

4. 人员配置计划

按照销售规模、维修服务计划、配件的消耗量以及业务开展的情况，确定每个岗位的人数。销售人员规模的确定可简单按照每个销售人员每年销售的车辆数量车来确定人员的数量，可先估算全年所需的销售接待或访问的工作量，再除以每个销售人员每年所能完成的平均工作量来确定。但是在实际工作中，不同品牌、不同目标市场的销售人员的年均工作量和所能完成的销量是有所不同的，例如高档轿车和中档轿车的消费市场肯定是不一样的。

备件人员一般按照年经营额的多少来确定人员数量，备件人员单人年度销售额的确定和汽车产品的定位有很大的关系，应大致均衡不同品牌车辆备件人员的工作强度，如一些低档汽车的单人年度销售额应比高档车的低。

服务顾问可按每人每天接待的用户人数来确定。

维修人员的人数按照不同工种的年度服务计划，以及每位维修人员年度能完成的总工时，在保证用户能及时得到服务的前提下，确定最佳数量。

财务人员的工作量相对来说与汽车的销量有直接的关系，只需要按照年度销售计划来确定财务人员的数量即可。

其他岗位的人员可根据业务的开展范围来确定，比如车间主任、财务总监等。

5. 培训计划

按照不同的内容，针对不同的岗位开展有针对性的培训活动，以满足汽车服务企业的业务运作需要，提升汽车服务企业的整体服务水平。如：针对管理培训，服务总监要进行服务理念、管理模式、企业诊断的服务总监管理培训。服务经理要进行服务理念、经营分析、时间控制模式、核心流程的服务经理管理培训。服务顾问要进行服务理念、售后服务核心流程、接待艺术的服务顾问管理培训。内审员要进行质量管理基础知识、ISO9001标准、审核方法等内审员培训。

培训一般分基础技术培训、高级培训和专家级培训。对于初上岗人员，必须接受相应的基础技术培训。所有人员只有参加低一级的培训并取得合格成绩后，方能参加下一阶段的学习。培训内容包括厂家的强制培训内容和汽车服务企业自己组织的为提高员工水平和素质的培训活动。

6. 财务计划

汽车服务企业的收入包括新车销售收入、二手车业务收入、维修收入、备件收入、延伸业务收入及其他收入等；开支包括人工费用、营销费用、办公费用及其他维持业务正常运作的开支费用。据此估算出汽车服务企业来年的销售收入及资金支出情况，分析利润率、投资收益率，确定细节计划的可行性，并根据现金流量图做好资金的合理利用，取得资金的最大收益。

2.1.4 汽车服务企业经营计划的编制

经营计划是企业经营活动的先导，并始终贯穿于企业经营活动的全过程。制定经营计划既要有一定的前瞻性又要有一定的现实性；既要有先进性又要有可行性。

从企业运营管理的角度看，合理的经营计划是实现目标管理、提高运营效率的基础，计划制定过程中，管理人员按照企业总体发展战略的要求，系统地对未来一定时间内的企业内外部环境做系统地分析与预测，并提出合理的目标和实施计划，这有利于辨别企业的资源条件和竞争态势，确定各职能部门的职责和发展目标，进而提高管理效率。

汽车服务企业经营计划的制定，关键在于对未来销售、服务市场进行预测和新增投资项目的可行性分析。

1. 市场预测工具介绍

市场预测方法大体可分为两大类：一类是定性预测方法，另一类是定量预测方法。在实际工作中往往将这两种方法结合运用，取长补短，即定量预测接受定性分析的指导。

（1）定性预测方法　定性预测主要依靠营销调研，采用少量数据和直观材料，预测人员利用自己的知识和经验，对未来的状况做出判断。它主要依赖预测人员本身的经验、知识和技能素质。

它的理论依据是相类似原则。包括两个内容：

① 按发展时间顺序类推。即利用某一事物和与其类似的其他事物在发展时间上的差别，把先发展的事物的表现过程类推到后发展的事物上去，从而对后发展事物的前景做好预测。例如，通过对某些国家家用轿车普及过程的研究结论，来预测我国家用轿车走向家庭的时间、车型以及购买和政策特点等，就属于时间类推。时间类推的关键是把握事物的发展过程是否相似，如相似性太小，那么预测效果就会较差。

② 由局部类推总体。即通过抽样，调查研究某些局部或小范围的状况，预测整体和大范围的状况。例如：通过对一省一市汽车更新工作的调查，来预测全国汽车更新工作的情况。由局部类推总体时，应注意局部的特征是否反映了整体的特征，是否具有代表性，如果不是，预测就可能失败。

定性预测方法有很多种，其中最常用的是德尔菲法。该种方法是20世纪40年代末期，由美国兰德公司首创并使用的。至今，这种方法已经成为国内外广为应用的预测方法。它可以用于技术预测和经济预测，短期预测和长期预测，尤其是对于缺乏统计数据的领域，需要对很多相关因素的影响做出判断的领域，以及事物的发展在很大程度上受政策影响的领域，都是非常适合的。

该种方法的预测过程与营销调研的过程基本一致。首先由预测主持人将需要预测的问题逐一拟出，然后请专家对预测问题一一填写自己的预测看法，主持人进行分类汇总后，将一些专家意见，相差较大的问题再抽出来，并附上几种典型的专家意见，请专家进行第二轮预测。如此循环往复，经过几轮预测后，专家的意见便趋向一致或者集中于几种看法上，主持人便以此作为预测结果。由于这种方法使参与预测的专家能够背靠背地充分发表自己的意见，不受权威人士态度的影响，这就保证了预测活动的民主性和科学性。

定性预测方法还有社会（用户）调查法（即面向社会公众或用户展开调查）、综合业务人员意见法（综合销售或其他业务人员意见）、小组讨论法（会议座谈形式）、单独预测集中法（由预测专家独立提出预测看法，再由预测人员予以综合）、领先指标法（利用与预测对象关系密切的某个指标变化对预测对象进行预测）、主观概率法（预测人员对预测对象未来变化的各种情况做出主观概率估计）等。

（2）定量预测方法　定量预测方法是依据必要的统计资料，借用数学方法特别是数理统计方法，通过建立数学模型，对预测对象未来在数量上的表现进行预测的方法的总称。

常用的方法有时间序列分析法、因果分析预测法、市场细分集成法和需求弹性法等。

（3）汽车市场预测应注意的几个问题

预测人员在实际进行预测活动时，应注意以下问题。

① 政策变量。汽车市场受国家经济政策和非经济政策的影响很大。在进行汽车市场预测时，政策变量常常影响到模型曲线的拐点和走势，影响到曲线的突变点。政策变量虽然不是很好把握，但并不是不可预测的。政策的制定总有其目的性，它往往是针对某些经济或社会问题制定的，最终目的总是要促进经济和社会的稳定发展。只要预测人员加强对经济运行和政策的研究，便可以通过对未来经济运行的预知达到政策预知的目的。

② 预测的方案。实际预测活动中，应尽可能多做几个预测方案，以增加决策的适应性，避免单方案造成的决策刚性。

③ 预测的期限。预测按预测时间可分为长期预测和中短期预测。一般来说，对短期预测较好的模型，不一定对长期预测也较好；反之亦然。

④ 预测模型。现在有将模型复杂化、多因素化的趋势，虽然这种发展趋势一般有利于提高预测的精度，因为这包括了更多因素的影响；但有时复杂模型不一定比简单模型的预测精度好，而且因素过多，对这些因素的未来走势不易判断。

⑤ 想像与实际。很多预测人员在预测活动开始时，就对预测对象的未来做了想像，并以此想像来不断地修正预测结果。其实这是一种本末倒置的做法，尤其是中间预测值的取舍，应力求避免这一易犯的错误。

2. 投资项目可行性研究

对于保证企业的持续盈利能力，通过扩大经营规模或寻找新的利润增长点进行投资是十分必要的，但是，为了规避投资中的风险，企业在实施投资前都应对该投资项目进行深入细致的可行性分析，在将风险控制在最低水平下的同时，保证资金的使用效率。一般来说，进行投资项目的可行性分析主要做好以下几个方面的工作。

（1）项目概况分析　首先，应对项目实施的背景和基本概况进行简要分析，对于基本投资项目，主要评估项目的投资者、建设性质、建设内容、产品服务方案、项目隶属关系以及项目得以成立的依据（立项批复文件、选址意见）等。对于更新改造项目，除上述内容外，还要评估现有企业外部的基本概况、历史沿革、组织机构、技术经济水平、自信程度、经济效益等，涉及引进外部资金的，还应对外部投资方的资信等各方面概况进行分析。

（2）项目建设必要性评估　主要从企业可持续发展战略的角度对项目进行分析，论证新增投资项目对于营造持久竞争优势的意义，同时要适当考虑项目是否符合国家、地区的产业政策、发展规划和城市总体布局等因素。

（3）项目市场需求分析　主要分析项目产出的产品与服务的市场状况、未来发展趋势以及企业在该项目投入运营后在市场上的竞争力状况。

（4）项目生产规模的确定　在必要性评估与市场需求分析的基础上，结合项目的具体情况（如项目选址、资金筹措能力、技术和管理水平、规模经济等），确定项目的最佳经济规模。

（5）项目建设生产条件评估　主要分析项目的建设施工条件能否满足项目正常实施的需要，项目的生产条件能否满足正常生产经营活动的需要。

（6）投资估算与资金筹措　主要估算项目总投资额（包括建设投资、流动资金投资与建设期利息等），并制定相应的资金筹措方案和资金使用计划。

（7）财务效益分析　从企业或项目的角度出发，根据收集和估算出的财务数据，以财务价格为基础，计算相应的技术经济指标，据此判断项目的财务盈利能力和清偿能力。

（8）项目风险分析　主要从市场竞争和经营环境变化的角度分析投资项目的风险来源、风险规模和风险类型等有关问题，并提出规避风险的初步设想。

（9）项目总评估　在上述各项评估的基础上，得出项目可行性分析的结论，并提出相应的问题和建议。

2.1.5　汽车服务经营计划的实施与控制

经营计划在实施时往往会出现偏差，为了保质保量地完成经营计划，就必须对经营计划的实施进行控制。

1. 经营计划控制的基本任务

（1）发现偏差　在经营计划执行过程中通过各类手段和方法，分析计划的执行情况，以便发现计划执行中的问题。

（2）分析偏差　分析偏差实际上是对经营计划执行过程中出现的问题和偏差进行研究，找出出现问题和偏差的原因，以便采取针对性的措施。

（3）纠正偏差　根据偏差产生的原因采取针对性的纠偏对策，使企业生产经营活动能按既定的经营计划进行，或者通过修改经营计划，使它能继续指导企业生产经营活动。

2. 经营计划控制的步骤

（1）确立标准　企业经营计划的指标、各种技术经济定额、技术要求等，都是检查计划执行情况的标准。

（2）测定执行结果　一般可以通过统计报表和原始记录等资料来测定经营计划的执行结果。这些资料越准确、越完整，测定的结果就越准确，越能反映计划执行的实际状况，使得控制恰到好处，取得比较满意的控制效果。

（3）比较执行结果　这一步骤将测定的执行结果与预期目标进行比较分析。比较分析的目的是看执行结果是否与预期目标发生偏差。比较分析的常用方法是经营计划执行情况图表。

（4）纠正偏差　纠正偏差的方式有两种：一种是采取措施使经营计划的执行结果接近预期目标；另一种是修正预期目标。

3. 经营计划的实施控制方法

（1）滚动计划法　滚动计划法是将计划分为若干时期，近期计划具体详细，是具体实施部分；远期计划则较为简略笼统，是准备实施部分。计划执行一定时期后，根据环境的变化和具体情况的变化，对以后各期的计划内容进行适当地修改调整，并向前延续一个新的执行期。它是一种连续、灵活、有弹性地根据一定时期计划执行情况，通过定期调整，依次将计划时期顺延，再确定计划内容的方法。

采用滚动计划法可以使计划在环境变化时具有一定的灵活性，通过适当地调整使不利因素减至最少，使各个不同周期的计划前后衔接，使企业与市场衔接。

（2）PDCA循环法　PDCA循环法就是按照"P—计划"、"D—执行"、"C—检查"、"A—处理"四个阶段的顺序，周而复始地循环进行计划管理的一种方法。

（3）综合平衡法　所谓综合平衡就是通过协调与计划要达到目标有关的因素，使其在计划期内保持合理的比例，以取得最理想的经济效益的活动。综合平衡法是计划工作的基本方法。做好综合平衡是计划工作的中心内容，也是提高计划水平的关键所在。

综合平衡要解决的核心问题，就是研究如何正确确定企业生产经营活动中的一些主要比例关系，并使这些比例关系协调一致。

2.2　汽车服务企业的生产组织

2.2.1　汽车服务企业服务系统设计

汽车服务企业的服务系统设计是指为了满足顾客需求，企业在工作环境、工作设施、工作组织与流程、作业标准等方面做出的系统安排。服务系统的设计是一项富有创造性的工作，它需要从能够在将来提供一种与竞争对手有所不同的服务概念和战略开始，具体解决汽车服务企业的地点选择；使顾客服务和工作流程更加有效的设计和布局；服务生产能力规划与设备选择；服务人员的工作程序和工作内容以及质量保证措施等问题。

1. 汽车服务企业的选址

受服务半径的影响，汽车服务企业的选址直接左右着其目标市场的选择，同时，市场的需求也会影响机构的数量、规模和特征。原则上汽车服务企业的选址追求的是利润最大化，所以汽车服务企业选址决策的重点应该放在确定业务量和收入的多少上。

汽车服务企业的选址流程主要包含商圈调查、确定营业网点位置类型、选择大体位置的备选方案、评价可供选择的店址方案和最终确定店址五个步骤。

（1）商圈调查　商圈是指经营某种产品或服务的某类企业的顾客分布的地理区域，它是汽车服务企业的服务辐射范围。进行商圈调查和分析可以帮助投资者了解该位置的市场概况、计算该区域内经营网点的饱和程度和竞争状况，为投资者的营销活动和经营重点确定方向。

商圈一般由主要商圈、次级商圈和边缘商圈构成。主要商圈一般容纳经销商50%～80%的顾客，它是离经销商最近、顾客密度最大和平均营业额最高的区域；次级商圈一般包含另外15%～25%的顾客，它位于主要商圈之外，顾客分布较分散；边缘商圈包含剩下的顾客，分布更加分散。商圈调查主要是了解拟设立汽车服务企业地域的一般经营形式、竞争者的分布、竞争者的经营特点、汽车保有量、行程所需时间和交通状况等方面的情况，根据这些实际情况描绘汽车服务企业未来客户的分布状况。

（2）确定营业点的位置类型　汽车服务企业在调查了可供选择的商圈之后，必须根据自身的业务规划确定位置类型，一般说来，汽车服务企业的位置可简单分为三种类型：孤立的汽车服务经营区域、无规划的汽车服务经营区域和规划的汽车服务经营区域。

① 孤立的汽车服务服务经营区域。它是指单独坐落在公路或街道旁，这类企业附近没

有其他服务商与之竞争。这一零售网点类型的优点是无竞争对手,一般情况下经营场所的租金相对较便宜,经营上比较灵活,在地点选择、场地规划、经营规范上相对自由,可视性强,停车较为方便。缺点是难以吸引新顾客,难以与同行形成经营业务的互补,经营品种受限,广告费用可能较高。公共设施的运行费用不能分担,成本较高。

② 无规划的汽车服务经营区域。它是指该地区存在多家汽车销售服务商,但区域的总体布局或商店的组合方式未经长期规划。我国汽车服务市场发展早期形成的汽车销售大市场或汽车维修服务一条街就是这类经营场所的典型代表,这一类经营区域客流量比较大,但相应的仓储、物流、交通、停车等配套设施由于缺乏统一规划,一般条件有限,整体形象也较差。但由于较多经营者在这一地区集中经营,在经营品种、库存数量上相互补充,适合于顾客一站式的购物需求,但同行之间的竞争也激烈。

③ 规划的汽车服务经营区域。它是指经由统一规划、统一建设在一起的汽车服务经营区域。如各地在政府统一规划下建设的汽车销售服务区域,其产权和管理相对集中,配套设施齐备,集中了众多经营不同品牌、不同类别汽车销售服务商,其在经营上也具有鲜明的特点。它的优点是由于集中经营,统一规划协调,公共设施的运行费用共同分摊,成本较低。在统一规划下,各汽车服务企业能够建立和分享以相对良好的共有品牌和形象。各汽车服务企业的客流在集中经营区域中最大,租金和税收通常较低。经销商的经营品种和库存相互补充,更适合从事专业化经营的汽车服务商的发展。缺点是由于经营场所统一规划,单个汽车服务企业经营的灵活性受到一定的影响,同行之间竞争激烈,同一区域不同地段客流分布对经营绩效影响大。公共设施使用强度大,易于造成设备老化。

各种不同类型的经营地点具有不同的优势和不足,汽车服务企业可根据自身的经营战略规划,对每一类地点做出慎重评价,选择适合自己业务发展的类型。

(3) 选择汽车服务企业位置的备选方案　投资者在根据自身的业务规划综合考虑了众多备选地点的商圈状况后,可初步列出基本满足设立汽车服务企业条件的地点进行仔细的评估。

(4) 评价可供选择的店址方案　投资者在确定了汽车服务企业位置的备选方案后,则应根据每一个方案涉及的具体商业环境因素和市场环境因素对其进行仔细评估,评估时主要考虑以下几个方面的因素:

① 所选地区人口情况;
② 所选地区的消费者购买力;
③ 地区竞争情况;
④ 竞争水平;
⑤ 企业的独特性及竞争对手的选址;
⑥ 设施的物质水平和相邻产业情况。

(5) 服务机构的最终位置研究　汽车服务企业的选址不仅要考虑地点选择,还要考虑可利用的不动产。一般影响最终决策因素有:

① 交通:能够表明潜在购买能力的交通流量和道路的方便性;
② 可视性:距离街道是否有障碍,标牌放置;
③ 停车:充足的停车位;
④ 扩展性:便于扩展的房屋或场地;
⑤ 环境:能说明完成服务工作的周围条件;
⑥ 竞争性:竞争对手的定位;

⑦ 政府：区域限制，税收。

2. 汽车服务企业的环境

（1）汽车服务企业经营环境　汽车服务企业的经营环境直接影响着其品牌形象建设，合理的环境布置有利于将各种静态因素变成各种动态的竞争优势。

在一般情况下，服务场所有三个主要组成部分：环境条件；空间布置及其功能性；徽牌、标志和装饰品。汽车服务企业的环境条件是指运行场所的背景特征，如装修、噪声、音乐、照明、温度等，这些都包含影响雇员的具体表现和士气的因素，同时也影响了顾客对服务的满意程度、顾客的逗留时间以及顾客的消费。空间布置及其功能性则是服务场所的功能区、设施的布置。徽牌、标志和装饰品是服务场所中有重要社会意义的标识物，这些物品与周围环境常常体现了建筑物的风格。一般来说，汽车厂商都向旗下的汽车销售服务企业提出了详细具体的环境布置和形象建设要求，总体布局和外观形象严格符合统一的CI设计，并将企业经营理念、经营方针、价值观和文化特征等整体传达给企业员工和社会大众。其原则一般包含以下几点：

① 所有的环境和设施应始终保持清洁整齐，建筑物及其他实施保持完好，绿化完整；

② 所有的通道都应设立通行标识并且无障碍，方便出入；

③ 所有业务部门和相应业务岗位均应设置相应指示牌以方便顾客识读和寻找；

④ 经营环境中应保持充足的照明，有必要时还应对招牌和其他的重要指示进行补充照明；

⑤ 人员着装统一整齐，并应佩戴胸卡以方便客户识别；

⑥ 重要的服务项目、服务内容和服务流程等信息应公开展示；

⑦ 接待区域办公用品摆放整齐，客户休息区提供适量休息、娱乐设施和茶水；

⑧ 作业区域必须合理规划以保证作业安全、环保和作业效率；

⑨ 维修、钣喷车间应相互独立分割；

⑩ 应设置废气、废水、废油的集中排放及存放设备。

（2）仓库布置　仓库布置总的原则就是寻找一种布置方案，使得总搬运量最小。对于汽车服务企业而言，其仓库主要分为两类，一类是商品车仓库，一类是备品备件仓库。商品车仓库较为简单，其建设标准符合一般停车场要求即可。

汽车服务企业的备件仓库，在总体布局上首先应留出可以让送配件的车辆进出的通道及卸货处理区，以用作卸货和清点配件。根据业务量的大小，配件仓库应设计足够的仓储面积和高度，保证多层货架的安装，保证进货、发货通道的畅通。地面最好涂上树脂漆以防灰尘。库房内应设立独立的危险品放置区和索赔件存放区，配备相应的通风防盗设施并保证光线明亮、充足、分布均匀。通道宽度的设计不仅要满足人员通过的要求，还必须方便配件存取。库位的设定应根据拣货、搬运的方便性与零件的出货频次及每次出货量的关系来综合考虑。在货架中应专门设立一排库位作为缺料预约零件的存放，并有可插信息卡的地方。该信息卡上应包含零件号、中文名称、车牌号、维修工单号、预计使用日期，以便于跟踪并及时为客户修理。

（3）办公室布置　办公室布置对于办公效率的提高、工作人员劳动生产率的提高以及改善工作质量都有重要意义。

办公室工作的处理对象主要是信息以及组织内外的来访者，因此，信息的传递和交流方便与否，来访者办事是否方便、快速是主要的考虑因素。其中信息的传递和交流不但包括各种书面文件、电子信息的传递，也包括人与人之间的信息传递和交流。对于需要跨越多个部门才能完成的工作，部门之间的相对地理位置也是一个重要问题。办公室布置需要考虑的另一个主要因素是办公室人员的劳动生产率。当办公室人员主要是由高智力、高工资的专业技术人员所构成时，劳动生产率的提高就具有更重要的意义。所以要根据工作性质的不同、工作目标的不同来考虑什么样的布置更有利于生产率的提高。例如，在财务、备件储运部门，开放式的大办公室布置使人们感到交流方便，促进了工作效率的提高；而在市场推广、人力资源管理等部门，这种开放式的办公室布置可能会使员工们感到干扰，无法专心工作。

尽管办公室布置根据行业的不同、工作任务的不同有多种，但仍然存在几种基本的模式。一种是传统的封闭式办公室，办公楼被分割成多个小房间。这种布置可以保持工作人员足够的独立性，但却不利于人与人之间的信息交流和传递，使人与人之间产生了疏远感，也不利于上下级的沟通，而且几乎没有改变和调整布局的余地。但值得注意的是随着信息技术的发展，网络技术能将处于不同地点的人们联系在一起，共同完成工作。另一种方式是开放式办公室布置。在一间很大的办公室里，同时容纳一个或几个部门的人员工作。这种布置方式不但方便了同事之间的交流，也方便了部门领导和一般职员的交流，在某种程度上消除了等级的隔阂。但这种方式的一个弊端是，有时会相互干扰，会带来职员之间的闲聊等。因此，后来进一步发展起来的一种布置是带有半截屏风的组合办公模块。这种布置既利用了开放式办公室布置的优点，又在某种程度上避免了开放式布置情况下的相互干扰、闲聊等毛病。而且，这种模块式布置有很大的柔性，可随时根据情况进行调整和布置。

（4）服务设施的设计 服务运营直接受到设施设计的影响。良好的设计和布局可以吸引顾客、并使他们感到舒适、安全等。

影响汽车服务企业的设施设计的主要因素有：

① 服务组织的性质和目标。核心服务的性质应该决定其设计的参数。例如，仅仅提供维修服务的汽车服务企业与"4S"品牌经营店因其经营性质的不同就决定了他们对服务内容和服务设施的要求不同。汽车快修店与大型维修企业因服务对象的差异也带来了他们在设施上的明显差异。应该注意的是，外部的设计可以为服务的内在性质提供暗示。

② 地面的有效性和空间的需要。用于服务设施上的土地资源通常要受到很多的限制，比如成本、规划要求以及实际面积。良好的设计必须考虑到所有这些限制。在市区，土地是超值的，建筑物只能向上发展，为了有效利用相对较小的空间，在他们的设计中必须表现出巨大的创造性和灵活性。另外，任何情况下，都应当为将来的扩展留出空间。

③ 柔性。成功的汽车服务企业是可以适应需求数量和性质变化的动态组织。服务对需求的适应如何，在很大程度上取决于当初设计时所赋予的柔性。柔性也可以称之为"为未来而设计"。面对未来的设计常常能够转化成财务上的节约。在设计阶段就应考虑以下问题：怎样设计才能满足当前服务的未来扩张；怎样设计设施才能适用于将来新的或不同的服务开展。

④ 美学因素。设计的美学因素在消费者的感觉和行为上有着显著的影响，同时，它们也影响了雇员及其提供的服务。

⑤ 社会和环境。在进行设施规划时必须要考虑对社会和环境的影响。所有的设计必须符合行业管理、城市规划、环保以及其他法律法规的要求，必须考虑与汽车服务企业周边社会的和谐相处。

3. 服务设施的布局

（1）环境心理和定向 定向是指当一个人进入到一个地方时的第一行为需要，它包括地点定向问题和功能定向问题。当进入某一环境时，顾客可以利用空间线索以及先前的经验获得控制，来确定他们现在在哪里，将要去哪里，以及他们需要做什么。如果空间线索不存在或先前经验无法用来避免定向力障碍，可能会导致顾客的焦虑和无助。一般情况下，汽车服务企业在进行服务设施设计时可以通过合并如下各项的设施设计来减弱定向力障碍：可以通过在服务设施中设置有形线索提示顾客先前的愉快经历，这样就能大大降低顾客在消费过程中的焦虑、无助感和对风险的感知。特许连锁经营的统一服务设计就是成功地运用了这一概念。也可以在进行服务设施设计时，使顾客穿越空间进行观察，使服务流程、服务地点及有关服务信息在整个空间中可以被一眼看到并表达出它的概念，同时，允许顾客观察其他人的活动以获得行为方面的线索。另外，在适当的位置提供详尽的指示牌或服务说明，巧妙地安置植物、艺术品和招贴画也能大大改善顾客的定向障碍。

（2）服务设施的布局　对于汽车服务企业的服务设施设计来说，服务设施的布局对于为顾客和服务者提供方便十分重要。一个不合理的布局可能会使服务人员从事大量与服务无关的辅助活动而大大降低服务效率。

① 服务区域布局和服务线平衡问题。有些标准的服务可以被分解为一系列的所有消费者必须经历的非柔性的步骤或操作。例如，顾客在汽车服务企业完成服务后的结算过程中，必须经历在服务顾问处获得结算清单、到财务部门出纳窗口交费、获取发票然后再回到服务部门领取车钥匙和出门证等一系列过程。安排这样的服务需要在不同的服务者之间分配任务，使生成的工作需要近似相等的时间。为每个顾客花费时间最多的工作会成为瓶颈，并且限定了完成这套服务流程的服务线的服务能力。对服务线能力的任何改变都需要注意瓶颈作业，只有解决了瓶颈问题，才能提高整体的服务能力。为解决瓶颈作业，一般有这样几种解决方法：为这项工作增加工人、提供帮助以减少作业时间或重组任务，以形成新的不同作业分配平衡的服务线。

一条良好平衡的服务线应该使所有工作的持续时间基本相等，以避免在工作转移过程中出现不必要的空闲和积压。

② 过程布局与相对位置问题。在过程布局中，执行相似任务或承担相同责任的服务人员被分成一组。过程布局允许顾客定义服务作业系统，以满足他们的需要，进而承担一定程度的定制。过程布局也允许服务适应用户的要求以求提供个性化的服务。定制服务能力要求服务提供者具有更高技能，并且拥有辨别个性化服务能力以满足顾客需求。从服务提供者的角度来看，顾客的流动是间歇性的，这就需要每个部门都有等待的区域。在每个部门中需求的不同决定了顾客选择不同的服务系列，并且通过所提供的服务满足不同的需求。

2.2.2　汽车服务企业生产能力规划与设备选择

汽车服务企业服务能力一般指服务企业单位时间内完成的服务工作量（工时）。汽车服务企业服务能力与企业的场地面积、设备配置等有关。

1. 汽车服务企业占地面积的确定

汽车服务企业占地面积一般可按照以下方法确定：占地面积等于汽车服务企业的建筑面积与露天停车场面积之和。

2. 汽车服务企业的设备配置

汽车服务企业设备包括五种类型：

① 通用设备类，如车床；

② 专用设备类，如烤漆设备；

③ 检测设备类，如动平衡机；

④ 台架设备类，如各总成检修台；

⑤ 电教、通信和办公设备类，如投影仪、传真机等。

按照我国的行业管理规定，不同级别的汽车维修企业其设备配置应达到一定的标准（参见国家《汽车维修开业条件》，GB/T 16739.1—1997）。另外，各大汽车厂商在进行其销售服务网点建设时，也对服务网点的维修设备提出了相应要求。

在确定汽车服务企业的设备种类之后，还需要确定每一种设备所需的数量，一般来说可简单地以估算对每一种设备所需的全年服务工时数除以每台设备每年理论上所能够提供的服务工时数来确定。

2.2.3 服务流程设计

1. 服务流程设计的影响要素

从进行有效管理的角度看，汽车服务企业中各种实际业务都应进行合理的流程设计以保证服务质量和提高管理效率。但不同的业务因其服务性质和服务对象的不同，在具体的流程设计过程中又具有各自的特点。总的来说，汽车服务企业的服务流程设计有以下三个影响因素。

（1）差异性的程度　这里所说的差异性是指服务过程中服务情景变化的多样性。低差异性的服务简单重复，对服务人员的要求不高，可通过范围狭窄的集中的服务或制定详细的操作流程、操作标准获得高的服务效率。也可以适当使用自动化设备来更多地代替人力，减少服务人员的判断，实现稳定的服务质量。高差异性的服务，完成工作则需要较多的灵活性和判断力，同时在顾客和服务人员之间要适时地进行信息沟通，这就使得此类服务过程无固定模式可循，且未被严格界定，因此需要高水平的技巧和分析技能。因此，为了使客户满意，在进行高差异性服务流程设计时，应该授予服务人员较大的自主决策权。

（2）服务过程的客体　当涉及实体产品时，一定要分清楚它是属于顾客提供的还是属于公司提供的辅助产品。如果服务作用的客体是属于顾客的，那么服务流程就应做出适当安排以保证工作人员不要让它有任何损坏；在一些服务中，服务企业提供辅助产品，并将其作为服务包的重要组成部分，这时，必须考虑这些辅助产品适当的库存和质量。

（3）顾客参与的类型　顾客有三种基本方式参与服务传递。第一，在服务过程中顾客与员工直接参与。在这种情况下，顾客会对服务环境有彻底的了解。例如在汽车贷款申请过程中，需要顾客与汽车销售服务企业和银行员工直接会晤。第二，顾客在家中或办公室通过电子媒介间接参与。顾客就车辆保养中的小问题通过电话在家与汽车服务企业的服务顾问沟通，获取建议就是这种情况。第三，有的服务可以在完全没有客户参与的条件下完成。如顾客分期付款记账由银行后台人员就可完成。顾客直接参与又可以分为两类：与服务人员无交互作用（自助服务）和与服务人员有交互作用。

顾客间接参与或没有参与的服务过程，可能不会受到由于顾客的出现而在服务过程中产生某些问题的限制。由于顾客与服务传递系统分割开来，通常可以看成是企业内部的"制造"活动，所以可以采取更类似于制造业的有关方法，可以在关于场所选址、人员配置、工作安排、员工培训等问题的决策时，可以从效率的角度来考虑。

2. 服务系统设计的方法

汽车维修企业的主要业务是汽车的维护保养、故障检查和排除以及事故汽车的修理等工作。为了顺利开展并有效地管理这些业务，需要相应的工作流程。维修服务流程实际上就是汽车维修企业的业务管理流程。一个汽车维修企业是否有一套科学完整的业务流程以及这种业务流程执行的是否全面和细致，直接体现了企业的经营管理水平。

对维修服务流程狭义的理解是从车辆进厂接待开始，经过任务委托书、派工、维修作业、质量检验、试车、结算和车辆交付出厂这样一个过程，这也是多数修理企业常见的传统流程。而对维修服务流程广义的理解是不但包括从车辆进厂到出厂的这样一个传统的全过程，而且还包括车辆进厂前的预约、准备工作和车辆交付出厂后的跟踪回访工作。

预约是同用户预先约好何时维修和维修什么项目。预约有主动预约和被动预约两种，用户主动打电话与维修企业联系，对于维修企业来说是被动预约；维修企业积极主动的给用户打电话称为主动预约。

完成预约工作之后，为了能够按照维修企业给用户的承诺，在进行维修之前还应做好必要的准备工作，如人员、工位、配件等方面的准备。

跟踪回访工作是为了了解用户车辆维修出厂后对维修服务工作的满意程度，而专门与用户进行的联系工作，一般采用电话沟通方式。

综上所述，标准全面的维修服务流程应当是以下过程：预约、准备工作、接车处理、维修作业、交车准备、结算/交车、跟踪回访，如图2-1所示。

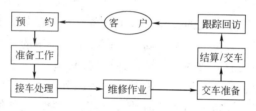

图2-1 标准全面的维修服务流程

汽车维修企业的业务核心流程是预约。许多用户因时间的原因不可能对自己的车辆时时关注，同时用户的汽车专业知识也不一定十分丰富，不一定了解车辆何时需要何种维护或修理，这就需要维修企业定期地对用户进行电话访问，及时了解车辆的使用状况，提出合理的维修建议，根据用户的时间和维修企业的生产情况进行积极主动的合理安排，这样称为主动预约。主动预约不但体现维修企业对用户的关怀、增进与用户之间的感情交流，这也是服务营销工作向用户展示维修企业的服务形象、介绍和推销维修企业的服务、增加维修企业的业务量、提高营业收入的需要。

通过做好预约服务，维修企业可以合理安排生产，避免客户集中时很忙碌，对客户的接待和维修工作质量有可能受影响；客户稀少时，接待和维修任务不饱满，能力闲置，资源浪费的现象发生。为了均衡维修企业的维修生产，需要用户有计划、有秩序的进厂维修，这就是预约式维修服务的意义所在。

在维修企业，同用户的预约工作一般由业务接待或用户顾问来完成。在进行预约之前应该清楚两方面的情况：一方面应当了解用户信息和用户的车辆情况，如用户的名称、联系方式、车辆牌照号、车辆型号、行驶里程数、以往的维修情况、车辆需要做何种维护或有何种故障现象需要何种维修等；另一方面需要了解本厂的维修生产情况和收费情况，如维修车间是否可以安排工位、维修工，专用工具、资料是否可用，相应的配件是否有现货或何时到货，相应维修项目的工时费和材料费等。如果预约人员对上面情况很清楚，那么同用户做预约就会得心应手，也显得非常专业，同用户的沟通交流也就很方便。如果预约人员当时不清楚情况，就需要及时了解清楚之后再同用户电话确认。不要不清楚情况就盲目预约，以免到时无法践约给用户造成时间损失，引起用户抱怨，影响维修企业信誉。

第 2 章 汽车服务企业生产管理

同用户的预约一般通过电话来实现，电话是一种有声的名片，代表着维修企业形象，电话沟通交流技巧也是一门艺术，因此预约人员需要专门的电话培训。

预约人员同用户做好预约之后应当及时做好记录汇总，以便有据可查。如有必要，预约人员在客户到来之前（比如与用户约定修车的前一天）对用户进行一次电话提醒，对预约进行进一步的确认。

在设计服务系统时还要注意处理好客户未按预约而来进行维修的情况，既要合理地留有预约维修车辆的余量，又要保证企业工作效率。

当然，要做好预约工作，需要维修企业去引导用户，推销自己的预约服务。除了大力宣传预约给用户带来的利益外，还可以对能够准时践约的用户在维修费用上给予适当的优惠或赠送纪念品进行鼓励。

2.2.4 汽车维修企业车间现场管理

客户对维修企业的维修服务技术水平的高低、维修服务质量的好坏、服务态度的优劣，都能从维修服务现场中感受到，因此加强现场管理，推动维修企业管理提高水平，是维修企业管理要解决的一个重要课题。

随着汽车维修市场竞争的日趋激烈，需要维修企业在提高服务质量的同时还要降低成本，要达到这一目的，就需要提高汽车维修现场管理水平，提高管理效率和竞争力。改善企业运营绩效的关键在于现场管理。现场管理是维修企业管理的一个重要组成部分，是维修第一线的综合管理，现场管理的好坏直接影响着维修服务质量和维修企业经济效益，也是维修企业占领市场、拓宽市场的坚实基础。

维修现场管理就是运用科学的管理思想、方法和手段对维修现场的各种维修要素进行合理的配置和优化组合，通过计划、组织、控制、协调、激励等管理职能，实现优质、高效、低耗、均衡、安全、文明的维修。

维修现场的各种维修要素包括人员（操作者、管理者）、机器设备、原材料、工艺和检测方法、环境和信息等。

维修现场是一个动态的作业环境，实际的情况每时每刻都发生着变化，不同的作业内容可能会出现不同的问题。这就需要我们加强现场管理，理顺各种关系，建立一个文明、整洁、有序、舒畅的维修作业现场，提高维修效率和保障生产安全，真正做到安全和维修的高度统一。

维修现场管理的重要性主要体现在下面几个方面：

1．提高维修企业管理水平的需要

建立现场管理体系，是提高维修企业管理水平的必然。从全局看，我国大多数维修企业的现场管理水平还比较落后。有的维修企业注重抓市场而忽视抓现场，维修企业管理水平不高。我国维修企业现场管理成效不显著的原因，最关键是未对现场管理进行系统的管理，往往注意了其一方面的工作改进，而忽视各项工作的配套改善；往往强调了各专业管理的重要性，而不注意它们在维修现场的协调配合，因而各项专业管理自成体系，整体功能发挥不好。要克服这种综合管理较"弱"的现象，就必须把现场管理的各个环节组织起来，由线到面，从面到体，形成一个严密、完整、高效的现场管理体系，这既是现场管理的需要，也是维修企业管理深入发展的必然结果。现场管理体系的建立，可以保证维修企业从现场整体出发，而不是从某个专业管理出发，有联系而不是割裂的分析现场产生的问题，解决现场的问题，使现场管理标准化、程序化、高效率化，这就从根本上解决了通过现场管理推动维修企业管理提高水平的问题。加强现场管理体系的建设，是维修企业管理深化的重要标志。

2. 适应市场经济的需要

在当前维修企业面临加快转换经营机制，建立现代维修企业制度，以适应市场经济的新形势下，建立现场管理体系就更为必要，更为迫切。维修企业也必须靠优质的维修服务占领市场，只有这样，才能在市场上立于不败之地。市场与现场是"前后工序"的关系，密不可分，内抓现场，外抓市场，是维修企业维修经营的两个重要环节，都要抓住，并且要抓好。从这个形势要求出发，建立一个与市场紧密连接的完整的现场管理体系，是适应当前经济发展的当务之急。

3. 与国际标准接轨的需要

建立现场管理体系，是市场经济与国际标准接轨的必然要求。随着市场经济的发展及国内、国际交流的增多，作为维修企业就必须以良好的现场管理来树立良好的维修企业形象，以增强市场对维修企业、维修服务的信任感和提高维修企业信誉及知名度。

4. 管理优化的需要

建立现场管理体系是维修企业管理优化的必然要求。现场管理要求维修企业的各项专业管理、各项基础管理和现代化管理都要与维修现场有机结合并予以落实。维修企业管理优化必须建立在优化各种专业管理并使其在现场相互协调配合的基础上。因此，抓住现场管理，也就抓住了维修企业管理优化的关键。

2.3 汽车服务企业运营管理

汽车服务企业的运营效率直接影响着企业生产成本和服务质量等一系列决定企业持久竞争优势的关键因素。随着近年来汽车服务市场的发展和经营模式的演变，市场竞争日益激烈，同时汽车服务企业的规模和业务范围不断扩大，使得汽车服务企业的运营管理不再是一个简单的常规决策过程，其复杂性和难度大大提高。为此，现代汽车服务企业的管理者应从系统的观点出发，整合企业的资源，对服务系统不断创新，以适应市场需求的变化。

2.3.1 汽车服务企业服务供给与服务需求

汽车服务企业在实际运作中往往面临服务能力供给和维修业务需求难以达到平衡的状况，在维修业务需求高峰期，由于服务设施的接待量有限造成顾客流失；而在非维修业务需求高峰期，服务能力有时大量闲置，造成不必要的损失。这是由于服务产品具有不可储存性和易逝性等特点，无法像制造企业那样预先对服务产品做出安排以平抑供给和需求的波动，因此必须制定相应的管理措施以实现需求与供给的平衡，提高服务企业的运营效率和收益能力。

在汽车服务企业的实际运营过程中，服务能力与服务需求之间的完全平衡是很难达到的，不平衡是绝对的，而平衡则是相对的。常见的服务能力与服务需求不平衡的现象有两类，一类是服务能力相对固定，而服务需求是波动的。例如，如果不做出特别安排，汽车服务企业的场地、设施、人力资源相对固定，因此服务能力基本稳定，而维修业务需求却可能受社会文化和工作和生活习惯的影响。另一类是服务能力和服务需求都发生波动的情形，会出现服务供给与服务需求平衡、服务供给大于服务需求和服务供给小于服务需求等三种情况，服务需求与服务供给只会在两条曲线相交或重合时才能达到均衡。这类现象通常由随机事件引起。例如，汽车服务企业为了满足即将到来的夏季对车辆空调系统保养的需求，并通过促销以期提高在该短期季节性市场中的份额，但当年气候反常，入夏较晚，气温上升缓慢，这就造成预先准备的服务能力在一段时间内相对过剩及广告投入的浪费。

2.3.2 服务能力与服务需求平衡的管理

通过以上的分析可以看出，造成服务能力与服务需求不平衡的原因主要来自两个方面，第一个方面来自服务提供者，从经济利益的角度考虑，服务提供者通常并不按最大需求来设置自己的服务能力，而是按照正常需求量来安排服务能力。这是因为按最大需求量安排服务能力会带来服务能力的闲置，进而增大运营成本。第二个方面的原因来自顾客需求的变化，顾客需求具有非确定性，社会、经济和环境等因素的变化都可能对顾客需求带来影响。由此可见，如何实现相对固定的服务能力与随机波动的服务需求之间的平衡是服务管理的重点和难点问题，它涉及服务供给和服务需求两个方面的管理，对服务供给方面主要是调整服务能力以适应服务需求，而对服务需求方面而言则是采取各种措施减少服务需求的不确定性。

1. 汽车服务企业服务需求管理策略

服务需求是随机波动的，这就对企业的应变能力提出了较高的要求。企业要运用服务系统通过使用主动和被动的方法来调节需求。通过调节需求，可以降低服务需求周期性的变化。虽然顾客到来的时间间隔总是随机的，但平均到达率在长期中将会是稳定的。因此，为了做好服务供给与服务需求的平衡工作，可以采用如下方法调节需求。

（1）储存需求策略 如前所述，服务的一个重要特征是不可储存性，汽车服务企业面临的供需矛盾不能用库存解决。但需求可以"储存"，所谓"储存"其实质是把服务高峰时不能满足的需求滞后或分散，利用顾客能接受的"时间差"或"空间差"，解决在一定生产能力下的服务需求过剩矛盾。

① 排队策略。排队策略即让顾客排队等候服务，但汽车服务企业应主动给予一定的补偿，减轻排队给顾客带来的负面影响。实行排队策略的前提是，根据汽车服务企业所提供的不同服务的性质，确定顾客能接受的最长等待时间。企业让顾客等待的时间，不能超过这个时间，否则便会使潜在的利润流失，并会动摇企业在顾客心目中的形象。

当需求高于生产能力时，服务企业按先来后到的原则提供服务，同时为那些等待服务的顾客提供良好的补偿环境，如舒适优雅的氛围、消遣的书籍杂志、娱乐项目、食物及饮料以及为服务提供适当价格折扣等。

② 建立预约系统。预订等于预先提供了潜在服务。这一方法在汽车服务企业中的应用，作用尤为明显，通过需求划分和建立预约系统可以帮助服务管理人员缓解供需矛盾，避免经济损失。汽车服务企业可根据顾客预约和主动以电话回访等形式主动收集预约信息，在服务能力超过需求时，预约能够挖掘潜在需求，蚕食竞争对手的市场；当预约服务需求超过服务能力时，汽车服务企业能及时将过剩的需求转移到其他时间，或将顾客转移到企业的另一连锁服务窗口，有效维持需求的规模。同时维修企业甚至可以从预约系统中预测自己的需求周期，为合理地安排生产提供依据。预约服务还可以通过减少等候时间和保证随时提供服务来使顾客受益，创造竞争优势。

为了避免因为顾客未能履行其预订时而产生的服务能力过剩问题，汽车服务企业可在仔细分析以往预约记录的基础上尝试超额预订的策略。即通过接受数量超过服务能力的预订，以防范出现大量顾客未履行预约的风险。当然，接受太多的预约也需要承担一定的风险，一个好的超额预订策略应该既能最大限度地降低由服务设施空闲产生的机会成本，又能最大限度地降低由于未能提供预约服务而带来的负面影响。因此，采用超额预订策略需要对一线员工（如汽车服务企业的前台服务人员和服务顾问等）进行培训，以应付那些未能获得预约服务的客人。

（2）通过提供价格诱因改变需求　价格机制是最常用的平衡供求矛盾的方式，但运用在服务业情况就很不一样。在使用价格机制平衡供求矛盾时，要具体分析服务本身的特性，了解其需求规律，正确使用定价策略，在具体制定价格时，首先要找到均衡点。

（3）服务产品改变策略　服务产品改变策略主要是针对顾客的不同特点，在产品组合的广度和深度上做出改进，创造或引导消费者需求变化，并给予满足。通过提供更加丰富的服务产品组合，能够使服务产品线之间在需求的波动上相互抵消，从而在整体达到平抑需求波动的目的。例如越来越多的汽车销售服务企业提供更多清洗、美容等日常维护的选择（这些选择在普通维修保养中并不一定是必需的），在服务区周围开设小酒吧、汽车相关纪念品销售门市等服务，这些举措既可以为汽车服务企业带来利润，又可以缓解顾客焦急等待的心情。

（4）信息沟通　信息沟通往往伴随以上策略同时进行。实施定价策略、产品变化策略时，必须把这些信息及时准确地传达给消费者，这关系到各种策略能否达到预定目标。除此之外，信息沟通自身也可帮助缓解高峰需求。汽车服务企业利用广告和其他促销手段告知服务高峰期，并鼓励消费者避开这样的时间，而选择在不拥挤的时间获得更快、更舒适的高质量服务。例如，"黄金周"来临之前，汽车服务企业可提前一定时间开展与驾车出游相应的维修、保养服务，并通过电话、平面广告、户外招贴等形式广泛传递相应信息，使得相对集中的需求分散到一个相对较长的时段内。这些信息的沟通起到了很好的效果，并有利于企业培养与顾客之间的良好关系。

2. 汽车服务企业供给管理策略

对于汽车服务企业来说，要使其需求均匀是非常困难的，没有什么办法能够从根本上改变需求的波动性，因此，在采取措施平抑需求的波动性的同时，还应考虑通过调节服务供给来与需求匹配。

（1）应用每日工作班次计划　通过仔细制定工作班次计划，可以使服务供给水平接近于需求。工作班次计划对于面临周期性需求的汽车服务企业来说是一个重要的人员安排问题，该方法首先要对每单位时间内的需求进行预测（单位时间根据班次计划的时间跨度不同，可以是天也可以是月，视具体情况而定），将这种预测转化为单位时间内对服务人员的需求。然后根据需求制定工作时间或班次的计划，以便尽可能地适应人员安排要求。最后，要将特定服务人员分配到不同的工作时间、工作班次中去。

（2）创造可调整的能力　通过将服务系统设计得更具柔性化，使服务能力具有一定的弹性。例如，汽车服务企业可将一些非核心的延伸服务内容适当外包，在服务能力超过需求时，这些服务项目可由汽车服务企业自行完成以获取更多收益；一旦需求超过服务能力，汽车服务企业则可将这类服务项目交由战略合作伙伴完成，以保持市场份额。另外，通过有效使用空闲时间也可以扩大高峰期的服务能力。空闲时完成一些辅助性的工作，可以使员工在高峰期将精力和时间专注于必要的工作以提高工作效率，满足需求。这种策略要求对员工进行一些交叉培训，以便他们能够在非高峰期完成一些不接触顾客的工作。

（3）共享能力　服务传递系统在进行服务设施设计和规划时，应适当考虑有关设备的通用性，这样，当几个同时进行的服务项目出现供需不平衡时，就可利用相对供过于求的服务项目的设施为那些供不应求的服务项目提供额外服务，从而实现调整汽车服务企业整体服务能力的目的。

(4) 交叉培训员工　汽车服务企业的服务项目一般由几种作业构成。当一种作业繁忙时，另一种作业可能闲置。交叉培训员工，使其能够从事几种作业中的工作，创造灵活的工作能力来满足高峰需求。以维修为例，当机械修理项目的服务能力供不应求时，如果事前对电子电气修理人员进行机械维护的培训，就可以在这时让他们承担一些相对简单的机修作业，从而扩大汽车服务企业整体提供机械修理的服务能力。另外，在交叉培训过程中，不同部门或不同专业的员工有更多的机会进行交流，有助于建立团队精神，而且可将员工从单调乏味的工作中解脱出来，即在空闲的时候可将任务重新分配给少数几个员工（暂时将工作扩大化），而在繁忙的时候使工作更加专业化（劳动分工）。

(5) 雇用临时工　当业务高峰是持续的而且可以预测的时候，对于汽车服务企业中一些专业性和技术性要求不高的作业岗位，如清洁车辆、发送整理备品备件、文件传递等岗位，可以雇临时工，经过短期培训后补充正式员工的不足。

2.3.3　汽车服务企业的顾客满意管理

1. 汽车服务企业进行顾客满意管理的意义

(1) 顾客满意度决定企业市场份额和竞争优势　在汽车服务市场中，企业为顾客提供的服务质量和服务水平很大程度上决定了顾客的满意程度。而顾客的满意程度将直接影响他们重复购买服务时的选择，顾客的满意程度可以影响企业的口碑，从而间接地影响着企业的市场份额大小，影响企业的收入。

一般情况下，顾客更倾向于同那些能让自己更满意的企业打交道，同时，顾客的满意通常倾向于愿意为他们所获得的利益付出较高的价格，而且对价格上涨的容忍度也会增加。这意味着企业将能获得较高的营业收入和投资回报，这又使企业有更多的资源用于对顾客满意度的提高上，从而形成良性循环，改善企业长期的收入状况和盈利能力。由此可见，顾客满意度已成为决定企业市场份额、赢得持续竞争优势的重要因素。

(2) 顾客满意能够降低企业的成本支出　企业使顾客满意的过程，也包含了顾客对企业及企业产品与服务的了解。因此，在顾客对企业产品与服务进行重复购买时，企业可以减少与顾客就交易条件进行费时费力的沟通所花费的时间，从而降低管理成本。同时，较高的顾客满意度将能为企业带来较高的顾客保持率和较低的顾客流失率。顾客满意度高的企业没有必要花很多的时间、金钱去争取新顾客，因为满意的顾客可能更频繁、更大量地购买他们认为满意的产品与服务以及企业其他的产品与服务。可见较高的顾客满意度可以大大降低企业开拓市场的成本。另外，顾客满意水平高可以降低失败成本。这里的失败成本是指企业处理顾客不满意的成本。如果顾客不满意，顾客的行为会给企业带来损失。不满意的顾客会产生购买后的心理不平衡感觉，为了消除这种不平衡，顾客就会采取相应的行动，如要求退货、公开投诉等，使企业的营销活动受到阻力。因此，企业必须花费时间、金钱、人力等资源来处理顾客的这些不满行为。如果顾客满意水平高则意味着在处理顾客不满上花费更少的资源。

(3) 满意的顾客会产生良好的口碑效应和学习效应　市场营销的基本任务是吸引和维持顾客并促成交易。由于汽车销售服务市场日趋成熟、竞争日益激烈，用传统的广告和促销手段来吸引顾客难度越来越大。相反，顾客之间的口碑效应和相互的学习效应对消费者选择产品与服务的影响力越来越大。

(4) 顾客满意能提升企业的认知价值和总体声誉　顾客对汽车销售服务企业的认知是指顾客对企业的经营方针、经营作风、经营战略和产品服务水准等的认识、了解和认同，顾客满意程度高,顾客忠诚度高,会帮助企业树立良好的形象,引导公众对该企业的正面的认知,从而提高企业的认知价值和总体声誉。总体声誉的提高,一方面能降低顾客的尝试风险而使顾客协助新产品的导入;另一方面有助于建立和保持与核心供应商、分销商、战略联盟的关系。

2. 顾客满意的结构维度和形成机制

要进行有效的顾客满意管理,了解顾客满意影响因素的分类结构(结构维度)和形成机制是十分必要的。它是设计一切顾客满意管理模式和管理方法的出发点,营销和管理理论发展至今,不同的学者从不同的视角对顾客满意的结构维度和形成机制进行了阐述。

(1)顾客满意的结构维度是指顾客满意决定因素的结构层次。关于顾客满意和不满意是具有相同的结构、相反的结构还是部分独立的结构,目前对这一问题的解释主要有三种观点。

1)单维结构 传统的观点认为顾客满意与不满意是一个一维变量的两极,它们不能同时出现,出现其中的一个必然没有另外一个。认为满意和不满意处于坐标轴上的两个极端位置,而在这两极之间,还存在着各种类似的强度不同的满意或不满意。顾客满意的单维结构理论假设,满意和不满意的影响因素是相同的,当满意因素未被满足时就导致不满意。

2)二维结构 二维结构对满意的评价是"满意的对立面不是不满意,而是没有满意";"不满意的对立面不是满意,而是没有不满意",他们认为任何影响顾客满意的因素,都可以归结为两大类:保健因素(即在企业管理中,管理质量、薪金水平、公司政策、工作环境、与他人的关系和工作稳定性等因素)——避免产生不满意;激励因素(即包括工作本身、认可、成就和责任等因素)——产生满意。满意与不满意是两个完全不同范畴的概念,导致满意感的因素与导致不满意感的因素是彼此独立而不同的。由于满意和不满意不存在任何内在的关系,满意的程度与不满意的程度也无任何对应关系。一个顾客可能对同一产品同时存在着满意和不满意的两种感觉状态。

有的学者对双因素理论进行了修改,用"工具性绩效"和"表达性绩效"来替代保健因素和激励因素的称谓。工具性绩效是指产品的物理绩效是否满足实际需要(也称物理绩效);而表达性绩效则是指产品所带来的心理上的满足感(也称心理绩效)。他们认为,只有表达性绩效才会产生满意,而不尽人意的工具性绩效则导致不满意,可接受的工具性绩效并不能带来满意。

显然,双因素理论比单维结构理论对顾客满意的描述考虑得更全面,相对于单维结构理论而言,在双因素理论的观点下,营销人员所应追求的是顾客满意最大化和顾客不满意最小化这个双重目标。

3)三维结构 双因素理论进一步的发展,是根据人的需求的三个层次,将影响顾客满意和不满意的因素分成三类:基本属性、绩效属性和激励属性。

① 基本属性是指顾客的一些需要,这些需要如果没有给予满足,将会导致高度的不满意,而如果得到满足,也几乎不会产生满意。究其原因,是因为基本属性是顾客预期将要得到的。例如,当顾客来到汽车销售服务企业维修车辆时,他们都期望服务人员为其排除车辆的故障,如果企业不能顺利为其解决这一问题,顾客将会感到不满,甚至会抱怨。但如果汽车销售服务企业只是仅仅为顾客修好了车辆,顾客一般也不会给予特别的赞扬。

② 顾客需要的第二种类型使顾客满意程度正比于产品或服务的属性绩效水平,这种属性称为绩效属性。一般来说,绩效属性能够产生线性的反应,提高绩效属性的表现水平将带来相应满意水平的提高。如顾客来到汽车销售服务企业维修车辆时一般都希望车辆能够尽快

第2章 汽车服务企业生产管理

地得到修复,服务人员越是能够迅速而准确地排除故障,那么顾客就会越满意。

③ 激励属性是指顾客得到的一些他们没有期望、没有要求、甚至认为不可能的产品或服务属性,这些属性的获得使顾客感到兴奋、愉悦。激励属性在任何执行水平上,都可以产生积极的顾客满意。例如,汽车销售服务企业在顾客没有要求和事先没有公告的情况下,在车辆故障排除后,免费为顾客提供车辆安全系统检测和清洗服务(特别是企业的竞争对手尚不提供类似服务时),顾客将会感到意外的惊喜和愉快。激励属性能使顾客产生指数级反应,它的小小改进将会产生相对较大的满意提升。

值得注意的是,人的需要随着时间的推移而变化。一些属性在第一次被提供或介绍给顾客时,顾客会感到非常兴奋,但随着这类市场的不断熟悉和竞争对手的模仿,这些属性也就成了顾客所期望得到的属性了。因此,随着时间的变化,激励属性将变成绩效属性,并很可能变成基本需求。

(2) 影响顾客满意的形成机制有许多理论模型,比较有代表性和操作性较强的主要有以下几种。

① 传统顾客满意模型。传统顾客满意模型是一个将感知价值与顾客满意相联系起来的模型。在这个模型里,感知价值是顾客根据产品或服务的感知绩效与产品或服务的属性或整体绩效标准相比较后而形成的,感知价值对满意有三种影响效果:积极的影响(一般产生令人满意的结果)、消极的影响(一般产生令人不满意的结果)、零影响。从效果上看,顾客的满意程度会影响到顾客的购买决策。

其中的感知绩效通常不同于产品本身的客观实绩或技术实绩,特别是当产品或服务非常复杂,且顾客不熟悉时,尤为如此。比较标准可以有不同的来源,这些来源可能因个人、产品或服务类型的不同而广泛变化。

这个模型认为满意感是一种心理状态,顾客对消费产品或服务的不同部分可能有不同的满意层次。满意感的结果包括重购意向、口碑和抱怨。但是应该注意到这样一个问题,满意感的结果中的重购意向、口碑和抱怨等这些结果是否发生,还要受到其他变量的调节。例如,非常不满未必产生抱怨行为,尤其是当顾客相信抱怨将没有任何作用时,他们几乎会放弃这种行为。

② 期望一致/不一致模型。该模型是目前顾客满意模型研究中占主流地位的一种观点,其思想是源于期望理论。这个模型认为,顾客在购买之前先会根据过去经历、广告宣传等途径,形成对产品或服务绩效特征的期望,然后在购买和使用中感受到产品或服务的绩效水平,最后将感受到的绩效与顾客期望进行比较。比较的结果有三种可能情况:如果感受到的绩效低于期望,此时产生负的不一致,顾客就会产生不满;如果感受到的绩效超过期望,此时产生正的不一致,顾客就会满意;如果感受到的绩效与期望相同,此时这二者达到了协调一致,不一致为零,即简单一致。

③ 绩效模型。尽管期望一致/不一致模型为理论界和企业界大多数人所接受,一些研究者还是对其提出了疑问,指出达到或超过期望值一定导致满意的观点在逻辑上是不一致的。例如,设想一位顾客购买一个产品,预期其性能很差,事实上的确很差的性能也达到了期望值,但大多不可能产生满意。于是人们发现,顾客实际感受到的产品绩效也是影响其满意与否的一个重要决定因素,由此产生了绩效模型。

在绩效模型里,顾客对产品或服务绩效的感知是顾客满意的主要预测变量,他们的期望对顾客满意度也有积极的影响。这里的绩效是相对于他们支付的货币而言,顾客所感知的产品或服务的质量水平。

在绩效模型中,期望对顾客满意度有直接的积极的影响。绩效和期望对满意度的作用大小取决于它们在该结构中的相对强弱。相对于期望而言,绩效信息越强、越突出,那么所感受到的产品绩效对顾客满意度的积极影响就越大;绩效的信息越弱、越含糊,那么期望对满意度的效应就越大。

3. 汽车服务企业的顾客满意管理

顾客满意战略的核心思想是企业的全部经营活动都要从满足顾客的需要出发,以提供满足顾客需要的产品或服务作为企业的责任和义务,以满足顾客的需要、使顾客满意作为企业的经营目的。因此,汽车服务企业推行顾客满意战略的关键是提高服务过程中顾客感知利得与感知利失之差。为此,从管理的角度推行顾客满意战略,其基本程序一般包含如下几个步骤。

(1) 汽车服务企业顾客满意现状调查与诊断 汽车服务企业进行顾客满意现状调查与诊断是导入顾客满意战略的基础。其目的是为了深入了解企业组织与管理现状。具体包括调查和研究组织的架构、组织的效率与活力、组织的管理流程、员工的观念、服务观念与意识、服务行为与服务心态、服务培训、服务传播与相互沟通等方面。只有了解了企业组织与管理现状,才能制定针对性策略,优化企业架构与企业管理流程以适应顾客满意战略的需要。

企业顾客满意现状调查与诊断的基本方法主要是企业各层级深度访谈、企业部门小组访谈以及有关企业内外针对性专题问卷调查及有关客户资料的分析。调查与诊断要从组织架构、服务观念与意识、服务行为与服务心态、服务培训、服务传播与沟通等多个方面进行。

(2) 基于顾客满意战略的企业组织架构优化 创造顾客满意,需要一个以顾客满意为目标、协调高效、应变能力强的服务组织体系,传统的组织结构,往往不同程度地存在着上下级之间单向沟通(往往表现为由上而下的"下行沟通")、部门与部门之间互动协调不力、监控支持系统与市场监控系统不完善、内部反馈系统流于形式等弊端。因此,要改善顾客满意,必须在组织结构上做出适当安排,通过扁平化、网络化和适当的组织弹性,提高对顾客需求做出反应的效率,进而实现企业整体顾客满意的改善。

(3) 企业顾客满意度动态测评模型及其运用 企业顾客满意度测评为企业提供了对顾客满意服务状况迅速、有益和客观的反馈。通过测评,企业决策人员可以清楚地了解目前工作做得如何?如何改善和提高?因此,汽车服务企业应根据自己所开展业务的具体特点和竞争的实际状况,建立一套适合本企业的测评模型,这将大大有助于建立健全满意服务标准,并指导企业的满意服务工作。

(4) 企业顾客满意动态监控体系的建立与维护 汽车服务企业建立顾客满意动态监控体系,主要目的是通过专业的动态调查、监控手段,收集、监控企业自身顾客服务满意状况及竞争对手满意服务状况,提供企业顾客满意服务与竞争对手满意服务的动态分析报告,作为企业进行顾客满意度管理的依据。在实施过程中,汽车服务企业可设立专门机构对企业顾客的满意服务进行动态监控。如果企业没有相应的专业机构或人员,也可以委托专业的第三方进行,但企业必须有专人对该监控体系的运作方案和实施情况进行审核和监督。

(5) 企业顾客满意服务标准的确立与执行 高品质顾客服务包括服务程序和服务提供者两个方面。其中服务程序涵盖了满意服务工作如何进行的所有程序,提供了满足顾客需要、令顾客满意的各种机制和途径;服务提供者则是指服务过程中的人性的一面,涵盖提供满意服务的过程中与顾客接触所表现的态度、行为和语言技巧。从管理的角度看,为了保证服务的可靠性、相应性等影响服务质量的因素,对服务岗位执行满意服务的规范是十分必要的,特别要注意的是,满意服务标准并非恒定不变的,而是动态的,随着客户对服务要求的提高，必须对满意服务标准做出阶段性更新和提升。

(6) 提高顾客满意度的途径

① 进行顾客满意度调查，明确顾客的需求和愿望。

汽车服务企业实施顾客满意经营，必须把握顾客的期望、顾客服务感知模式、顾客的满意度以及竞争者的有关情况。了解顾客的期望和要求可进行顾客满意度调查。顾客满意度调查和衡量的方法有投诉和建议制度、顾客满意度调查、佯装消费、流失顾客分析等。企业在进行顾客满意度调查时，应尽量做到公正、客观、科学，这样才能使企业了解自己提供产品或服务的质量标准与顾客期望的差距所在，认识目前在经营、管理、战略方面的薄弱环节以及主要优势，确定下一步的工作重点，并明确今后的工作目标。"顾客满意度调查"研究特别要强调"连续性"，因为顾客的期望不是一成不变的，它会随着外变量及自变量的变化而变化。外变量指竞争对手、行业及经济的变化等；自变量指收入、社会地位、价值观、环境的变化等，其中任何一项因素的变化都会导致顾客的期望和需要发生变化。因此，对顾客的研究分析要持续进行，把握顾客的变化趋势并及时跟踪，才能使企业更好地掌握市场主动权。

② 为顾客提供个性化的产品或服务。

不同顾客有不同的消费心理，顾客的个性需求是提高顾客感知价值进而提高让渡价值的重要手段。企业可在进行顾客调查的基础上，建立顾客信息数据库，开展客户关系管理。利用顾客数据库探索满足顾客需求的途径，并按顾客满意的要求选择适当的方式改造企业的经营理念、产品、服务等。同时汽车服务企业可运用顾客数据，分析顾客的消费心理和个性需求，创造能满足顾客个性需求的产品或服务及接近顾客的渠道，利用明显的区别优势吸引未来的新顾客，而且要尽可能地阻止老顾客的流失。

③ 提供优质产品和服务。

感知服务质量是影响顾客满意的一个重要因素，当顾客预期被清楚了解后，能否提供符合顾客要求的高质量产品和服务对创造顾客满意具有决定性意义。因此，汽车服务企业应从服务系统设计开始，系统地进行服务质量规划与控制，不断改善服务质量，向顾客提供优质产品和服务。

④ 利用新技术进行流程再造，快速实现顾客满意。

企业要使顾客满意，必须善于利用新的技术，针对顾客需求，对企业传统的服务项目、服务流程不断创新，特别在当今信息技术极大地改变了消费者消费习惯和决策模式的条件下，一方面要认清环境的变化，适时地对服务系统进行改造，同时也要善于利用信息技术为进行顾客满意管理所带来的便利，更加充分、系统地收集和分析各利益相关者的信息，构建客户关系管理系统，提高供应链管理水平，通过更好地识别和满足顾客需求来创造顾客满意。

⑤ 建立以顾客满意为核心的企业文化。

汽车服务企业运作过程中，不仅仅管理者和一线员工的行为影响顾客满意，企业中任何一个成员的行为都影响着整个服务系统的运行效率和顾客对服务的认知，因此，在建立相应管理制度的同时必须构建以顾客为中心的企业文化，并通过"内部营销"的手段，将企业管理层的经营理念、经营思想和各种制度措施传播至每一个员工。让企业文化和管理制度相辅相成，规范和引导全体成员的行为，使顾客在享受企业服务的每一个环节都能切实感到汽车服务企业的真诚关怀，从而实现顾客满意。

【案 例】

陈先生开一辆中档车,最令他感到不满的就是每次去"4S"店做保养,对方都在不告知的情况下,擅自做主给车子添加各种昂贵的添加剂,这样一来每次的保养费用都高达 500~600 元,而且还以质量管理为名不让他看整个保养流程。同样的项目在一些非定点维修站只要 200 元左右,这让他感觉"无福消受"经销商的特约服务。

案例分析:诚信可以体现企业的管理水平,也可以有一个好的口碑,为了体现诚信,应该让消费者参与互动,贴近服务过程。

[复习思考题]

1. 汽车服务企业经营计划特点和作用是什么?
2. 制定经营计划时应该遵循的原则是什么?
3. 汽车服务企业经营计划的分类和主要任务是什么?
4. 汽车服务企业经营计划的主要内容是什么?
5. 汽车服务企业经营计划的编制要注意什么问题?
6. 如何实施与控制汽车服务企业经营计划?
7. 汽车服务企业服务系统设计时要注意什么问题?
8. 如何做好汽车维修企业车间的现场管理?
9. 汽车服务企业服务供给与服务需求矛盾产生的原因和解决办法是什么?
10. 汽车服务企业进行顾客满意管理的意义是什么?

第3章 汽车服务企业质量管理

> **学习目标**
> 1. 了解汽车服务企业服务质量的含义和服务质量管理的基本方法。
> 2. 熟悉汽车服务企业服务质量管理体系的建立过程和企业质量保证体系意义。

3.1 服务质量与服务质量管理

3.1.1 服务质量与竞争优势

1. 服务质量的内涵

由于服务本身相对于产品而言所具有的多种特殊性,决定了服务质量是一个抽象的概念,与产品质量的指标不同。服务质量是通过顾客对服务的感知而决定的,因此服务质量是一个复杂的集合体,消费者对服务质量的评价不仅要考虑服务的结果,而且要涉及服务的过程。服务质量是建立在差异理论的基础上,通过顾客对期望的服务和感知的服务相比较而形成的主观结果。如果顾客对服务的感知水平符合或高于其预期水平,则顾客获得最高的满意度,从而认为企业具有较高的服务质量;反之,则会认为企业的服务质量较低。从这个角度看,服务质量是顾客的预期服务质量同感知服务质量的比较。

2. 服务质量的构成要素

服务或多或少是一种主观体验过程。在这个过程中,生产和消费是同步进行的。顾客和服务提供者之间存在着互动关系,这种互动关系即所谓的"买者卖者互动"或"服务接触",它对感知服务质量的形成具有非常重要的影响。一般认为,顾客感知服务质量包括两个基本的构成要素,即技术质量和功能质量。

技术质量又称为结果质量,指的是顾客在服务过程结束后的"所得",例如顾客到汽车销售服务企业排除了车辆的故障、对车辆进行了保养等,由于技术质量涉及的是技术方面的有形内容,故顾客容易感知且评价比较客观。显然,顾客从他们与企业的互动关系中所得到的东西对于他们如何评价服务质量具有非常重要的意义,许多企业也常常认为这就是服务,但事实不是这样,这些只是服务质量的一部分。

除了服务结果外,服务结果传递给顾客的方式,对于顾客感知服务质量也起到很重要的作用,从更深层次上来看,如果顾客能够亲自参与以前必须由企业提供的服务过程,那么,他们对服务质量的评价可能会更高。当然,其他同时消费的顾客也会对顾客感知服务质量的形成产生影响,比方说,顾客排长队等候服务或者顾客之间的相互干扰。但在另一些情况下,他们也许会在服务接触中对顾客与企业的互动关系产生正面的影响。总之,顾客接受服务的方式及其在服务生产和服务消费过程中的体验,都会对顾客所感知的服务质量产生影响。这就是服务质量的另外一个组成部分,这个部分与服务接触中的关键时刻紧密相关,它所说明的是服务提供者是如何工作的。因此,将其称为服务过程的功能质量,也有的称为过程质量,涉及服务人员的仪表仪态、服务态度、服务方法、服务程序、服务行为方式等,相比之下功能质量更具有无形的特点，一般是不能用客观标准来衡量的，因此难以做出客观的评价，顾客的主观感受在功能质量评价中占据主导地位。

与制造业不同的是，在服务业中，服务提供者无法躲到品牌或分销商的背后，在多数情况下，顾客都能够看到企业、企业的资源以及企业运营方式。企业形象（而不是品牌形象）对于服务企业来说是最重要的，它可以从许多方面影响顾客感知服务质量的形成。如果在顾客的心目中企业是优秀的，也就是说企业形象良好，那么即使企业的服务出现了一些微小的失误，顾客也会予以原谅。但如果失误频频发生，企业的形象将遭到损害。进一步说，如果企业的形象很糟，那么服务失误对顾客感知服务质量的影响就会很大。在服务质量形成过程中，企业形象直接影响到服务质量的结果。

将服务接触所在的有形环境纳入到服务质量要素之中后，除了"接受什么服务"、"怎样接受服务"外，还增加了"在何处接受服务"这样一个要素，即环境要素，即服务环境组合质量，简称服务环境组合。在服务质量管理模型中，服务过程包括服务过程所处的环境，二者之间存在着逻辑上的关联，可以将"在何处接受服务"视为"怎样接受服务"的一个组成部分。例如，汽车销售服务企业的客户洽谈区、休息区简陋的装修肯定会对顾客感知服务过程产生负面影响。

3. 服务质量的感知

由于服务交易过程具有不同于产品交易的顾客参与性和生产与消费的不可分离性，服务质量的形成必须经顾客认可，被顾客所识别和感知。因此，服务质量的感知在服务质量的形成过程中具有举足轻重的意义，主要体现在：

(1) 服务质量是顾客的感知对象。
(2) 服务质量既要有客观标准加以制定和衡量，更要按顾客主观认知加以衡量和检验。
(3) 顾客对服务质量的认知取决于他们的预期同实际所感受到的服务水平的对比。
(4) 顾客对服务质量的评价不仅要考虑服务的结果，而且涉及服务的过程。

由于顾客对服务质量判断的形成是一个感知过程，因此服务质量有预期服务质量与感知服务质量之别。

预期服务质量即顾客对服务企业所提供服务的预期标准。预期服务质量是影响顾客对整体服务质量的感知的重要前提。如果预期质量过高，不切实际，则即使从某种客观意义上说他们所接受的服务水平是很高的，他们仍然认为企业的服务质量较低。

预期质量受四个因素的影响：市场沟通、企业形象、顾客口碑和顾客需求。

市场沟通包括广告、公共关系以及促销活动等，直接为企业所控制。这些方面对预期服务质量的影响是显而易见的。例如，在广告活动中，一些企业过分夸大自己的产品及所提供的服务，导致顾客心怀很高的预期质量，然而，当顾客一旦接触企业则发现其服务质量并不像宣传的那样，这样使顾客对其感知服务质量大打折扣。企业形象和口碑只能间接地被企业所控制，这些因素虽受许多外部条件的影响，但基本表现为与企业绩效的函数关系。

顾客需求则是企业的不可控因素。顾客需求的千变万化及消费习惯、消费偏好的不同，决定了这一因素对预期服务质量的巨大影响。

感知服务质量则是顾客对服务企业提供服务实际感知的水平。如果顾客对服务的感知水平符合或高于其预期水平，则顾客获得最高的满意度，从而认为企业具有较高的服务质量；反之，则会认为企业的服务质量较低。

顾客形成期望质量和判断实际感受质量的高低一般有其自身标准，这些标准可以概括为有形表现、可靠性、反应性、胜任能力、礼貌、信誉、安全感、方便、对外交流和理解顾

第3章 汽车服务企业质量管理

客等。

人们通常将质量视为企业成功的关键，企业竞争优势建立在服务或产品的质量和价值基础之上。从服务角度来看，质量可能是竞争优势建立的前提，但必须明确到底是哪种服务质量要素决定了竞争优势，是技术质量，还是功能质量？如果不能正确地回答这个问题，企业将会采取错误的行动，并由此丧失在市场上建立强有力竞争优势的良机。

技术质量常常被作为质量的决定性要素来看待，如果企业具有其他企业无法比拟的技术优势，那么这种说法是成立的。但问题是，在今天的市场上，很少有企业能做到这一点，企业与企业之间的产品从技术角度来说并没有什么本质性的差别。要想创建技术优势是非常困难的，因为一旦有一种新的产品或技术问世，那么这种产品或技术很快就会普及。在服务业，建立技术优势比制造业还难。因为，为了应对竞争而推出的新的服务项目或酬宾活动，很快就会被竞争对手仿效；同时，顾客关系管理的失误也会将这种好的服务项目的技术质量削弱殆尽，也就是说，它会带来低下的功能质量。

无论对于制造业还是服务业，服务战略的实施都是非常重要的。实施服务战略意味着在提高服务质量的问题上，应将着眼点放到对顾客与企业互动关系的管理上。提高功能质量会为顾客提供更好的服务，那么你就能够赢得竞争。当然，这并不是说技术质量不重要，也不意味着技术质量良好是服务质量中理所当然的内容，它必须处于顾客可以接受的水平。这里所说的可接受水平取决于两个要素：一是企业的经营战略，二是顾客的需要和期望。

在许多情况下，企业利用同一种产品、同一种服务进行竞争，这时决定服务竞争优势的就只能是功能质量。这些企业会利用服务过程和功能质量进行竞争。当然，如果技术质量下降了，整个感知服务质量也会下滑。

3.1.2 服务质量问题产生的原因

服务质量的形成过程与顾客和服务提供者有关。顾客所期望的服务是顾客过去的服务体验、个人需要和口碑沟通的函数。同时，企业营销传播对顾客感知服务质量和预期服务均会产生影响。因此，顾客感知的服务质量是一系列内部决策和活动的结果，顾客则根据自身的服务体验来感知服务的生产和传递过程。如果顾客所期望的服务质量高于顾客感知服务质量，那么就会产生服务质量差距。服务质量差距和产生的原因一般有以下方面。

1. 管理层感知差距

其含义是指管理者不能准确地感知顾客服务预期。产生这个差距的主要原因有：

（1）管理层从市场调研和需求分析中所获得的信息不准确；

（2）管理层从市场调研和需求分析中获得的信息准确，但理解偏颇；

（3）本企业没有搞过需求分析；

（4）企业与顾客接触的一线员工向管理层报告的信息不准确，或根本没报告；

（5）企业内部机构重叠，妨碍或改变了与顾客接触的一线员工向上级报告市场需求信息。

2. 质量标准差距

其含义是所制定的具体质量标准与管理层对顾客的质量预期的认识之间出现的差距。这种差距产生的原因有：

（1）企业规划过程中产生失误，或者缺乏有关的规划过程；

（2）管理层对规划过程重视不够，组织不好；

（3）整个企业没有明确的奋斗目标；

(4) 高层管理人士对服务质量的规划工作支持不够。

3. 服务传递差距

其含义是指服务生产与传递过程没有按照企业所设定的标准来进行。造成这种差距的主要原因有：

(1) 标准定得太复杂、太僵硬；
(2) 一线员工没有认可这些具体的质量标准，例如在提高服务质量必须要求员工改变自己的习惯行为的情况下，员工就可能极不愿意认可这样的质量标准；
(3) 新的质量标准违背了现行的企业文化；
(4) 服务运营管理水平低下；
(5) 缺乏有效的内部营销；
(6) 企业的技术设备和管理体制无助于一线员工按具体的服务质量标准生产。

4. 市场沟通差距

其含义是指市场宣传中所做出的承诺与企业实际提供的服务不一致。造成这种差距的原因有：

(1) 企业没能将市场营销传播计划与服务运营活动相结合；
(2) 企业没能协调好传统的市场营销和服务运营的关系；
(3) 企业通过信息传播宣传介绍了服务质量标准细则，但实际的服务生产滞后，达不到这些质量标准；
(4) 企业存在着力图夸大自己的服务质量的冲动。

5. 质量服务感知差距

其含义是指顾客体验和感觉到的服务质量与自己预期到的服务质量不一致。这种差距出现的原因有：

(1) 顾客实际体验到的服务质量低于其预期的服务质量或者存在服务质量问题；
(2) 口碑较差；
(3) 企业形象差；
(4) 服务失败。

3.1.3 服务质量的衡量

要对汽车销售服务企业的服务质量进行有效管理，除了必须找到出现质量问题的原因，同时还需要对企业的服务质量进行客观、公正的评估。只有对服务质量作出正确的评估，才能知道有哪些不足，也才能去改进提高；只有知道有哪些优质服务，才能去继续保持，发扬光大。服务质量的准确评估不仅可为经营者提供有关顾客的信息使经营者做出正确决策，而且能够激励服务提供者不断改进服务质量。

1. 服务质量衡量遵循的原则

(1) 过程评价与结果评价相结合原则　服务的无形性、不可分离性及顾客参与的特点，使顾客对服务质量的评价不仅取决于顾客对服务结果（技术性质量）的评价，也取决于对服务过程（功能性质量）的评价。所以，服务质量评估应将过程评价和结果评价结合起来，全面揭示影响顾客满意的服务质量问题。

(2) 事前评价与事后评价相结合原则　服务质量的形成取决于期望和体验的对比，所以把事前评价（期望）和事后评价（消费体验）结合起来，才能正确反映顾客满意的形成过程，找到提高服务质量的线索。

(3) 定性评价与定量评价相结合原则　评价定量化有助于提高评价的科学性和可比性，但是服务与服务质量的特点决定了服务质量评估不可能完全量化。而且，有些顾客满意信息也无法用定量指标来反映。必须把定量指标和定性指标结合起来，才能全面反映服务质量方面的信息。

(4) 横向比较与纵向比较相结合原则　服务质量评估要起到反映服务现状和促进服务改进的作用，就要运用比较的工具。横向比较可以反映本企业服务水平与同行竞争对手的差距，而纵向比较可以反映自身的发展。

(5) 主观评价与客观评价相结合原则　顾客对服务质量的评价本身是个主观概念，反映顾客对产品和服务满足其需求的程度的主观评价。目前，服务质量评估的一个趋势是将顾客满意这个主观指标尽可能地客观化、定量化，从中找到一定的规律，且易于操作，易于反映到服务设计和服务改进中去，促进服务质量改进。

(6) 全面评价和局部评价相结合原则

2. 顾客感知服务质量的评价

对顾客感知服务质量重要的决定因素有：

(1) 可感知性　可感知性有时也称为有形证据或有形展示，主要指服务产品的"有形部分"。服务是无形的，但服务设施、服务人员、顾客、市场沟通资料、价目表等却是有形的。顾客可以通过他们来推测服务质量，确定应购买哪个企业的服务。一般地，服务性企业可强调的有形证据有：店址、建筑风格、辅助产品和促销产品、服务环境、价格、服务人员、顾客、服务设施、装饰布置、店徽等因素，这些因素可以概括为物质环境、信息沟通和价格三类。

物质环境：物质环境通常分为三部分：背景因素、设计因素和社会因素。

信息沟通：信息沟通或市场沟通是另一种服务展示形式，强调现有的有形证据，或创造新的有形证据，使无形的服务和抽象的广告变得有形和比较具体。

价格：价格是使企业获得营业收入的唯一因素，同时，也是一项重要的有形证据。它为顾客提供产品质量和服务质量的信息，增强或降低顾客对产品和服务质量的信任感，提高或降低顾客对产品和服务质量的期望。顾客往往会根据服务的价格，判断服务档次和服务质量。因此，对服务性企业来说，合理的价格尤为重要，价格过低，会使顾客怀疑服务性企业的专业知识和技能，降低顾客感觉中的服务质量。价格过高，会使顾客怀疑服务的价值，认为企业"宰客"。

(2) 可靠性　可靠性是指企业准确无误地完成所承诺的服务。顾客要求可靠的服务，不可靠的服务绝对是劣质的服务。服务可靠性要求服务企业"在准确的时间、准确的地点用正确的方式为顾客提供完善的服务"。它体现在服务工作的所有方面：顾客调查、服务设计、服务体系、服务操作、市场沟通、员工选择与培训等。

(3) 保证性　保证性是指服务人员的知识、技能和礼节能使顾客产生信任和安全感。当顾客同一位友好、和善且学识渊博的服务人员打交道时，他会认为自己找对了公司，从而获得信心和安全感。保证性这个指标包括友爱、胜任能力、可信性和安全性，它可以降低顾客的物质风险。对顾客来说，服务人员的友好态度和胜任能力二者缺一不可。

(4) 移情性　移情性是指服务人员设身处地为顾客着想，关心顾客，为顾客提高个性化服务。它不是指服务人员的友好态度问题，而是指企业在关心、了解和满足顾客实际需要方面的努力程度，包含下面几个要求：

易于接触或可及性。指顾客能否较容易地接触、购买和使用服务，它取决于服务人员的数量和技术；办公时间及其安排；办公室、演示室和柜台的摆设；服务的工具、设备和文件；顾客的数量和知识水平等。

易于沟通。指服务企业的组织机构、规章制度和服务人员能保证顾客与企业间的双向信息交流。

对顾客的理解程度。指企业深入理解顾客需求，并针对顾客的特殊需要提供个性化服务。这要求服务人员在准确的时间、准确的地点用正确的方式为顾客提供完善的服务，提高顾客满意程度。

3. 服务过程衡量

所谓服务过程衡量即是对员工在服务传递过程中所执行的服务质量标准的衡量。由于企业的服务质量标准具体明确，所以服务过程衡量比较简单。企业可通过跟踪系统、雇员调查或神秘消费（调查者假扮顾客经历服务过程）等方式来评价、衡量服务过程。

在进行服务过程衡量时，应注意以下两点：

（1）企业必须将服务过程衡量的结果同员工的激励机制相结合，因为这种结合，必然会对员工有着重大影响，所以企业在拟定衡量系统时必须寻求公司高层和被衡量员工的支持。

（2）企业在设计衡量系统时，必须防止出现过程标准的次级化。标准的次级化就是员工倾向于按企业选定的衡量尺度行事，而把为什么要衡量这些事情的真正的理由抛在脑后。例如许多企业都规定员工应对顾客微笑，然而大多数顾客都认为这种服务过于机械化，不够亲切自然，使得服务质量没有变好反倒变差。

再好的衡量，都会逐渐次级化。造成的原因不只是员工，有时顾客的变化也是一个重要原因。因为这些标准即使一开始能完整代表顾客的期望，以后也会逐渐偏离，因为顾客的期望会随着广告、竞争和个人的经验而起变化。

为了避免次级化，企业应该将过程衡量与顾客感知服务质量衡量配合使用，用顾客感知服务质量衡量来指导过程衡量，不断监测顾客期望的变化，随时调整过程标准。

3.2 质量管理体系的建立

3.2.1 服务质量管理与控制

1. 服务质量管理的基本原则

由于服务本身具有的无形性，并且服务的生产和消费同时进行，不可分离，这使得汽车销售服务企业的服务质量管理相对于有形产品的质量管理更为复杂，服务质量的管理一般应该遵循如下的基本原则。

（1）质量是顾客感知的服务质量　服务质量不能由管理者来决定，它必须建立在顾客的需求、向往和期望的基础之上。更重要的是，服务质量不是一种客观决定的质量，而是顾客对服务的主观感知。

（2）服务质量无法从服务过程（服务生产与服务传递过程）中剥离出来　服务生产过程的结果只是顾客感知服务质量的一个组成部分，另外还有服务生产和传递过程。所以，对服务过程的感知、对顾客与服务提供者之间互动关系的感知构成了总的感知服务质量中的重要的组成部分。从竞争的角度来说，服务过程质量与服务结果的质量具有相同的重要性。

（3）质量是由一系列的关键时刻和服务接触及互动关系累积而成的　感知服务质量的形成具有局部性的特点，是因为顾客与服务提供者互动关系具有局部性。所以，服务质量的计划和设计必须从局部入手。技术质量的设计可以进行总体规划，但必须将与顾客相接触的部门纳入其中。

(4) 企业所有人员对顾客感知服务质量的形成都有责任　服务质量是在服务接触中和顾客与企业互动关系中形成，离不开众多的支持性员工从各个方面对他们的支持与帮助，支持性员工对顾客感知服务质量的形成也有间接的作用。支持性员工服务失误，同样会对顾客感知质量造成灾难性的影响。

(5) 必须在整个组织内倡导质量观念　因为组织中的每个人对质量的形成都负有责任，只有人人负责，才能保证顾客感知服务质量的不断提高。

(6) 将内部营销纳入到质量管理的范畴　顾客感知服务质量是顾客实际服务体验和服务预期的函数。一般情况下，市场营销部门总是力图对顾客做出更高的承诺。当企业无法满足顾客较高的服务预期时，顾客感知的服务质量就会下降。如果营销部门能够与质量计划部门携手工作，这样的局面就不会出现。所以，内部营销、市场沟通和销售部门的工作应与质量改进部门的工作融为一体，以便加快质量改进的步伐。

2. 服务质量规划

服务质量规划是服务质量管理中一个重要内容，它能帮助管理者采用恰当的策略以应付激烈的竞争。采用优质服务竞争策略的企业应从以下几个方面制定服务质量管理规划。

(1) 服务概念　服务概念的含义是管理人员应首先确定企业的商业任务，明确本企业应为哪些细分市场服务，应解决顾客的哪些问题。然后，管理人员应根据商业任务，为服务工作确定一系列具体的指导原则。

管理人员应根据目标细分市场的需要和市场竞争情况，确定本企业的市场定位。服务概念和经营策略之间的纽带是服务性企业为最大限度地扩大顾客感觉中的服务价值和服务费用之间的差别而采取的各种经营方针和操作程序。经营策略和服务操作体系之间的联系指服务性企业通过经营策略和服务操作体系设计工作，使两者融为一体。所有管理人员，无论他们在企业的组织结构中处于哪一个层次，都应为服务人员树立榜样。

服务概念必须是企业内部全体员工普遍同意、普遍接受的。否则，服务人员的行为就不可能一致，管理人员就无法确定工作重点，各个职能部门就不可能加强合作，共同实现企业的目标。

(2) 顾客期望　顾客根据自己的期望与自己感觉中的服务实绩，判断服务质量。优质服务指顾客感觉中的服务实绩符合或超过他们的期望。向顾客做出本企业无法履行的诺言，必然会使顾客不满。因此，在市场沟通活动中管理顾客的期望，是服务性企业质量管理工作的一个不可缺少的环节。

(3) 服务过程和服务结果　面对面服务是服务人员和顾客相互接触、相互交往、相互影响的过程，顾客感觉中的服务质量不仅与服务结果有关，而且与服务过程有关。企业可以采用高新技术为顾客提供优质服务结果，但是，服务过程中服务人员的行为和态度往往会对顾客感觉中的整体服务质量产生更大的影响。因此，管理人员不仅应研究本企业应为顾客提供什么服务，更应研究本企业如何为顾客服务。因此，要取得竞争优势，管理人员必须高度重视服务过程质量管理工作。

(4) 内部营销　在大多数情况下，顾客感觉中的服务质量是由服务人员和顾客相互交往的过程决定的。如果服务人员不能为顾客提供优质服务，企业的一切营销活动都必然失败。因此，必须加强内部营销工作，形成以服务文化为核心的企业文化，激励全体员工做好服务工作。

(5) 有形环境　管理人员必须根据优质服务的需要，确定服务工作中应使用的设备、技术和服务操作体系,并通过培训工作,使服务人员掌握必要的技能。

(6) 顾客参与服务过程　在大多数服务性企业中,服务性企业有时会要求顾客配合服务人员做好服务工作。服务质量不仅与服务人员有关,而且与顾客的行为和态度有关。

在大多数服务性企业里,顾客不仅会与服务人员直接接触,而且会与其他顾客接触。要提高顾客感觉中的服务质量,服务性企业还必须加强顾客消费行为管理,防止某些顾客的行为引起其他顾客的反感。

3.2.2　建立汽车维修现场管理体系

现代汽车工业的发展水平正处于一个飞速提升期,新技术与新科技在汽车上被越来越广泛地应用,这就对汽车维修业提出了更高的要求,而如何提高维修质量,以适应现代汽车发展的需要,就是一个十分迫切的现实问题。汽车维修质量保证的关键在于现场管理,由于现场管理问题具有综合性和复杂性,这就决定了必须把维修现场作为一个系统来综合考虑、统筹安排、统一指挥。这样,就要求从系统的角度出发,思考分析现场中各环节相互联系和相互制约的关系,在统一计划、统一组织的情况下,以适当的方法加以调整和优化。这正是现场管理体系产生的理论基础。

所谓现场管理体系,就是依据维修企业的发展战略和目标,以维修现场为对象,以各维修要素优化组合为目的,由组织机构、职责、目标、制度、方法、活动、信息和投入构成的有机整体,现场管理体系实质上就是运用系统的观点和方法来研究现场问题,对现场进行系统管理的方法。

汽车维修现场是由各维修要素所构成的,现场管理主要是对人员(操作者、管理者)、机器设备、原材料、工艺和检测方法、环境和信息等维修要素的综合管理。因此,汽车维修现场管理有以下的六个方面值得注意。

1. 人力资源的管理

这里所说的人员包括操作者和管理者;所要做的工作主要是人力资源的管理,包括如何做好选人、用人、育人和留人工作。

员工是企业的最大财富,也是最重要的资源。如何做好选人、用人、育人和留人的工作,是企业管理的核心。具体到现场管理的话,就应该了解员工的特长,根据个人的专长合理安排工作,采取恰当的沟通技巧,灵活运用激励手段,营造出具有高昂士气的员工团队,达到保证质量、提高生产效率的目的。

现场管理中的核心要素是人员的管理,只有实现了对人员的合理和有效的管理,才能实现对现场管理进行全方位的优化,为汽车维修企业管理的整体优化打下坚实的基础,进而提高汽车维修企业的核心竞争力。

2. 机器设备的管理

这里的机器设备主要指的是汽车维修企业进行维修活动的物质条件,同时也是进行安全生产的首要保障。为了有效地完成维修任务的同时保障生产安全,必须注意以下问题:

(1) 维修车间应制定"设备管理制度",对每台设备要落实到专人负责。

(2) 公司不定期地开展设备评级,并建立起相配套的奖惩制度,使每台设备保持完好状态。

(3) 员工在交接班时,应有设备运行记录,发现设备运行异常,及时报告,及时检修。

(4) 公司还应定期组织设备操作培训和理论培训,以达到安全操作和提高设备利用率的目的。

第 3 章 汽车服务企业质量管理

(5) 正确操作设备，经常对设备进行检查、维护、保养，提高设备完好率。

(6) 制定相关设备的管理标准、保养标准和操作标准。

3. 生产原材料的管理

材料配件管理是汽车维修管理中的基本因素，材料、配件成本是维修服务的主要成本。车间应从领料着手进行专业培训，使员工熟悉工艺流程，通晓每一种材料配件的规格、用途。车间还应建立专门的检查制度，严禁将不合格的材料配件领进车间，影响维修质量。材料配件管理时要注意执行有关的制度和程序：

(1) 库存材料明细表；

(2) 材料、半成品、成品质量标准；

(3) 领、退材料、辅料程序；

(4) 维修服务用料转、调审批程序；

(5) 成品出入库程序。

4. 工作程序的管理

技术手段、工艺水平、标准规范、制度流程等企业的技术手段是企业在同行竞争中取胜的法宝。在管理中要注意以下几个方面：

(1) 维修过程采用最佳的工作方式，认真执行操作规程，完善工艺流程，经常开展规范化作业检查，班组长对每班情况进行评价和考核。

(2) 汽车维修作业可以划分为发动机、底盘、电工、油漆和钣金等五大工位，按不同车型和不同维修周期，制定各工位的操作标准、工艺流程、工时定额和材料消耗指标等，并制定相应的考核办法。

(3) 为了保证安全作业，车间应不定期进行检查，提醒工作人员严格遵守操作规程。制定各岗位考核细则，力争将操作工序达到规范。

5. 企业环境的管理

环境可直接影响到安全生产，也是创造优质服务的前提。良好的工作环境、整洁的作业现场、融洽的团队氛围、先进的企业文化是企业健康发展的保证。在环境管理中可以应用"5S"管理方法，即对维修现场各维修要素所处状态坚持不断地进行"整理"、"整顿"、"清扫"、"清洁"和"素养"的活动。通过"5S"活动，可以使维修企业的环境清洁、纪律严明、设备完好、物流有序、信息准确，使维修服务企业达到优质、低耗、高效的目的。

(1) 整理　整理是"5S"活动的起点，是对其他要素进行管理的第一步。其主要做法是对维修现场摆放和停滞的物品进行分类，将无序状态的系统想办法达到有序状态。

(2) 整顿　整顿是"5S"活动的基本点，是对整理后有用物品的整顿，也就是所说的"定置管理"。其主要做法是对现场有用的物品进行科学设计，合理归置、摆放和标识，每一个物品都能摆放在相应的位置，做到过目知数，用完物品及时放归原处。其目的在于减少寻物时间，提高工作效率。

(3) 清扫　清扫是"5S"活动的立足点。其主要做法是每个人把自己管辖的现场清扫干净，并对设备及工位器具进行维护保养，查处异常，消除跑、冒、滴、漏，营造一个清洁、明快、舒畅的工作环境。

(4) 清洁　清洁是"5S"活动的落脚点。它是对整理、整顿、清扫的坚持与深入，同时包括对现场卫生的根治。其要点是坚持和保持，做到环境清洁、职工仪表整洁、文明操作、礼貌待人，现场的人、物、环境达到最佳的结合。

(5) 素养　素养是"5S"活动的核心。没有良好的素养，再好的现场管理也难保持。

其主要内容是要努力提高人员的素质，养成严格遵守规章制度的习惯和作风，没有人员素质的提高，各项活动就不能顺利开展，就是开展了也坚持不了。

6. 信息系统的管理

现场管理大量的信息形成了信息流，信息流是现场管理体系中的"神经"系统，是现场管理标准确定和活动开展的依据。

（1）车辆技术信息　汽车维修企业必须建立一个车辆技术信息库，使维修人员能够及时、准确地调用查阅。同时，对新车型、新技术及时进行补充更新，保证工作的效率与正确性。

（2）车辆维修信息　将维修过程中车辆发生的问题和维修方法记录存档，从而成为今后解决疑难问题的案例。

（3）日常管理信息　要实现台账管理标准化、微机化，使班组的日常管理更加规范和有效，不流于形式。班组信息实现共享，班组间相互借鉴，取长补短，共同提高。

（4）信息查询　维修企业应实行信息系统管理，及时从维修现场采集有关信息，同时要保证信息的实时性、一致性、全面性和准确性，实现整体共享。

3.3　企业质量保证体系

服务质量是创造顾客满意和顾客忠诚的重要因素之一，直接关系着企业的持续竞争能力，因此是汽车服务企业日常经营管理中不容忽视的一项重要内容。由于服务本身具有无形性、不可储存性、异质性和生产与消费同时进行等特点，使得汽车服务企业在服务质量的形成、传递、认知和管理上更为复杂。

3.3.1　全面质量管理与 ISO 质量认证

全面质量管理是一个企业以质量为中心，以全员参与为基础，目的在于通过让顾客满意和本企业所有成员及社会受益而达到长期成功的管理途径。其思想自美国通用电器公司质量管理部的部长菲根堡姆（A. V. Feigenbaum）博士在 1961 年首先提出后，经历了多年的发展，广泛应用于各类企业的质量管理工作中，对当前汽车销售服务企业依然具有十分重要的价值。

1. 全面质量管理

全面质量管理强调执行质量是公司全体人员的责任，应该使全体人员都具有质量的概念和承担质量的责任。因此，全面质量管理的核心思想是在一个企业内各部门中做出质量发展、质量保持、质量改进计划，从而以最为经济的水平进行生产与服务，使用户或消费者获得最大的满意。它主要包括三个层次的含义：运用多种手段，系统地保证和提高产品质量；控制质量形成的全过程；质量管理的有效性应当是以质量成本来衡量和优化的。因此，全面质量管理已经渗透到了质量成本管理的过程之中，目的在于通过让顾客满意和本企业所有成员以及社会受益而达到长期成功。质量管理的全过程应该包括产品质量的产生、形成和实现的过程。因此，要保证产品的质量，不仅要管理好生产过程，还需要管理好设计和使用的过程。影响质量的因素主要有五个，即人员、机器、材料、方法和环境。

2. 全面质量管理的特点

全面质量管理从过去的就事论事、分散管理，转变为以系统观念为指导的全面的综合治理，它不仅强调各方面工作各自的重要性，而且更加强调各方面工作共同发挥作用时的协同作用。概括地讲，全面质量管理具有以下几个方面的特点。

（1）以适用性为标准　在传统的质量管理中，一般都是以符合技术标准和规范的要求为目标，即所生产产品或服务只需要符合企业事先制定的技术要求就行。但是，全面质量管理与传统质量管理截然不同，它要求产品或服务的质量必须符合用户的要求，始终以用户的满意为目标。从这个角度来看待全面质量管理，则将涉及所有参与到产品或服务生产过程中的资源和人员。

（2）以人为本　全面质量管理是一种以人为中心的质量管理，必须十分重视整个过程中所涉及的人员。为了做到以人为本，企业必须做到：高层领导的全权委托、重视和支持质量管理活动；给予每个人均等机会，公正评价结果；让全体员工参与到质量管理的过程中；缩小领导者、技术人员和现场员工的差异。

（3）突出改进的动态性　全面质量管理的另一个显著特点就是突出改进的动态性。在传统的质量管理中，生产的目标是符合质量技术要求，而现在对产品或服务质量的要求是能够符合顾客的需求。但是，由于顾客的需求是不断发生变化的，顾客的需求通常会随着产品或服务质量的提高而变得更高，这就要求有动态的质量管理概念。全面质量管理不但要求质量管理过程中有控制程序，而且要有改进程序。

（4）综合性　综合性是指综合运用质量管理的技术和方法，并且组成多样化的、复合化的质量管理方法体系，从而使企业的人、机器和信息有机结合起来。是全面质量管理的一个特点。

3. 全面质量管理的八大原则

（1）以顾客为中心　在当今的经济活动中，任何一个企业都要依存于他们的顾客。他们由于满足或超过了自己顾客的需求，从而获得继续生存下去的动力和源泉。全面质量管理以顾客为中心，不断通过PDCA循环进行持续的质量改进来满足顾客的需求。

（2）领导的作用　一个企业从总经理层到员工层，都必须参与到质量管理的活动中来，其中，最为重要的是企业的决策层必须对质量管理给予足够的重视。在我国的《质量管理法》中规定，质量部门必须由总经理直接领导。

（3）全员参与　全员参与是全面质量管理思想的核心。

（4）过程方法　必须将全面质量管理所涉及的相关资源和活动都作为一个过程来进行管理。PDCA循环实际上是用来研究一个过程，因此必须将注意力集中到产品或服务生产和质量管理的全过程。

（5）系统管理　进行一项质量改进活动时，首先需要制定、识别和确定目标，理解并统一管理一个有相互关联的过程所组成的体系。需要组织所有部门都参与到这项活动中来，才能最大限度地满足顾客的需求。

（6）持续改进　持续改进是全面质量管理的核心思想，统计技术和计算机技术的应用可以更好地做好持续改进工作。

（7）以事实为基础　有效的决策是建立在对数据和信息进行合乎逻辑和直观的分析的基础上的，全面质量管理也必须以事实为依据，背离了事实基础那就没有任何意义。

（8）互利的供方关系　企业和供方之间保持互利关系，可增进两个企业创造价值的能力，从而为双方的进一步合作提供基础，谋取更大的共同利益。

3.3.2　全面质量管理的思想基础和方法依据

戴明博士最早提出了PDCA循环的概念，所以又称其为"戴明环"。全面质量管理的思想基础和方法依据就是 PDCA 循环。这种循环是能使任何一项活动有效进行的合乎逻辑的工作程序，在企业的质量管理中得到了广泛的应用。

在 PDCA 循环中，"计划（P）—实施（D）—检查（C）—处理（A）"的管理循环是现场质量保证体系运行的基本方式，它反映了不断提高质量应遵循的科学程序。

在 PDCA 循环的规范下，形成了四个阶段和八个步骤。

1. 计划

在开始进行持续改善的时候，首先要进行的工作是计划。计划包括制定质量目标、活动计划、管理项目和措施方案。计划阶段需要检讨企业目前的工作效率、追踪目前流程的运行效果和收集流程过程中出现的问题点；根据搜集到的资料，进行分析并制定初步的解决方案，提交公司高层批准。

计划阶段包括以下四个步骤。

（1）分析现状　通过现状的分析，找出存在的主要质量问题，尽可能以数字说明。

（2）寻找原因　在所搜集到的资料的基础上，分析产生质量问题的各种原因或影响因素。

（3）提炼主因　从各种原因中找出影响质量的主要原因。

（4）制定计划　针对影响质量的主要原因，制定技术组织措施方案，并具体落实到执行者。

2. 实施

在实施阶段，即第五步骤，就是将制定的计划和措施，具体组织实施和执行。将初步解决方案提交给公司高层进行讨论，在得到公司高层的批准之后，由公司提供必要的资金和资源来支持计划的实施。在实施阶段需要注意的是，不能将初步的解决方案全面展开，而只在局部范围上进行试验。这样，即使设计方案存在较大的问题时，损失也可以降低到最低限度，检验解决方案是否可行。

3. 检查

第三阶段是检查，即第六步骤，就是将执行的结果与预定目标进行对比，检查计划执行情况，看是否达到了预期的效果。按照检查的结果，来验证运作是否按照原来的标准进行；或者原来的标准规范是否合理等。

按照标准规范运作后，分析所得到的检查结果，寻找标准化本身是否存在偏移。如果发生偏移现象，重新策划，重新执行。这样，通过暂时性生产对策的实施，检验方案的有效性，进而保留有效的部分。

4. 处理

第四阶段是处理，对总结的检查结果进行处理，成功的经验加以肯定，并予以标准化或制定作业指导书，便于以后工作时可遵循；对于失败的教训也要总结，以免重现。对于没有解决的问题，应提到下一个 PDCA 循环中去解决。

处理阶段包括以下两个步骤：

（1）总结经验，进行标准化工作　总结经验教训，估计成绩，处理差错。把成功的经验肯定下来，制定成标准；把差错记录在案，作为鉴戒，防止今后再度发生。

（2）问题转入下一个循环　将遗留问题转入下一个管理循环，作为下一阶段的计划目标。

【案　例】

2006 年 7 月，贵 A×××××东风康朋斯在贵阳××维修厂进行发动机总成修理，配件由车主自行购

第3章 汽车服务企业质量管理

买提供。维修竣工出厂二十天后，发动机出现故障。修理厂将该车拖回来解体检查后发现发动机缸盖有裂纹，第三缸座圈脱落，活塞熔顶，第六缸拉缸。产生维修质量纠纷后，车主投诉到贵阳市汽车维修行业管理处要求调解。贵阳市汽车维修行业管理处的执法人员经过调查取证，了解到车主提供的配件不是原装配件，质量难以得到保证，而且超载现象严重，修理厂也没有坚持使用原厂配件，维修检验记录也不完善，维修竣工出厂没有向车主出具合格证，违反《机动车维修管理规定》第五十二条应承担部分责任。车主在这次质量事故中蒙受了一定的经济损失，吸取了经验教训。

[复习思考题]

1. 服务质量的内涵是什么？
2. 服务质量的构成要素有哪些？
3. 服务质量可以通过哪些因素被感知？
4. 服务质量问题产生的主要原因有哪些？
5. 如何衡量服务质量？
6. 服务质量管理的基本原则是什么？
7. 建立汽车维修企业现场管理体系时要注意什么问题？
8. 汽车维修现场管理的主要要素有哪些？
9. 实行全面质量管理与ISO质量认证对提高汽车服务企业的管理水平有什么意义？
10. 全面质量管理中的PDCA循环的含义是什么？有哪几个阶段？各个阶段的含义是什么？

第4章　汽车服务企业的人力资源管理

> **学习目标**
> 1. 理解人力资源管理的概念、职能和特征。
> 2. 了解人力资源规划内涵和内容。
> 3. 了解工作分析的内涵和流程。
> 4. 掌握汽车服务企业员工招聘程序。
> 5. 理解汽车服务企业员工培训体系。
> 6. 了解绩效评估管理的类型和程序。
> 7. 掌握薪酬体系设计程序和应注意的问题。

4.1　人力资源管理概述

4.1.1　人力资源及其特征

一般认为，所谓人力资源，是指能够推动整个经济和社会发展的劳动者的能力，包括能够进行智力劳动和体力劳动的能力。正确理解这一范畴，必须注意以下特征：

1. 生物性

人力资源存在于人体之中，是有生命的活资源，与人的自然生理特征相联系。

2. 能动性

在经济活动中，人力资源是居于主导地位的能动性资源。人力资源不同于其他经济资源之处，在于它具有目的性、主观能动性和社会意识。

3. 可再生性

人力资源是一种可再生资源。它可以通过人力总体和劳动力总体内各个个体的不断替换更新和恢复得以实现，是一种用之不尽、可充分开发的资源。

4. 社会性

从宏观上看，人力资源总是与一定的社会环境相联系的，它的形成、开发、配置和使用都是一种社会活动。从本质上讲，人力资源是一种社会资源，应当归整个社会所有，而不应仅归属于某一个具体的经济单位。

4.1.2　人力资源管理

1. 人力资源管理的定义

人力资源管理，就是指运用现代化的科学方法，对与一定物力相结合的人力进行合理的培训和调配，使人力、物力经常保持最佳比例，同时对人的思想、心理和行为进行恰当的诱导、控制和协调，充分发挥人的主观能动性，使人尽其才，事得其人，人事相宜，以实现企业的发展目标。

对于某个具体的企业而言，人力资源管理就是通过招聘、录用、培训、绩效考评、福利与报酬等工作，从全社会大的人力资源中获取人才、使用人才、培养人才，并通过全体员工

第4章 汽车服务企业的人力资源管理

的工作实现企业目标的过程。通常人力资源部门要做的主要工作有：人力资源规划、职务设计与工作分析、招聘与甄选、员工培训与能力开发、工作绩效评价、工资福利、劳资关系、工作安全与保健等。

2. 汽车服务企业人力资源管理的主要职能

人力资源管理工作直接影响整个汽车服务企业的经营状况。这种影响可能是有利的，也可能是不利的，具体效果如何，取决于人力资源的具体政策、体制设计和贯彻实施。汽车服务企业人力资源管理工作的任务，就是在汽车服务企业内部设计各种有关的制度，使之有利于充分发挥员工的才干，从而圆满地实现汽车服务企业的各种目标。通过改进员工的职责、技能和动机，来调动员工的积极性和提高工作效率。人力资源管理工作的主要职能包括：

（1）工作分析 是指通过一定的方法对特定岗位信息进行收集和分析，进而对工作职责、工作条件、工作环境以及任职者资格做出明确的规定，编写工作描述和工作说明的管理活动。

（2）人力资源规划 主要内容是：根据企业发展预测企业在未来的较长一段时间对员工种类、数量和质量的需求，据此编制人力资源供给计划，通过内部培养和外部招聘的方式进行人力资源供给，以满足企业的人力资源需要，确保企业发展战略的顺利实施。

（3）人员招聘 是指组织选择合适的渠道和方法，吸引足够数量的人员加入组织，并选择和录用最适合组织和岗位要求的人员的过程。

（4）培训 是指组织有计划地帮助员工提高与工作有关的综合能力而采取的努力。

（5）员工职业生涯管理 是指组织和员工共同探讨员工职业成长计划并帮助其发展职业生涯的一系列活动。它可以满足个人成长的需要，也可以实现个人与组织的协调发展。

（6）薪酬管理 是针对不同的工作，制定合理公平的工资、奖金以及福利计划，以满足员工生存和发展的需要。

（7）劳动关系管理 包括与员工签订劳动合同，处理员工与公司或员工之间可能出现的纠纷，规范员工的权利和义务，建立员工投诉制度，根据相关的法律法规处理员工管理的问题等。

（8）绩效评价 是指衡量和评价员工在确定时期内的工作活动和工作成果的过程。它包括制定评价指标、实施评价、评价后处理等方面的工作。

3. 汽车服务企业人力资源开发与管理的特征

（1）地位具有战略性 人力资源在现代汽车服务企业中的职能和作用至关重要，人力资源管理、市场管理、财务管理和生产管理被视为企业的四大运营职能。在当今世界市场领先和市场营销人员比重很大的情况下，在虚拟生产方式出现后对管理的要求非常高的情况下，技术竞争非常严酷且经营管理、服务人才的作用进一步增加，人力资源开发与管理的作用就更为重要。因此，许多汽车服务企业的经营层把人力资源看做是"第一资源"，把人力资源开发与管理工作放在汽车服务企业战略的高度。由此，人力资源开发与管理部门的地位也随之日益提高，可以说已经处于汽车服务企业发展战略的高度，并能够在一定程度上参与汽车服务企业的决策。

（2）主体具有多方性 在传统的劳动人事管理之中，管理者是专职的劳动人事部门人员。这种管理主体的单一化特征，有着分工明确、责任落实的优点，但其管理往往刻板化、行政化，缺乏汽车服务企业中其他方面的支持，而且往往与其管理对象——员工处于对立状态。在现代汽车服务企业人力资源开发与管理活动中，管理主体由多方面的人员所组成。在这一格局下，各个管理主体的角色和职能是：

① 部门经理。他们从事着大量的日常人力资源开发与管理工作，甚至是汽车服务企业人力资源开发与管理的主要内容。

② 高层领导者。许多汽车服务企业的高层领导相当重视和大量参与人力资源开发与管理，在汽车服务企业的宏观和战略层面上把握人力资源开发与管理活动，甚至直接主持人力资源开发与管理的关键性工作，例如参与人才招聘、进行人事调配、决定年终分配等。

③ 一般员工。在现代汽车服务企业中，广大员工不仅以主人翁的姿态搞好工作、管理自身，而且以主人翁的角色积极参与管理，并且在诸多场合发挥着管理者的作用，例如在全面质量管理（TQM）中对其他人员错误的纠正、对自己的上级和同级人员的考核打分等。

④ 人力资源部门人员。汽车服务企业人力资源部门中的人员，不仅积极从事着自身的专职人力资源开发与管理工作，而且作为汽车服务企业高层决策的专业顾问和对其他部门进行人力资源管理与指导的技术专家，并对整个汽车服务企业的人力资源开发与管理活动进行协调和整合。

(3) 内容具有广泛性　随着时代的发展，人力资源开发与管理的范围日趋扩大，其内容在广泛化。现代汽车服务企业的人力资源范畴包括相当广泛的内容，除去以往的招聘、薪酬、考核、劳资关系等人事管理内容外，还把与"人"有关的内容大量纳入其范围。诸如机构的设计、职位的设置、人才的吸引、领导者的任用、员工激励、培训与发展、企业文化、团队建设、汽车服务企业发展等。

(4) 对象具有目的性　传统的劳动人事管理，是以汽车服务企业的工作任务完成为目标的，员工个人是完成汽车服务企业任务的工具。现代汽车服务企业人力资源开发与管理，则是在强调员工的业绩、把对人力资源的开发作为取得汽车服务企业效益的重要来源的同时，也把满足员工的需求、保证员工的个人发展作为汽车服务企业的重要目标，管理是以人为本。可以说，人力资源本身成为人力资源开发与管理工作的目的，是现代管理中人本主义哲学的反映，它有利于人力资源开发与管理工作产生质的飞跃，也有利于汽车服务企业在其他条件具备的情况下取得巨大的效益。

(5) 手段具有人道性　在"人力资源"概念提出后，人们对"人力"这一生产要素增加了"人"（Human）的看法。诸如员工参与管理制度、员工合理化建议制度、目标管理方法、工作再设计、工作生活质量运动、自我考评法、职业生涯规划、新员工导师制、灵活工作制度、员工福利的选择制等。与以往的"人事管理"相比，对人力资源的开发与管理是以人为中心的，其方法和手段有着诸多的人道主义色彩。

4.2　人力资源规划与工作分析

4.2.1　人力资源规划

1. 人力资源规划内涵

人力资源规划有时也叫人力资源计划，是指在企业发展战略和经营规划的指导下进行人员的供需平衡，以满足企业在不同发展时期对人员的需求，为企业的发展提供符合质量和数量要求的人力资源保证。简单地讲，人力资源规划就是对企业在某个时期内的人员供给和人员需求进行预测，并根据预测的结果采取相应的措施来实现人力资源的供需平衡。

人力资源规划工作，对于未组建的企业要从工作设计入手，通过工作设计与分析就可以制定工作规范与工作说明书，明确每个岗位的职责与人员素质要求，并以书面的方式说明，如岗位名称、工作内容、考核标准、员工素质要求等。这为后续的人员招聘与甄选、绩效评

第4章 汽车服务企业的人力资源管理

价、福利与报酬及培训等工作提供了基础。对于已经组建的企业，工作分析是对当前各个职位情况的评价与检查，以发掘现有的员工与工作是否匹配，及未来企业发展的趋势对工作岗位的要求；尤其是员工需求预测，通过对内部员工的审视，初步核定内部晋升的候选人，以激励员工的工作积极性，同时根据未来地区经济发展的趋势及劳动力市场、职业市场的状况对可能的外来候选人进行甄选，确保企业的人力需要。

2. 人力资源规划内容

人力资源规划内容主要包括有：人力资源管理总体目标和配套政策的总体规划；中长期不同职务、部门或工作类型人员的配备计划；需要补充人员的岗位、数量，人员要求确定及招聘计划；人员晋升政策，轮换人员岗位、时间计划；培训开发计划、职业规划计划等。

3. 人力资源规划步骤

人力资源规划步骤主要有：搜集有关的信息资料；人力资源需求、供给预测；确定人员的总需求；确定人力资源目标；制定具体规划；对人力资源规划进行审核、评估等。

4.2.2 工作分析

1. 工作分析的内涵

工作分析就是全面地收集某一工作岗位的有关信息，对该工作从 6 个方面开展调查研究：工作内容（what），责任者（who），工作岗位（where），工作时间（when），怎样操作（how），以及为什么要这样做（why），然后再将该工作的任务要求和责任、权利等进行书面描述，整理成文，形成工作说明书的系统过程。

工作说明书主要包括以下两方面：

（1）工作描述，对岗位的名称、职责、工作程序、工作条件与工作环境等方面进行一般说明。

（2）岗位要求，说明担负该工作的员工所应具备的资格条件，如经验阅历、知识、技能、体格、心理素质等各项要求。

工作说明书为人员招聘提供了具体的参考标准，工作分析则提供了需要招聘人员的工作岗位，之后，招聘与甄选到合适的人员成为企业人力资源管理的一项重要工作。

2. 工作分析所需的信息

工作分析是一个描述和记录工作的各个方面的过程，它需要收集和工作本身相关的各项信息。下面介绍一个有效的工作分析应该包括的内容：

（1）背景资料：企业所在的产业、企业的经营战略、企业文化、组织结构和职业分类等。

（2）工作活动：实际发生的工作活动、工序、活动记录、负责人的职责等。

（3）工作行为：与工作有关的个人行为（如沟通、决策、撰写等）、动作和行为的质量要求。

（4）工作设备：计算机（软件和硬件）、安全设施、办公室设备、机器、工具和其他工作器具等。

（5）有形和无形物质：与工作有关的有形和无形物质，包括物料、制成品、所应用的知识和所提供的服务等。

（6）绩效标准：工作标准、偏差分析、各种量度和评估工作成果的方法等。

（7）工作条件：工作环境、工作时间表、激励因素及其他企业和社会环境的条件。

（8）人员条件：与工作有关的知识和技能及个人特性的要求。

3. 工作分析的流程

作为对工作的一个全面评价过程，工作分析过程可以分为以下 4 个阶段，6 个步骤（图 4-1）。

第一阶段：准备阶段，此阶段可分为 3 个步骤。

步骤 1：明确工作分析的目的和结果使用的范围。

步骤 2：确定参与人员。

步骤 3：选择分析样本。

第二阶段：工作信息收集与分析阶段，此阶段包括了 1 个步骤。

步骤 4：收集并分析工作信息。

第三阶段：工作分析成果生成阶段，此阶段包括了 1 个步骤。

步骤 5：编写工作说明书。

第四个阶段：工作分析成果的实施、反馈与完善阶段，此阶段包括了 1 个步骤。

步骤 6：实施工作说明书的反馈与改进。

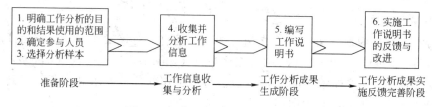

图 4-1　工作分析活动的阶段与步骤

4.3　汽车服务企业员工招聘与培训

4.3.1　员工招聘

1. 招聘员工考虑的因素

汽车服务企业生意兴隆或业务发展时，要面临招聘新员工的问题。招聘新员工要考虑到增加的生产能满足新增员工的工资和福利。因为对大多数汽车服务企业来说，劳动力报酬是企业最大的固定支出。因此，员工招聘要考虑以下几个因素：

(1) 确实需要。无论从长期还是短期来考虑，招聘的员工对企业的发展有很大好处，不是可有可无的。坚持少而精，宁缺毋滥是员工招聘的基本原则。

(2) 职位空缺。当有人因辞职或到其他重要岗位上，就需要人员补充上来。这时第一步应考虑空缺的工作分摊给其他员工是否可行，第二步才应考虑员工招聘。

(3) 人才储备。一些关键岗位应有人才储备，否则关键岗位的人员离去对企业的打击将是致命的。

(4) 长期发展计划。如果汽车服务企业有长期的发展计划，就应该提前进行人才规划。

(5) 季节性因素。汽车服务企业受季节性因素影响，招聘员工应注意。

2. 员工招聘途径

企业招聘员工的途径有很多，主要的途径如下。

(1) 广告　广告招聘，可以借助不同媒体的宣传效果，进行辐射面广阔的信息发布，或者有目标性地针对某一个特定的群体，如想招聘本地户籍的劳动力，就可以只在本地发行的日报等媒介上刊登信息。但是广告招聘的缺点就是可能带来许多不合格的应聘者，这就加大

第4章 汽车服务企业的人力资源管理

了招聘甄选第一步的工作量——仔细检查应聘书，将不合格的应聘者筛选掉。

(2) 就业服务机构　在美国，就业服务机构有三种类型：由联邦政府、州政府及地方政府开办的就业服务机构；由非营利组织开办的就业服务机构；私人经营的就业服务机构。在中国，情况是类似的，只是后两者的规模较小，还未能在就业服务市场中发挥重要作用。

(3) 学校分配　每年高等院校学生毕业的时间，是许多企业单位获得求职者最多、最集中的时间。从各个层次的高等院校中，企业的确可以获得许多很有潜力的应聘者。对于企业而言，选择到哪所院校去招聘，招聘哪些专业的学生，都应该在事前谨慎思考；并对派往学校的招聘人员进行培训，增强他们对大学生的甄选能力，并能够很好地塑造企业形象，提高企业的吸引力。另外，企业招聘人员还要帮助大学生纠正其不切实际的高职位企盼，引导大学生形成正确的就业意识。

(4) 员工推荐　这种方式可能是所有招聘方式中成本最低的，而且经相关研究证明是获取合格应聘者的最好途径。一些企业还制定了这方面的激励政策，对成功推荐新员工的老员工给予奖励。但是员工推荐的缺点在于可能不会增加员工的类别与改善员工结构，因为员工推荐的大多是与其自身情况相似的新人。如果管理层想改善员工结构，那么这种途径就不太可取。

(5) 随机求职者　这些求职者主动走进企业的人力资源部申请工作，对于这些人许多企业通常予以忽视，认为主动送上门的候选人质量较差，这种认识往往是错误的，因为候选人通常是对企业有所了解后，才会主动递交申请，并且这类人的就职愿望比较强烈，被录用后对组织的忠诚度较高。同时企业是否能够礼貌地对待这些求职者，不仅是对应聘者自尊予以尊重的问题，而且还会影响到企业在社会的声誉。

(6) 内部搜寻　尽管工资待遇、福利保险等实际支付都体现了组织对员工工作的认可，并且对许多人而言，进入一个组织最先吸引条件就是薪酬，但是内部晋升，或是面向内部员工的、空缺岗位的公开招聘是增强员工对组织的奉献精神的中心举措，是增强组织内聚力的关键策略。

3. 招聘的程序

汽车服务企业人力资源招聘的过程一般包括以下步骤：

(1) 确定人员的需求　根据企业人力资源规划、岗位说明书和企业文化确定企业人力资源需求，包括数量、素质要求以及需求时间。

(2) 确定招聘渠道　确定企业是从内部选拔，还是从外部招聘企业所需人员。

(3) 实施征召活动　根据不同的招聘渠道实施征召活动的具体方案，将以各种方式与企业招聘人员进行接触的人确定为工作候选人。

(4) 初步筛选候选人　根据所获得的候选人的资料对候选人进行初步筛选，剔除明显不能满足企业需要的应聘者，留下的候选人进入下一轮的测评甄选。

(5) 测评甄选　采用笔试、面试、心理测试等方式对候选人进行严格测试，以确定最终录用人员。

(6) 录用　企业与被录用者就工作条件、工作报酬等劳动关系进行谈判，签订劳动合同。

(7) 招聘评价　对本次招聘活动进行总结，并从成本收益的角度进行评价。

4. 人员选拔

当企业获得了足够的应聘者之后，下面需要做的事情就是利用各种工具和方法对应聘者的性格、素质、知识和能力等进行系统地、客观地测量和评价，从而做出录用决策。人员选拔是招聘工作中最关键的一步,也是招聘工作中技术性最强的一步,因而,其难度也最大。这里将主要讨论选拔测评所用到的人事测评技术。

(1) 对个人申请表以及简历资料进行审查与筛选。这可以初步帮助招聘者了解应聘者的基本情况并能考察简历中与工作绩效表现相关的、硬性的、可证实的内容。

(2) 笔试。主要是专业知识考试及一般理论知识考试。这类考试主要是检测应聘者是否具有岗位所要求的一般理论知识、专业技术知识与实际操作能力。

(3) 面试。面试是如今招聘工作中必经的环节,它是一种评价者与被评价者双方面对面的观察、交流互动的一种测评形式。

理想的面试包括五个步骤:面试准备、建立和谐气氛、提问、结束以及回顾总结。

(4) 心理测试。所谓心理测试,是指在控制的情景下,对应聘者的智力、潜能、气质、性格、态度、兴趣等心理特征进行测度的一种测试方法。心理测试是为了了解被测试者潜在的能力及其心理活动规律的一种科学方法,其目的是判断应聘者的心理素质和能力,从而考察应聘者对招聘职位的适应程度。心理测试具体包括以下几个方面的内容:智力测试;能力测试;个性测试;职业性向测试等。

(5) 评价中心测试。评价中心是一种综合性的人事测评方法。评价中心技术综合使用了各种测评技术,它最突出的特点就是它使用了情境性的测评方法对被试的特定行为进行观察和评价。

评价中心测试的优点表现在:第一,评价中心测试综合使用了多种测评技术,如心理测验、能力测验、面试等,并由多个评价者进行评价。各种技术从不同的角度对被评价者的目标行为进行观察和评价,各种手段之间又可以相互验证,从而能够对被评价者进行较为可靠的观察和评价;第二,评价中心采用的情境式测试方法是一种动态的方法,因此,这种对实际行动的观察往往比被评价者的自我陈述更为准确有效;第三,评价中心测试更多地注重测量被评价者实际解决问题的能力,而不是他们的观念和知识,在这种情况下,被评价者的表现接近于真实的情况,它便于评价人得出更为客观和可信的评价结果。

评价中心测试的主要缺点表现在:第一,成本较高,包括实施评价中心测试的时间成本和费用成本都比较高,一般只适用于选拔和物色较高层次的管理者;第二,主观程度较强,制定统一的评价标准比较困难;第三,实施较为困难,评价中心测试由于模拟情景的复杂程度较高,对任务的设计和实施中的要求也比较高。因此,实施起来相对较难。

评价中心常用的情境性测评方法有:公文处理练习;书面的案例分析;无领导小组讨论;角色游戏等。这些方法都可以用于揭示特定职位上所需的胜任特质,从而对被试者进行测评。

4.3.2 员工培训

20世纪90年代,人类社会进入了知识经济时代,汽车服务企业竞争的焦点不仅是资金、技术等传统资源,而且是建立在人力资本基础之上的创新能力。同时,经济的全球化发展使得汽车服务企业间的竞争范围更加广阔,市场变化速度日益加快,面对这种严峻的挑战,汽车服务企业必须保持持续学习的能力,不断追踪日新月异的先进技术和管理思想,才能在广阔的市场中拥有一席之地。于是,增加对人力资源不断的投资,加强对员工的教育培训,提升员工素质,使人力资本持续增值,从而持续提升汽车服务企业业绩和实现战略规划,成为汽车服务企业界的共识。

1. 员工培训的目的

强化员工培训,建立有效的培训体系,通过培训向员工传递汽车服务企业的核心理念、企业文化、品牌意识以及运作标准要求，改善了岗位人员的工作态度、专业素养及能力，增强了汽车服务企业竞争力，实现汽车服务企业战略目标；另一方面将员工个人的发展目标与汽车服务企业的战略发展目标统一起来，满足了员工自我发展的需要，调动了员工工作的积极性和热情，增强了汽车服务企业的凝聚力。

2. 有效员工培训体系的特征

培训体系是否有效的判断标准是该培训体系是否能够增强汽车服务企业的竞争力，实现汽车服务企业的战略目标。有效的培训体系应当具备以下特征：

（1）以汽车服务企业战略为导向　汽车服务企业培训体系是源于汽车服务企业的发展战略、人力资源战略体系之下的，只有根据汽车服务企业战略规划，结合人力资源发展战略，才能量身定做出符合自己持续发展的高效培训体系。

（2）注重汽车服务企业核心需求　有效的培训体系是深入发掘汽车服务企业的核心需求，根据汽车服务企业的战略发展目标预测对于人力资本的需求，提前为汽车服务企业需求做好人才的培养和储备。

（3）多层次、全方位　员工培训说到底是一种成人教育，有效的培训体系应考虑员工教育的特殊性，针对不同的课程内容采用不同的训练技法，针对具体的条件采用多种培训方式，针对具体个人能力和发展计划制定不同的训练计划。在效益最大化的前提下，多渠道、多层次的构建培训体系，达到全员参与、共同分享培训成果的效果，使得培训方法和内容适合被培训者。

（4）充分满足员工的自我发展的需要　人的需要是多方面的，而最高需要是自我发展和自我实现。按照自身的需求接受教育培训，是对自我发展需求的肯定和满足。培训工作的最终目的是为汽车服务企业的发展战略服务，同时也要与员工个人职业生涯发展相结合，实现员工素质与汽车服务企业经营战略的匹配。这个体系将员工个人发展纳入汽车服务企业发展的轨道，让员工在服务汽车服务企业，推动汽车服务企业战略目标实现的同时，也能按照明确的职业发展目标，通过参加相应层次的培训，实现个人的发展，获取个人成就。另外，激烈的人才市场竞争也使员工认识到，不断提高自己的技能和能力才是其在社会中立足的根本。

3. 建立有效的培训体系

员工培训体系包括培训机构、培训内容、培训方式、培训对象和培训管理方式等，培训管理包括培训计划、培训执行和培训评估三个方面。建立有效的培训体系需要对上述几个方面进行优化设计。

（1）培训机构　汽车服务企业培训的机构有两类：外部培训机构和汽车服务企业内部培训机构。外部机构包括专业培训公司、大学以及跨企业间的合作（即派本公司的员工到其他汽车服务企业挂职锻炼等）。汽车服务企业内部培训机构则包括专门的培训实体，或由人力资源部履行其职责。

汽车服务企业从其资金、人员及培训内容等因素考虑，来决定选择外部培训机构还是汽车服务企业内部培训机构。一般来讲，规模较大的汽车服务企业可以建立自己的培训机构；规模较小的公司，或者培训内容比较专业，或者参加培训的人员较少缺乏规模经济效益时，可以求助于外部咨询机构。

（2）培训对象　根据参加培训的人员不同，可分为：高层管理人员培训、中层管理人员培训、普通职员培训和工人培训。应根据不同的受训对象，设计相应的培训方式和内容。一般而言，对于高层管理人员应以灌输理念能力为主，参训人数不宜太多，采用短期而密集的方式，运用讨论学习方法；对于中层人员，注重人际交往能力的训练和引导，参训规模可以适当扩大，延长培训时间，采用演讲、讨论及报告等交错的方式，利用互动机会增加学习效果；对于普通的职员和工人培训，需要加强其专业技能的培养，可以以大班制的方式执行，长期性的延伸教育，充实员工的基本理念和加强事务操作。

（3）培训方式　从培训的方式来看，有在岗培训和岗前培训。在岗培训指工作教导、工作轮调、工作见习和工作指派等方式，对于提升员工理念、人际交往和专业技术能力方面具有良好的效果。岗前培训指在专门的培训现场接受履行职务所必要的知识、技能和态度的培训。岗前培训的方法很多，可采用传授知识，发展技能训练以及改变工作态度的培训等。在岗培训和岗前培训相结合，对不同的培训内容采用不同的方式，灵活进行。

（4）培训方法

① 讲授法。讲授的特点是比较简单，易于操作，成本不会太高。但是，讲授是一种单向沟通的过程，员工容易感到单调和疲倦，除非将互动的方法和讲授法结合在一起。讲授法是面向全体员工的，并没有针对性。员工的问题难以得到解决，学到的东西也容易忘记。视听教学法其实也是一种讲授方法，但这种方法的费用很高。

② 讨论法。讨论法有三种形式，即集体讨论法、小组讨论法和对立讨论法。讨论的优点是员工的参与性很强，在不停地思想碰撞中，可以出现智慧的火花。讨论法多是员工已经掌握了一定的知识，需要对此加以深化的时候使用。可以请某位专家进行讲授，讲授结束后与员工进行讨论；也可以将论题列出来，每位员工围绕论题谈自己的经验和体会。该法的优点是信息可以多向传递，但费用较高。教师的作用很重要。有时讨论会走题，这就需要教师的指导和控制。

③ 案例法。案例法属于能力层次的培训。教师向大家介绍案例法的基本知识，拿出案例介绍背景，让员工分成小组讨论。有的时候，教师给出的信息并不完全，还需要员工向教师寻求信息，这样可以锻炼决策时对决策信息需要的判断。有时候，教师不准备案例，而是由员工提前自己准备关于自己的案例。这种方法费用低，反馈效果好。

④ 游戏法。这种方法比较生动，容易引起员工兴趣。在实际操作的时候要注意游戏的选择。游戏应当与培训内容联系起来，可以通过游戏领会到培训所要训练员工的内容。不能因为游戏而使员工忘记他们来上课的目的。游戏的插入时间也要注意选择。

⑤ 角色扮演法。假设模拟真实的情境，员工扮演其中的不同角色，其他员工分成小组讨论。小组代表陈述本组意见后，重新进行演出或播放录像，由教师进行点评。最后，扮演角色的员工要对自己和对方扮演者进行点评。该方法信息传递多向，反馈效果好、实践性强，多用于人际关系能力的训练。

⑥ 自学法。这种方法的不足在于监督性比较差。所以人力资源部门可以规定，在自学一段时间后，员工需要写出心得报告，也可以进行问卷调查，还可以要求员工写出所学资料的纲要。个人的学习方法不同，效率有高有低，人力资源部有必要对此进行培训。汽车服务企业内部电脑网络培训也是自学法的一种。现在有一种新的概念：e-learning，即电子学习，是未来培训的一个趋势。

（5）培训内容　通常可以将员工需要培训的技能领域分为技术的、人际关系的与创新的技能培训。

① 技术技能培训。技术技能培训包括提高员工在阅读、写作、进行数学运算方面的能力，学会操作新的仪器设备，运用新的计算机程序，掌握新的工作流程与方法等。

② 人际关系技能培训。在相当程度上，一名员工的工作绩效的高低与其本人在企业中

的人际关系的好坏有很大的关系。帮助员工确立正确的价值观、良好的职业道德、包容心与良好的服务意识，对企业的经济、社会效益的增长有重要的作用。

③ 创新技能培训。对于身处那些要求经常处理非常规的、富于变化的问题的岗位上的人，其解决问题、创新应对的能力就非常重要。具体的培训内容有：让员工完成一些数理、逻辑作业或面对冲突、剧变环境，强化其逻辑、推理和确定问题的能力，对因果关系做出评价，制定解决问题方案，分析备选方案并进行决策。

4.4 汽车服务企业绩效评估管理

绩效评估也叫业绩考评，是汽车服务企业人事管理的重要内容，更是汽车服务企业管理强有力的手段之一。绩效考评的目的是通过考核提高每个员工的工作效率，最终实现提高汽车服务企业核心竞争力的目标。

4.4.1 绩效评估的含义和类型

1. 绩效评估的含义

绩效评估是指收集、分析、评价和传递某一个人在其工作岗位上的工作行为表现和工作结果方面信息的过程。绩效评估是评价每个员工的工作结果及其对组织贡献的大小的一种管理手段，所以每一个组织都在事实上进行着绩效考核。由于人力资源管理已经越来越受到企业重视，因此，绩效评估也就成为企业在管理员工方面的一个核心职能。

绩效评估的基本定义是：通过各种科学的定性和定量的方法来评定和测量员工在职务上的工作行为和工作成果。绩效评估是汽车服务企业管理者与员工之间的一项管理沟通活动。其结果可以直接影响到薪酬调整、奖金发放及职务升降等诸多员工的切身利益。

2. 绩效评估管理的目的

（1）对员工的晋升、降职、调职和离职提供依据。

（2）企业对员工的绩效考评的反馈。

（3）对员工和团队对企业的贡献进行评估。

（4）对员工的薪酬决策提供依据。

（5）对招聘选择和工作分配的决策进行评估。

（6）了解员工和团队的培训和教育的需要。

（7）对培训和员工职业生涯规划效果的评估。

（8）对工作计划、预算评估和人力资源规划提供信息。

所以，建立员工绩效评估管理系统，是为了使员工的贡献得到认可并且帮助员工提高工作绩效，最终实现汽车服务企业的发展。

3. 绩效评估的基本类型

（1）效果主导型。考评的内容以考评结果为主，着眼于"干出了什么"，重点在结果而不是行为。由于它考评的是工作业绩而不是工作效率，所以标准容易制定，并且容易操作。目标管理考评办法就是该类考评。它具有短期性和表现性的缺点，对具体服务员工较适合，但事务性人员不适合。

（2）品质主导型。考核的内容以考评员工在工作中表现出来的品质为主，着眼于"他怎么干"，由于其考评需要如忠诚、可靠、主动、有创新、有自信、有协助精神等，所以很难具体掌握。操作性与有效度较差。适合于对员工工作潜力、工作精神及沟通能力的考评。

(3) 行为主导型。考核的内容以考评员工的工作行为为主，着眼于"如何干"、"干什么"，重在工作过程。考评的标准容易确定，操作性强，适合于管理性、事务性工作的考评。

4.4.2 绩效评估管理的程序

一般而言，绩效评估工作大致要经历制定评估计划、选取考评内容及确定评估标准和方法、收集数据、分析评估、结果运用五个阶段。

1. 制定绩效评估计划

为了保证绩效评估顺利进行，必须事先制定计划，在明确评估目的的前提下，有目的地要求选择评估的对象、内容、时间。

2. 确定评估的标准、内容和方法

（1）评估的标准　绩效评估必须有标准，作为分析和考查员工的尺度。一般可分为绝对标准和相对标准。绝对标准如出勤率、废品率、文化程度等以客观现实为依据，而不以考核者或被考核者的个人意志为转移的标准。所谓相对标准，如在评选先进时，规定10%的员工可选为各级先进，于是采取相互比较的方法，此时每个人既是被比较的对象，又是比较的尺度，因而标准在不同群体中往往就有差别，而且不能对每一个员工单独做出"行"与"不行"的评价。

一般而言，评估标准采用绝对标准。绝对标准又可分为业绩标准、行为标准和任职资格标准三大类。

（2）选取考评内容

1）选取考评内容的原则　考评内容主要是以岗位的工作职责为基础来确定的，但要注意遵循下述三个原则：

① 与汽车服务企业文化和管理理念相一致。考评内容实际上就是对员工工作行为、态度、业绩等方面的要求和目标，它是员工行为的导向。考评内容是汽车服务企业组织文化和管理理念的具体化和形象化，在考评内容中必须明确：汽车服务企业在鼓励什么，并且在反对什么，给员工以正确的指引。

② 要有所侧重。考评内容不可能涵盖该岗位上的所有工作内容，为了提高考评的效率，降低考评成本，并且让员工清楚工作的关键点，考评内容应该选择岗位工作的主要内容进行考评，不要面面俱到。这些主要内容实际上已经占据了员工80%的工作精力和时间。另外，对难于考核的内容也要谨慎处理，认真地分析它的可操作性和它在岗位整体工作中的作用。

③ 不考评无关内容。一定要切记，绩效考评是对员工的工作考评，对不影响工作的其他任何事情都不要进行考评。比如说员工的生活习惯、行为举止、个人癖好等内容都不宜作为考评内容出现，如果这些内容妨碍到工作，其结果自然会影响到相关工作的考评成绩。

2）对考评内容进行分类　为了使绩效考评更具有可靠性和可操作性，应该在对岗位的工作内容分析的基础上，根据汽车服务企业的管理特点和实际情况，对考评内容进行分类。比如将考评内容划分为"重要任务"考评、"日常工作"考评和"工作态度"考评三个方面。

"重要任务"是指在考评期内被考评人的关键工作，往往列举1~3项最关键的即可，如对于维修人员可以是考评期的维修数量和质量，销售人员可以是考评期的销售业绩。"重要任务"考核具有目标管理考核的性质。对于没有关键工作的员工（如清洁工）则不进行"重要任务"的考评。

"日常工作"的考核条款一般以岗位职责的内容为准，如果岗位职责内容过杂，可以仅选取重要项目考评。它具有考评工作过程的性质。

"工作态度"的考核可选取对工作能够产生影响的个人态度,如协作精神、工作热情、礼貌程度等,对于不同岗位的考评有不同的侧重。比如,"工作热情"是行政人员的一个重要指标,而"工作细致"可能更适合财务人员。另外,要注意一些纯粹的个人生活习惯等与工作无关的内容不要列入"工作态度"的考评内容。不同分类的考评内容,其具体的考评方法也不同。

(3) 选择评估方法 在确定评估目标、对象、标准后,就要选择相应的评估方法。常用的评估方法有以下几种。

① 业绩评定表:所谓业绩评定表就是将各种评估因素分优秀、良好、合格、稍差、不合格(或其他相应等级)进行评定。其优点在于简便、快捷,易于量化。其缺点是容易出现主观偏差和趋中误差,等级宽泛,难以把握尺度。

② 工作标准法(劳动定额法):把员工的工作与企业制定的工作标准(劳动定额)相对照,以确定员工业绩。其优点在于参照标准明确,评估结果易于做出。缺点在于标准制定,特别是针对管理层的工作标准制定难度较大,缺乏可量化衡量的指标。此外,工作标准法只考虑工作结果,对那些影响工作结果的因素不加反映,如领导决策失误、生产线其他环节出错等。目前,此方法一般与其他方法一起使用。

③ 强迫选择法:评估者必须从3～4个描述员工在某一方面的工作表现的选项中选择一个(有时两个)。其优点在于用来描述员工工作表现的语句并不直接包含明显的积极或消极内容,评估者并不知评估结果的高低。其缺点在于,评估者会试图猜想人力资源部门提供选项的倾向性。此外,由于难以把握每一选项的积极或消极成分,因而得出的数据难以在其他管理活动中应用。

④ 排序法:把一定范围内的员工按照某一标准由高到低进行排列的一种绩效评估方法。其优点在于简便易行,完全避免趋中或严格/宽松的误差。但缺点在于标准单一,不同部门或岗位之间难以比较。

⑤ 硬性分布:将限定范围内的员工按照某一概率分布划分到有限数量的几种类型上的一种方法。例如,假定员工工作表现大致服从正态分布,评价者按预先确定的概率(比如共分5个类型,优秀占5%,良好占15%,合格占60%,稍差占15%,不合格占5%)把员工划分到不同类型中。这种方法有效地减少了趋中或严格/宽松的误差,但问题在于假设不符合实际,各部门中不同类型员工的概率不可能一致。

⑥ 关键事件法:指那些对部门效益产生重大积极或消极影响的行为。在关键事件法中,管理者要将员工在考核期间内所有的关键事件都真实记录下来。其优点在于针对性强,结论不易受主观因素的影响。缺点在于基层工作量大。另外,要求管理者在记录中不能带有主观意愿,在实际操作中往往难以做到。

⑦ 叙述法:评估者以一篇简洁的记叙文的形式来描述员工的业绩。这种方法集中描述员工在工作中的突出行为,而不是日常的业绩。不少管理者认为,叙述法不仅简单,而且是最好的一种评估方法。然而,叙述法的缺点在于评估结果在很大程度上取决于评估者的主观意愿和文字水平。此外,由于没有同一的标准,不同员工之间的评估结果难以比较。

⑧ 目标管理法:目标管理法是当前比较流行的一种绩效评估方法。其基本程序为:监督者和员工联合制定评估期间要实现的工作目标;在评估期间,监督者与员工根据业务或环境变化修改或调整目标;监督者和员工共同决定目标是否实现,并讨论失败的原因;监督者和员工共同制定下一评估期的工作目标和绩效目标。

目标管理法的特点在于绩效评估人的作用从法官转换为顾问和促进者,员工的作用也从消极的旁观者转换为积极的参与者。这使员工增强了满足感和工作的自觉性,能够以一种更积极、主动的态度投入工作,促进了工作目标和绩效目标的实现。

3. 收集数据

绩效评估是一项长期、复杂的工作,对于作为评估基础的数据收集工作要求很高。在这方面,国外的经验是注重长期的跟踪、随时收集相关数据,使数据收集工作形成一种制度。其主要做法包括:

(1) 记录法:运输、服务的数量、质量、成本等,按规定填写原始记录和统计。

(2) 定期抽查法:定期抽查服务的数量、质量,用以评定期间内的工作情况。

(3) 考勤记录法:出勤、缺勤及原因,是否请假,一一记录在案。

(4) 项目评定法:采用问卷调查形式,指定专人对员工逐项评定。

(5) 减分登记法:按职务(岗位)要求规定应遵守的项目,制定出违反规定扣分方法,定期进行登记。

(6) 行为记录法:对优秀行为或不良行为进行记录。

(7) 指导记录法:不仅记录部下的极限行为,而且将其主管的意见及部下的反应也记录下来,这样既可考察部下,又可考察主管的领导工作。

4. 分析评估

这一阶段的任务是根据评估的目的、标准和方法,对所收集的数据进行分析、处理、综合。其具体过程如下:

(1) 划分等级。把每一个评估项目,如工作态度、人际关系、出勤、责任心、工作业绩等,按一定的标准划分为不同等级。一般可分为3~5个等级,如优、良、合格、稍差、不合格。

(2) 对单一评估项目的量化。为了能把不同性质的项目综合在一起,就必须对每个评估项目进行量化及不同等级赋予不同数值,用以反映实际特征。如:优为10分,良为8分,合格为6分,稍差为4分,不合格为2分。

(3) 对同一项目不同评估结果的综合。在有多人参与的情况下,同一项目的评估结果会不相同。为综合这些意见,可采用算术平均法或加权平均法进行综合。如以5等级为例,3个人对某员工工作能力的评估分别为10分、6分、2分。如采用算术平均法,该员工的工作能力应为6分。若采用加权平均,3个人分别为其上司、同事、下属,其评估结果的重要程度不同,可赋予他们不同的权重,如上司定为50%,同事30%,下属20%,则该员工的工作能力为:$10 \times 50\% + 6 \times 30\% + 2 \times 10\% = 7.0$分,界于良与合格之间。

(4) 对不同项目的评估结果的综合。有时为达到某一评估目标要考察多个评估项目,只有把这些不同的评估项目综合在一起,才能得到较全面的客观结论。一般采用加权平均法。当然,具体权重要根据评估目的、被评估人的层次和具体职务来定。

5. 结果运用

得出评估结果并不意味着绩效评估工作的结束。在绩效评估过程中获得的大量有用信息可以运用到汽车服务企业各项管理活动中。

(1) 利用向员工反馈评估结果,帮助员工找到问题、明确方向,这对员工改进工作,提高绩效会有促进作用。

(2) 为人事决策如任用、晋级、加薪、奖励等提供依据。

(3) 检查企业管理各项政策,如人员配置、员工培训等方面是否有失误,还存在哪些问题。

第4章 汽车服务企业的人力资源管理

4.5 薪酬体系设计

员工为企业工作的动力有很多,但是薪酬无疑是最直接的一种动力。薪酬管理是企业经营管理工作的焦点之一。薪酬体系是指薪酬中相互联系、相互制约、相互补充的各构成要素形成的有机统一体。薪酬体系设计是薪酬管理的"骨骼",以此为基础展开的薪酬管理工作,直接牵动着企业的运营效率。因此,如何成功地设计薪酬体系变得异常重要。

4.5.1 薪酬体系的作用与意义

1. 决定人力资源的合理配置与使用

薪酬是用人单位为获得劳动者未来提供的劳动而承诺支付给劳动者的劳动报酬,这种劳动报酬可以是实物形态的,也可以是非实物形态的。

薪酬作为实现人力资源合理配置的基本手段,在人力资源开发与体系中起着十分重要的作用。薪酬一方面代表着劳动者可以提供的不同劳动能力的数量与质量,反映了劳动力供给方面的基本特征,另一方面代表着用人单位对人力资源需要的种类、数量和程度,反映了劳动力需求方面的特征。薪酬体系就是要运用薪酬这个人力资源中最重要的经济参数,来引导人力资源向合理的方向运动,从而实现企业目标的最大化。

2. 影响劳动效率

传统的薪酬体系,仅具有物质报酬分配性质,忽视了精神激励,很少考虑被管理者的行为特征,难以调动员工的工作积极性。现代薪酬体系将薪酬视为激励劳动效率的主要杠杆,不仅注重利用工资、奖金、福利等物质报酬从外部激励劳动者,而且注重利用岗位的多样性、工作的挑战性、取得成就、得到认可、承担责任、获取新技巧和事业发展机会等精神报酬从内部激励劳动者,从而使薪酬管理过程成为劳动者的激励过程。劳动者在这种薪酬体系下,通过个人努力,不仅可以提高薪酬水平,而且可以提高个人在企业中的地位、声誉和价值,从而大大提高员工的积极性和创造性。

3. 关系社会的稳定

在我国现阶段,薪酬是劳动者个人消费资料的主要来源,从经济学角度看,薪酬一经向劳动者付出即退出生产领域,进入消费领域。作为消费性的薪酬,保障了劳动者的生活需要,实现了劳动者劳动力的再生产。因此,在薪酬体系中,如果薪酬标准确定过低,劳动者的基本生活就会受到影响,劳动力的耗费就不能得到完全的补偿,如果薪酬标准确定过高,又会对产品成本构成较大影响,特别是当薪酬的增长普遍超过劳动生产率的增长时,还会导致成本推动型的通货膨胀,这种通货膨胀一旦出现,首先从国内来说,一方面会给人民生活直接产生严重影响;另一方面,通货膨胀造成的一时虚假过度需求,还会促发"泡沫经济",加剧经济结构的非合理化。此外,薪酬标准确定过高,还会导致劳动力需求的收缩,失业队伍的扩大,影响到社会的安定。

4.5.2 薪酬的主要内容

薪酬的构成具有多层次内容,并通过不同形式体现出来,其中主要包括三个板块:基本薪酬、绩效薪酬和间接薪酬。其中基本薪酬对应基本工资、绩效薪酬对应奖金和分红、间接薪酬对应津贴、补贴和福利等。

1. 基本工资

基本工资是指用来维持员工基本生活的工资。它常常以岗位工资、职务工资、技能工资、工龄工资等形式来表现。它一般不与企业经营效益挂钩，是薪酬中相对稳定的部分。

2. **奖金**

奖金即奖励或考核工资，是与员工、团队或组织的绩效挂钩的薪酬。它体现的是员工提供的超额劳动的价值，具有很强的激励作用。

3. **分红**

分红也叫利润分享，是员工对组织经营效益的分享。它常常以股票、期权等形式来表现。它也可看成奖金的第二种形式，即来自利润的绩效奖金，其直接与组织效益状况挂钩。

4. **津贴和补贴**

它们是对工资或薪水难以全面、准确反映的劳动条件、劳动环境、社会评价等因素对员工造成某种不利影响或者保证员工工资水平不受物价影响而支付给职工的一种补偿。人们常把与工作联系的补偿叫津贴，如高温费、出差补助等；把与生活相联系的叫补贴，如误餐费。

5. **福利**

福利与基本工资和奖金不同，一般不以员工的劳动情况为支付依据，而以员工作为组织成员的身份为支付依据，是一种强调组织文化的补充性报酬。福利按其针对对象的范围大小，可分为全员性福利和部分员工福利。如某些企业内部有针对高层管理者的每年一周的海外旅游考察福利。福利按照其是否具有强制性，可分为法定福利与企业自主福利。法定福利包括基本养老保险、医疗保险、失业保险、工伤保险、生育保险和住房福利等。其中前三项保险通常称为"三险"，为强制险种，是各企事业单位必须按规定严格执行的。五项保险统称为"五险"，"五险"再加上住房公积金统称为"五险一金"。企业自主福利则多种多样，如带薪年假、晋升、培训、免费班车等。组织福利在改善员工满意度方面起着重要的调节作用。

薪酬各部分的构成、功能及特征见表 4-1。

表 4-1 薪酬的构成、功能及特征

薪酬分类	薪酬构成	功 能	决定因素	变动性	特 点
基本薪酬	基本工资	保障 体现岗位价值	职位价值、能力、资历	较小	稳定性、保障性
绩效薪酬	奖金	对良好业绩的回报	个人绩效 团队绩效 组织绩效	较大	激励性、持续性
	分红	对优秀业绩的回报	组织效益	较大	激励性、持续性
间接薪酬	福利	提高员工满意度 避免企业年资负债	就业与否、法律、法规	较小	针对所有员工满意度 保障性、调节性
	津贴补贴	保障 提高员工满意度	工作条件、工作环境、社会评价等	较小	针对特定员工满意度 保障性、调节性

4.5.3 薪酬体系设计的基本程序

薪酬体系的建立是一项复杂而庞大的工程，不能只靠文字的堆砌和闭门造车的思考来完成薪酬体系的设计。设计汽车服务企业的薪酬体系应该遵循以下几个基本程序。

1. **合理而详尽的岗位分析**

岗位分析是汽车服务企业薪酬体系的基础。岗位分析也可称为工作分析或岗位描述，即根据汽车服务企业发展战略的要求，通过采用问卷法、观察法、访谈法、日志法等手段，对汽车服务企业所设的各类岗位的工作内容、工作方法、工作环境以及工作执行者应该具备的知识、能力、技能、经验等进行详细描述,最后形成岗位说明书和工作规范。岗位分析是一项基础工作,分析活动需要汽车服务企业人力资源部、员工及其主管上级通过共同努力和合作来完成。员工的工资都是与自己的工作岗位所要求的工作内容、工作责任、任职要求等紧密相连的。因此,科学而合理地分配薪酬必须同员工所从事工作岗位的内容、责任、权利、任职要求所确立的该岗位在汽车服务企业中的价值相适应。这个价值是通过科学的方法和工具分析得来的,它能够保证薪酬的公平性和科学性,也是破除平均主义的必要手段。

2. 公平合理的岗位评价

岗位评价是在对汽车服务企业中存在的所有岗位的相对价值进行科学分析的基础上,通过分类法、排序法、要素比较法等方法对岗位进行排序的过程。

岗位评价是新型薪酬体系的关键环节,要充分发挥薪酬机制的激励和约束作用,最大限度地调动员工的工作主动性、积极性和创造性,在设计汽车服务企业的薪酬体系时就必须进行岗位评价。

3. 薪酬市场调查

薪资调查就是通过各种正常的手段获取相关汽车服务企业各职务的薪资水平及相关信息。对薪资调查的结果进行统计和分析,就会成为汽车服务企业的薪资体系决策的有效依据。调查的内容可以是:汽车服务企业经营范畴、汽车服务企业类型、汽车服务企业经营规模、区域分布状况、年度汽车服务企业经营状况、未来汽车服务企业规划等;薪酬结构与组成比例、岗位价值系数与人工成本线性关系、各职系职种人工成本比例关系、关键岗位人工成本比例关系、人工费率等。

4. 薪酬方案的草拟

在完成了上述三个阶段的工作,掌握了详尽的资料之后,才能进行薪酬方案的草拟工作。薪酬体系方案的草拟就是要在对各项资料及情况进行深入分析的基础上,运用人力资源体系的知识开始薪酬体系的书面设计工作。

5. 方案的测评

薪酬方案草拟结束后,不能立刻实施,必须对草案进行认真的测评。测评的主要目的是通过模拟运行的方式来检验草案的可行性、可操作性,预测薪酬草案的双刃剑作用是否能够很好地发挥。

6. 方案的宣传和执行

经过认真测评以后,应对测评中发现的问题和不足进行调整,然后就可以对薪酬方案进行必要的宣传或培训。薪酬方案不仅要得到汽车服务企业上中层的支持,更应该得到广大员工的认同。经过充分的宣传、沟通和培训,薪酬方案即可进入执行阶段。

7. 反馈及修正

薪酬方案执行过程中的反馈和修正是必要的,这样才能保证薪酬制度长期、有效的实施。另外,对薪酬体系和薪酬水平进行定期的调整也是十分必要的。

4.5.4 薪酬体系设计过程中应该注意的问题

1. 公平性

合理的薪酬制度首先必须是公平的,只有公平的薪酬才是有激励作用的薪酬。但公平不是平均,真正公平的薪酬应该体现在个人公平、内部公平和外部公平三个方面。

所谓个人公平就是员工对自己的贡献和得到的薪酬感到满意。在某种程度上讲,薪酬即是汽车服务企业对员工工作和贡献的一种承认，员工对薪酬的满意度也是员工对汽车服务企业忠诚度的一种决定因素。所谓内部公平就是员工的薪酬在汽车服务企业内部贡献度及工作绩效与薪酬之间关系的公平性。

内部公平主要表现在两个方面，一是同等贡献度及同等工作绩效的员工无论他们的身份如何（无论是正式工还是聘用工），他们的薪酬应该对等，不能有歧视性的差别。二是不同贡献度岗位的薪酬差异应与其贡献度的差异相对应，不能刻意地制造岗位等级差异。

外部公平是指汽车服务企业的薪酬水平相对于本地区、同行业内在劳动力市场的公平性。外部公平要求公司的整体工资水平保持在一个合理的程度上，同时对于市场紧缺人才实行特殊的激励政策，并关注岗位技能在人才市场上的通用性。

2. 重要性

要充分认识到薪酬在汽车服务企业人力资源体系中的重要性，就必须对薪酬进行正确的定位。薪酬能为汽车服务企业做什么，不能做什么？任何一家汽车服务企业的薪酬设计以及体系设立过程都应建立在对此问题回答基础上，而许多汽车服务企业在薪酬体系方面出现失误往往都是由于未能认真思考及对待这一问题。从薪酬体系的实践来看，唯薪酬论和薪酬无用论都是片面的，都是不正确的。

因此，一方面要承认，较高的薪酬对于某些特定人群尤其低收入者和文化素质不高的人还是有较明显的激励作用。但在另一方面又必须清醒地认识到，对于汽车服务企业中的高素质人才而言，"金钱不是万能的"，加薪产生的积极作用也同样遵循边际收益递增然后递减的规律。而减薪之前更要考虑稳定性的因素。

3. 必须处理好短期激励和长期激励的关系

薪酬的激励作用是大家都承认的，但如何处理好薪酬体系的短期激励和长期激励的关系是一个更重要的问题。要处理好薪酬的短期激励和长期激励的关系，应该处理好以下几个问题。

（1）必须全面地认识薪酬的范畴，薪酬不仅仅是工资，它应该是包括各类工资（基本工资、岗位工资、绩效工资等）、奖金、职务消费、各类补贴、各类福利的一个整体系统。

（2）在设计薪酬方案的时候，首要考虑的因素应该是公平性。公平性是好的薪酬方案激励性和竞争性的基础。

（3）在处理薪酬各部分的时候，要区别对待。对各类工资、奖金、职务消费就应该按岗位和贡献的不同拉开差距，而对于各类福利就应该平等，不能在汽车服务企业内部人为地制造森严的等级。

4. 薪酬的设计要处理好老员工与新员工的关系

汽车服务企业的发展是一个长期积累的过程，在这个过程中，老员工是做出了很大的贡献的。同时，不断地引进汽车服务企业所需要的各类人才也是人力资源体系的重要工作。因此，在设计汽车服务企业薪酬体系时，既要体现对老员工历史贡献的认同，又要注意避免过分的新老员工薪酬差异造成新员工的心理不平衡和人才的流失。

5. 薪酬的设计要注意克服激励手段单一，激励效果较差的问题

设计汽车服务企业的薪酬体系尤其要注意发挥薪酬的激励作用，然而"金钱不是万能的"，如何克服薪酬在激励方面表现出来的手段单一和效果较差的问题是薪酬设计中的一个重要问题。

员工的收入差距一方面应取决于员工所从事的工作本身在汽车服务企业中的重要程度以及外部市场的状况，另一方面还取决于员工在当前工作岗位上的实际工作业绩。然而，许多

第4章 汽车服务企业的人力资源管理

汽车服务企业既没有认真细致的职位分析和职位评价,也没有明白客观、公平的绩效评价,所以拉开薪酬差距的想法也就成了一种空想,薪酬的激励作用仍然没有发挥出来。

6. 汽车服务企业的薪酬制度调整要在维护稳定的前提下进行

薪酬分配的过程及其结果所传递的信息有可能会导致员工有更高的工作热情、更强烈的学习与创新愿望,也有可能导致员工工作懒散、缺乏学习与进取的动力。因此,在对汽车服务企业的薪酬制度进行调整时必须以维护稳定为前提,要注意维护大多数员工的利益和积极性。损害了大多数员工的利益,挫伤了大多数员工的积极性的薪酬改革是不可取的。

总之,汽车服务企业薪酬体系是一项复杂而庞大的工程,只有对薪酬体系进行多方面、全方位的设计,才能保证薪酬的公平性和科学性,充分发挥薪酬机制的激励和约束作用,使薪酬成为一种完成汽车服务企业目标的强有力的工具。

【案 例】

福特汽车公司之所以取得强大的盈利能力和良好的发展势头,与福特近来创立独特的人力资源管理不无关系。员工创新及协同能力的不断提高,大大增进了企业对环境的适应能力和竞争实力。

网络经济下的组织协同:

传统人力资源管理大多是为达到公司目标,建立适合的组织结构和明确的岗位责任制、考核制度,以增强工作激励;或是设计科学的研发、生产、营销制度,以加强员工之间的协调配合。虽然取得了很好的效果,但这种过于注重技术层面的方式具有一定惰性,难以不断适应复杂而多变的环境。福特公司首席执行官 Jacques Nasser 希望"员工能从自己公司的角度去思考和行动"。经过实践,福特公司创立了一种最有效的方式,即在网络经济形势下,加强组织协同,协调员工的发展目标和公司的目标。

内部网:信息快捷分享平台

网络技术的成熟和广泛使用大大降低了信息的使用成本,企业有机会实现内部信息共享,员工也借此提高了工作能力和效率,容易形成企业认同。福特公司建立了一个包含 50 万种产品设计资源、产品管理工具和战略信息资源的公司局域网(内部网)。网上能提供及时和大量的信息,90%的上网员工都能在网上获得改善工作的方法和工具。高层管理人员也在网上讨论分部商业计划、工程实例和产品发展计划等,完全摒弃以往缓慢而不变的纸张方式。人事管理部门充分利用内部网完成内部员工的培训、岗位轮换,处理员工与上司之间的关系。内部网已经成为福特公司事业的基石。

相互教育:形成企业认同

福特采用的重要方式之一是相互教育。即将某人所了解或总结的有关自己业务或通常商业上的成功因素表达出来,并与他人共享的一种学习机制。这样,领导成了老师,学生(员工)学习反馈之后也可以成为老师。这种机制并不是一定要寻找出完整正确的答案,而是要了解一个人到底是如何思考的。他让每个员工将自己的假设、信念或实践向领导、同事和下级公开,力图打开每个人脑中的"黑匣子",发现尚未发现的好想法或重要见解的雏形。

虽然谁都可以给出自己的观点,但实践中关键还要注意一个次序问题,福特公司确定先由领导打开这个机制启动的按钮,然后这个领导给出的最初、最原始的观点都将被讨论、辩论或纠正。例如,Nasser 和他的领导集体曾在四个远程会议中创造了他们的教育性观点,然后与下层领导讨论。后者也同样需要写出教育性观点,然后在一起讨论和争辩。这种沟通的形式多种多样,有的可能包含图表,有的仅是文字。Nasser 认为,当人们知道他们的工作具有竞争性时,热情会被大大激发,而热情是会"传染"的。这种机制有效地实现了员工之间的沟通,增强了对企业的认同感。更重要的是通过不断的信息共享,问题探讨,经验交换,最大程度地提升了企业的整体实力。

熨平利益差异

这种网络经济下的组织协同作为一种新型的人力资源管理方式,其实并不排斥传统的、通过制度约束来规范员工行为以达到公司目标的人事管理方法,但同时更应注意以下几点:

"提高管理效率和效益"实际上是以公司利益为主体的,而与消费者、股东及员工利益存在着差异,有时甚至是对立的,尤其与后者的对立更是直接。因此,应将人事管理的重点放在"熨平"这种差异上,以减少由于目标冲突带来的损失。并充分利用现代信息技术,尤其是网络,可以大大减少管理上的成本支出。

　　管理实际上是让组织中所有人朝统一的目标或方向做出努力。但是,在实践中需要注意的是,这种方式缺乏强有力的制度约束,因此需要对效果加以确认和不断巩固。核心领导层的指导和控制非常重要。

　　人才培养既要注重层次性又要注重普遍性,既要建立一个有序滚动的核心管理梯队,又要不断提高员工整体素质。这样才有希望获得持续发展,才会避免"独木难支"或"树倒猢狲散"的局面。

[复习思考题]

1. 什么是人力资源?人力资源管理的定义是什么?
2. 人力资源管理的主要职能是什么?
3. 汽车服务企业人力资源开发与管理的特征是什么?
4. 人力资源规划的内涵是什么?
5. 什么是工作分析?
6. 汽车服务企业员工招聘的途径有哪些?
7. 汽车服务企业人员选拔主要用哪些人事测评技术?
8. 如何建立有效的培训体系?
9. 员工培训内容主要包括哪些?
10. 什么是绩效评估?绩效评估的类型有哪些?
11. 简述绩效评估的程序。
12. 薪酬的主要内容有哪些?
13. 简述薪酬体系设计的基本程序。
14. 简述薪酬体系设计过程中应注意的问题。

第5章 汽车服务企业设备和配件管理

> **学习目标**
> 1. 了解设备管理工作的内容和任务。
> 2. 掌握设备选择的经济评价方法。
> 3. 熟悉设备使用维护、修理的工作过程和内容。
> 4. 了解汽车配件管理的内容。
> 5. 掌握汽车配件仓储管理的内涵。

5.1 设备管理概述

5.1.1 设备管理概念及分类

1. 设备管理的概念

汽车服务企业设备是指在汽车经营服务过程中,所需要的机械及仪器等,是企业的有形固定资产,是可供企业长期使用,并在使用过程中基本保持原有的实物形态,且价值在一定限额以上的劳动资料的总称,是汽车服务企业生产经营中必不可少的物质基础。

汽车服务企业设备管理是指从设备的选择、规划、使用、维修、改造、更新,直到报废全过程的决策、计划、组织、协调和控制等一系列活动进行的管理。

设备是一种具有独特性质的物体:一方面,设备以其功能参与产品的形成,而不是设备的实体转移到产品中去;另一方面,设备具有一定的使用寿命,在使用过程中会发生使用费用,其自身价值会逐渐降低。因此,设备管理是一项系统工程,是对设备运动全过程进行的全方位管理。

2. 汽车服务企业设备的分类

设备的分类主要是依据设备的结构、性能和工艺特征进行的。凡设备性能基本相同,又属于各行业通用的,列为通用设备;设备结构、性能只适用于某一行业专用的,列为专用设备。汽车服务企业设备管理主要以汽车维修设备为主,具体可分为汽车维修通用设备和汽车维修专用设备。

(1) 汽车维修通用设备 汽车维修通用设备,主要有适用于行业的金属切削机床、锻压设备、空气压缩机、起重设备等。

按照国家标准《汽车维修开业条件》要求,汽车维修企业应配备的通用设备有:钻床、空气压缩机、电气焊设备、普通车床、砂轮机等。二类维修企业根据生产规模,必备的设备有钻床和镗床,可配备 Z4012 型,最大钻孔直径为 12mm 的台式钻床;普通车床可配备 C6140 型,床身上最大回转直径 400mm 的卧式车床,可床身上最大回转直径 360mm 的 C6136 型卧式车床;砂轮机可配备 M3220 型最大砂轮直径 200mm 台式砂轮机;常用的固定式镗缸机 T7220A 等。

(2) 汽车维修专用设备 汽车维修专用设备根据设备的功能和作业部位可分为汽车清洗

设备、汽车补给设备、汽车拆装整形设备、汽车加工设备、汽车举升运移设备及汽车检测设备等。

5.1.2 设备管理工作的内容

设备管理工作的具体内容主要有以下几个方面：

（1）建立健全设备管理机构。企业领导要分工负责设备管理，并要根据企业规模，配备一定数量的专职和兼职设备管理人员，负责设备的规划、选购、日常管理、维护修理以及操作人员技术培训工作。

（2）建立健全汽车维修设备管理制度。汽车服务企业应当根据国家的法律法规要求，以及行业主管部门的具体规定，结合本企业的特点制定企业的设备管理制度，规定设备安装、使用、维修等技术操作的规程，明确设备配置、领用、变更、报废等活动的管理程序，明确设备使用与管理的岗位责任制度与奖罚规定等，使设备管理有章可循，全员参与，各司其责。

（3）认真做好汽车维修设备管理的基础工作。设备管理的基础工作主要包括设备的调入、调出登记、建档、立账、维修保养、报废及事故处理等，保证设备完好，不断提高设备的利用率。

（4）认真进行汽车维修设备的规划、配置与选购。根据企业的级别规模和发展前景，合理规划企业设备的配置，要在充分进行技术、经济论证的基础上，认真制定维修设备配置计划，并按照配置计划组织设备选购，要做到技术上能够满足使用要求，并保持一定的先进性，经济上合理核算，保证良好的投资效益。

（5）加强设备日常使用、保养及维修管理。保证严格执行操作规程，保证设备安全使用。要加强设备日常维护，要求操作人员每日班前对设备进行检查、润滑，下班前对设备进行认真清洁擦拭。定期对设备进行紧固、调整、换油和检修作业，保证设备处于良好技术状态，充分发挥设备的利用效率。

（6）适时做好汽车维修设备的更新改造工作。为适应新型车辆的维修工作，必须对设备技术上的先进性与经济上的合理性，做到全面考虑，权衡利弊，以提高设备更新改造的经济效益。

5.1.3 设备管理的任务

企业设备综合管理的目标是通过设备综合管理，保持设备完好，提高企业技术装备素质，充分发挥设备效能，达到取得良好投资效益的目的。

1. 设备管理的任务

汽车服务企业设备管理的主要任务是为实现企业的经营目标，完成生产经营任务，提供良好的设备技术装备，并在此基础上进行技术创新活动，通过一系列技术经济组织措施，对设备实行全过程的综合管理，以期达到设备寿命周期费用最经济、设备综合效益最高的要求。具体内容主要包括以下几点：

（1）按照技术先进、经济合理、服务优良的原则，正确选购设备，为企业提供优良的技术装备。

（2）在经济节省的基础上，加强设备管理和维修的管理，保证设备始终处于良好的技术状态。

（3）以设备的寿命周期为研究对象，力求设备整个寿命周期费用的最小和设备综合效益最高。

(4) 搞好设备的更新改造，提高设备的现代化水平，使企业的生产活动建立在最佳的物质技术基础上。

(5) 改变传统的设备管理观念和方法，提高企业职工使用、维护、修理和管理设备的技术素质。

2. 设备管理部门的职能

在企业设备管理中，应广泛采用国内外先进的设备管理方法和维修技术，逐步实行以设备状态检测技术为基础的设备维修方法，不断提高设备管理的现代化水平。因此，汽车服务企业设备管理部门的主要职能与职责包括以下内容：

(1) 负责并指导做好企业设备管理的基础工作，为企业制定设备管理决策提供依据。

(2) 负责监督检查和协调企业的设备管理工作，对违章运行及技术状况不良的设备，应责令停止使用。

(3) 负责或参与制定设备维修及运行计划，下达经济技术指标并定期检查考核，组织指导设备维修专业化协作工作，做好设备的使用、维护和检修操作规程及岗位责任制等制度的制定工作。

(4) 负责并积极组织企业的技术创新活动，使企业的设备及各种装备和构成在质量上优于现有水平。

(5) 负责或参与基建和重大技术改造工程及有关工作，编制设备改造和更新的年度中长期计划，并组织实施。

(6) 负责并参与设备管理的教育和培训工作。

5.2 设备的选择与评价

设备的选择又叫设备选型。如何正确地选择机器设备，是现代设备管理首先需要解决的重要问题。对汽车服务企业来说，设备、工具、仪器的选择不单是建立企业时的一项重要工作，在购置重点设备、主要设备时，都必须经过技术经济可行性分析论证，建立和实行严格的项目责任制，严把设备选型和购买关，为日后设备管理打好基础。

5.2.1 设备的选择

1. 设备购置的类型

企业在选择设备时，应根据不同的目的，确定选择设备的类型。

(1) 业务项目开发型。为开发新的服务项目而选择设备。进行此类设备选型时，往往是企业现有的参考资料较少，设备选型决策风险较大，但是这类选型购置，能在开发企业新业务的带动过程中，实现企业的技术进步。

(2) 生产能力扩张型。为扩大现有生产能力而选购设备，目的是使同样的服务以扩大生产规模的方式进行，来增加企业利润。这种购置并不能给企业带来技术进步，创造市场竞争中的技术优势，因此，选择这种类型时，必须认真考虑市场需求和整个市场的变化趋势。

(3) 设备更新型。这是以同类设备替换实现企业设备性能、效率、效益的改变。这类选型购置的目的，是通过提高生产效率、服务质量和降低消耗，最终实现企业成本的降低和利润的增加。它是汽车服务企业实现技术进步的主要途径。这类设备选型必须有计划、分步骤、有重点地进行。

(4) 经营发展综合型。这类设备选型购置的收益不局限于某一方面，例如：科研、管理设备,防止公害、有利于环境保护的设备选型购置等。这类设备的选型购置应当有充分的依据。

2. 设备的选择

汽车服务企业设备、工具、仪器的选择应当遵循的基本原则是:符合有关法规、生产上领先、技术上先进、经济上合理。一般情况下,这四个原则是基本统一的,但由于企业的规模、使用条件、主修车型、工艺布局等因素,也会出现一些矛盾。例如:有的设备,技术上虽然先进,适用广泛,但不太适应本企业的主修车型,不能发挥其效能,采用时经济上不合理。再如:某汽车维修企业品牌维修站,专修某些特定的车型,需要大量专用设备、工具和检测仪器,技术很先进,但又比较昂贵,需要投资较多等。具体来说,选择设备时应综合地考虑以下几方面的因素。

(1) 应符合国家规定的汽车服务企业开业条件中规定的有关设备、工具、仪器的配置要求。在设备条件中明确规定:企业配备设备型号、规格和数量应与其生产纲领、生产工艺相适应。

(2) 根据主要维修车型的技术特点和技术发展趋势,合理选配维修设备、工具和检测仪器,以保证在技术上、质量上满足维修要求,并具备一定的超前性。对于品牌汽车维修企业,还应遵守品牌厂家的有关要求或技术规定。

(3) 设备的生产效率。设备的生产效率是指单位时间内完成的维修汽车作业量或与工作有关的技术参数。选购设备时,根据生产流程和作业量,尽量选购工艺流程自动化程度高、工作速度快、效率高的维修设备。应结合维修车间的维修能力规划和平面布局,做好购置计划。

(4) 设备的可靠性与耐用性。设备的可靠性是指设备在规定的时间内,在正常使用条件下,无故障地发挥其效能。设备的耐用性是指设备的使用寿命,这是选购设备的一个重要因素。

(5) 设备的安全性。汽车维修设备的安全性是指在使用过程中对操作人员、维修车辆以及设备本身的安全保证程度。汽车维修设备在生产使用过程中由于技术、经济、质量、环境等原因,有可能会存在一些不安全因素,因此选购设备时应考虑是否配置自动控制安全保护装置,如自动断电、自动停车、自动锁机构、自动报警等,以提高设备预防事故的能力。

(6) 设备的配套性。汽车维修设备的配套性是指设备本身之间相互配套的水平或密切程度。在选购汽车设备时,应根据车型特点、维修工艺要求,使有关设备在技术性能、维修能力方面相互协调,以达到每台维修设备的能力都能充分发挥。

(7) 设备的维修性。汽车维修设备的维修性主要应考虑汽车维修设备的结构先进简单、装配合理、能迅速拆卸、易于检查。设备供应方能持续提供有关资料、技术支持和维修备件,有较强的服务能力等。

(8) 设备的经济性。汽车维修设备的经济性是指在选购维修设备时,不仅考虑设备初期投资费用大小,而且还要考虑设备投资回报期限和投入后的维修费用。设备购置计划应与投资能力相适应,制定的计划应量力而行,有可操作性。选购设备之前要进行经济评价,要对几种设备在经济上比较优劣。在进行设备购置时所选择的供应商不应过多,否则将来售后服务不方便,应选择那些实力强、信誉好、售后服务好的供应商。

5.2.2 设备选择的经济评价

1. 设备选择经济评价的主要内容

企业在选购设备的过程中,除了要考虑上述因素外,还应对设备进行经济性评价。进行经济性评价的目的,是要对几种设备选择方案的投资费用、使用费用、预期收益等的对比、分析,从中选择技术性最好的、经济性最佳的方案。

2. 设备经济评价方法

常用的方法有投资回收期法、年费用比较法、现值比较法等。

(1) 投资回收期法 采用投资回收期法,首先应分别计算各备选方案的投资总额,同时要考虑由于采用该方案而分别在提高劳动生产率、节约能源消耗、提高服务质量、增加资源回收和利用率、节省劳动力等方面所能带来的费用节约额,并依据投资费用与节约额分别计算各备选方案的投资回收期,然后进行方案比较。一般在其他条件相同的情况下,投资回收期最短的方案,被认为是经济上最优的方案。其计算公式为:

$$投资回收期(年)=\frac{设备投资费用总额(元)}{设备使用后的年净收益(元/年)}$$

其中,设备投资费用总额由设备原始费用和使用费用组成。原始费用包括外购设备原价、设备及材料的运杂费、成套设备业务费、备品备件购置费、安装调试费等;对于自制设备,包括研究、设计、制造、安装调试费等。使用费用是指设备在整个寿命周期内所支付的能源消耗费、维修费、操作工人工资及固定资产占用费、保险费等。

计算出来的设备投资回收期越短,说明设备投资效果越好。在相同的条件下,选择投资回收期最短的设备为最佳设备。在某些情况下,可以考虑资金的时间价值,采用动态投资回收期法进行分析、权衡。

(2) 年费用比较法 年费用比较法是从设备的寿命周期角度来评价和选择设备。采用这种方法是在设备寿命周期不同的条件下,把不同方案的设备购置费用,根据设备的寿命周期,按一定的利率换算成相当于每年的平均费用支出,然后再加上每年的平均使用费,得出各方案设备寿命周期内平均每年支出的总费用。其计算公式为:

设备的年度总费用＝设备购置费×资金回收系数＋每年维持费

计算出不同设备的年度总费用,从中选择年度总费用最低的设备为最优设备。

例 5-1 某汽车维修企业购置设备一台,现有 A、B 两种同类设备可供选择,其设备效率和使用年限相同。设备 A 购置价格为 7000 元,投产后平均每年的维持费用为 2500 元;设备 B 购置价格为 10000 元,投产后平均每年的维持费用为 2000 元,两种设备的使用寿命预计均为 10 年,残值都为零。设基准收益率为 6%,试根据以上资料用年费用比较法对两种型号的设备进行经济评价。

解 根据资金时间价值的系数表可查出:资金回收系数为 0.13587,即

$$\frac{i(1+i)^n}{(1+i)^n-1}=\frac{6\% \times (1+6\%)^{10}}{(1+6\%)^{10}-1}=0.13587$$

A 设备的平均年度总费用＝7000×0.13587＋2500＝3451(元)

B 设备的平均年度总费用＝10000×0.13587＋2000＝3359(元)

根据以上计算的结果可以得出结论:应选择 B 设备。

(3) 现值比较法 现值比较法是把设备寿命周期平均每年支付的维持费和残值,按现值系数换算成相当于设备的初期费用,然后再和设备的原始投资费用相加,进行总费用现值的比较,从中选择寿命周期总费用最低的设备为最优设备。其计算公式为:

设备寿命周期的费用现值＝设备购置费＋年维持费×年金现值系数

例 5-2 根据例 5-1 资料,试用现值比较法对两种型号的设备进行经济评价。

解 根据资金现值系数表可以查出:等额年金现值系数为 7.36009,即

$$\frac{(1+i)^n-1}{i(1+i)^n}=\frac{(1+6\%)^{10}-1}{6\%(1+6\%)^{10}}=7.36009$$

A 设备寿命周期的费用现值＝7000＋2500×7.36009＝25400（元）

B 设备寿命周期的费用现值＝10000＋2000×7.36009＝24720（元）

根据以上计算的结果可以得出结论：应选择 B 设备。

现值比较法与年费用比较法相反，后者是把投资成本化为年值后与每年维持费用相加组成设备的年度总费用，再进行比较；而前者则是在每年的维持费用转化后与当初的投资费相加，组成总现值，再进行比较。现值比较法与年费用比较法可以互相验证，过程不同，但计算后得出的结论是一致的。

5.3 设备的使用、维护与修理

5.3.1 设备的合理使用和维护保养

1. 设备的合理使用

设备使用寿命的长短、生产效率的高低，固然取决于设备本身的设计结构特性、制造水平和各种参数，但在很大程度上也受制于设备的使用是否合理、正确。正确使用设备，可以在节省费用的条件下减轻设备的磨损、保持其良好的性能和应用的精度，延长设备的使用寿命，充分发挥设备的效率和效益。

设备的正确使用，是设备管理中的一个重要环节。具体地应抓好以下几项工作：

（1）做好设备的安装、调试工作。设备在正式投入使用前，应严格按质量标准和技术说明安装、调试设备，安装调试后要经试验运转验收合格后才能投入使用。这是正确使用设备的前提和基础。

（2）合理安排生产任务。使用设备时，必须根据工作对象的特点和设备的结构、性能特点来合理安排生产任务，防止和消除设备无效运转。使用时，既严禁设备超负荷工作，也要避免"大马拉小车"现象，造成设备和能源的浪费。

（3）切实做好机械操作人员的技术培训工作。操作人员在上机操作之前，须做好上岗前培训，认真学习有关设备的性能、结构和维护保养等知识，掌握操作技能和安全技术规程等知识和技能，经过考核合格后，方可上岗。必须严禁无证操作现象的发生。

（4）建立健全一套科学的管理制度。企业要针对设备的不同特点和要求，建立各项管理制度、规章制度和责任制度等，如持证上岗制度、安全操作规程、操作人员岗位责任制、定人定机制度、定期检查维护制度、交接班制度及设备档案制度等。

（5）创造使用设备的良好工作条件和环境。保持设备作业条件和环境的整齐、清洁，并根据设备本身的结构、性能等特点，安装必要的防护、防潮、防尘、防腐、防冻、防锈等装置。有条件的企业还应该配备必要的测量、检验、控制、分析以及保险用的仪器、仪表、安全保护装置。这对精密、复杂、贵重的设备尤为重要。

2. 设备的维护保养

设备在使用过程中，会产生技术状态的不断变化，不可避免地会出现干摩擦、零件松动、声响异常等不正常现象。这些都是设备故障隐患，如果不及时处理和解决，就会造成设备的过早磨损，甚至酿成严重事故。因此，只有做好设备的保养与维护工作，及时处理好设备技术状态变化引起的事故隐患，随时改善设备的使用情况，才能保证设备的正常运转，延长其使用寿命。

设备的保养维护应遵循设备自身运动的客观要求。其主要内容包括：清洁、润滑、紧固、调整、防腐等。目前，实行的比较普遍的维护是"三级保养制"，即日常保养（简称"日保"）、一级保养（简称"一保"）和二级保养（简称"二保"）。

（1）日常保养。日常保养重点进行清洗、润滑、紧固易松动的部位，检查零件的状况，大部分工作在设备的表面进行。这是一种由操作人员负责执行的经常性的工作。

（2）一级保养。一级保养除普遍地对设备进行紧固、清洗、润滑和检查外，还要部分地进行调整。它是在专职维修工人的指导下，由操作工人承担定期进行保养的职责。

（3）二级保养。二级保养主要是对设备内部进行清洁、润滑、局部解体检查和调整，以及修复和更换易损零件。这项工作应由专职检修人员承担，操作人员协作配合。二级保养也是定期进行的。

此外，企业在实施设备保养制度过程中，应该对那些已运转到规定期限的重点和关键设备，不管其技术状态是否良好，生产任务是缓是急，都必须按保养作业范围和要求进行检查和保养，以确保这类设备运转的正常完好和具有足够的精确度、稳定性。

5.3.2 设备的检查与修理

设备在使用过程中，由于物质磨损使设备的精度、性能和生产效率下降，需要及时地进行维护和修理。设备的维修工作是减少和补偿物质磨损，使设备处于完好状态，保证生产正常进行的一项重要工作。

1. 设备磨损及其规律

设备在使用或闲置过程中，会发生两种形式的磨损：一种是有形磨损，亦称物质磨损或物质损耗；一种是无形磨损，亦称精神磨损或经济磨损。这两种磨损都会造成经济损失。为了减少设备磨损和在设备磨损后及时进行补偿，首先必须弄清产生磨损的原因和磨损规律，以便采取相应的技术、组织与经济措施。

（1）设备有形磨损产生的原因及其规律　设备有形磨损是设备在使用（或闲置）过程中发生的实体磨损。有形磨损又分为机械磨损（也称第Ⅰ种磨损）和自然磨损（也称第Ⅱ种磨损）。机械磨损是指设备在使用过程中，由于设备零部件的摩擦、振动、疲劳和腐蚀，致使设备发生磨损或损坏。通常表现为零部件原始尺寸和形状的改变，公差配合性质的改变，效率下降、障碍增多等，它主要与设备的使用时间和强度有关系。自然磨损是设备在闲置过程中，由于自然环境的作用及管理维护不善而造成的。通常表现为设备锈蚀、材料老化、功能下降等，它在一定程度上与设备闲置时间长短和设备的维护好坏有关。设备的有形磨损会降低其使用价值。

机器设备的有形磨损规律大致可以分为三个阶段：

① 初期磨损阶段。又称磨合磨损阶段，或走合期。在这个阶段中，设备各零、部件表面的宏观几何形状和微观几何形状（粗糙度）都要发生明显的变化。这种现象的产生，原因是零件在加工、制造过程中，其表面总有一定的粗糙度。当相互配合做相对运动时，其粗糙表面由于摩擦而磨损。这个阶段的主要特点是设备磨损快，时间短。

② 正常磨损阶段。此阶段设备磨损的速度比较平稳、磨损增值缓慢。这时设备处于最佳的技术状态，设备的生产率、运转的稳定性、精确性最有保证。

③ 急剧磨损阶段。当零、部件磨损量超过一定限度，正常磨损关系被破坏。磨损率急剧上升，以至设备的工作性能明显下降。这就要求停止设备使用、及时进行修理。

设备的磨损有一定的规律，不同设备各个磨损阶段的时间不同，即使是同一型号、同一规格的设备，由于使用和维修不同，其损坏的时间也不尽相同。了解设备磨损规律，就可以研究如何使初期磨损阶段越短越好，正常磨损阶段越长越好，避免出现剧烈磨损阶段。初期磨损阶段短，说明设备的零、部件加工、制造的质量好。正常磨损阶段长，说明零、部件的磨损速率低，且稳定，故使用寿命长，可以减少更换或修复的次数和停机时间，提高了设备的可利用率。如果能控制零、部件的磨损在未进入剧烈磨损阶段时，就采取了相应措施，说明设备技术状况的管理已具有一定水平，基本掌握了磨损阶段规律及零、部件的使用寿命。

设备在闲置过程中，由于自然力的作用而锈蚀，或由于保管不善，缺乏必要的维护保养，措施而使设备遭受有形磨损。随着时间的延长，腐蚀面和深度不断扩大、加深，造成精度和工作能力自然丧失，甚至因锈蚀严重而报废。这种有形磨损为第Ⅱ种有形磨损。

在实际生产中，以上两种磨损形式往往不是以单一形式表现出来，而是共同作用于机器设备上。设备有形磨损的技术后果是导致性能、精度下降，到一定程度可使设备丧失使用价值。设备有形磨损的经济后果是生产效率逐步下降，消耗不断增加，废品率上升，与设备有关的费用逐步提高，从而使所生产的单位产品成本上升。当有形磨损比较严重，或达到一定程度仍未采取措施时，设备就不能继续正常工作，并由此会发生故障，使设备提前失去工作能力。这样，不仅要付出较大的修理费用，恢复其性能、精度，造成经济上的严重损失，还可能直接危及人身安全，影响工人劳动情绪，由此所造成的经济损失就难以估量了。

(2) 设备无形磨损产生的原因及其规律　设备投入生产以后，在产生有形磨损的同时，还存在无形磨损。所谓无形磨损，是指设备在有效使用期内（即其自然寿命），生产同样结构的设备，由于劳动生产率提高，其重置价值不断降低，而引起原有设备的贬值；或者由于科学技术进步而出现性能更完善、生产效率更高的设备，以致原有设备价值降低。无形磨损由两种原因引起，因而有两种不同的形式，前者为第Ⅰ种无形磨损，后者为第Ⅱ种无形磨损。

在第Ⅰ种无形磨损情况下，设备技术结构和经济性能并未改变，但由于技术进步的影响，生产工艺不断改进，成本不断降低，劳动生产率不断提高，使生产这种设备的社会必要劳动耗费相应降低，从而使原有设备发生贬值。这种无形磨损虽然使生产领域中的现有设备部分贬值，但是设备本身的技术性能和功能不受影响，设备尚可继续使用，因此一般不用更新，但如果设备贬值速度比修理费用降低的速度快，修理费用高于设备贬值后的价格，就要重新考虑。

在第Ⅱ种无形磨损情况下，由于出现了具有更高生产率和经济性的设备，不仅原设备的价值会相应降低，而且，如果继续使用旧设备还会相对降低生产经济效率（即原设备所生产产品的品种、质量不及新设备，以及生产中耗用的原材料、燃料、动力工资等比新设备多）。这种经济效果的降低，实际上反映了原设备使用价值的局部或全部丧失，这就产生了用新设备代替现有旧设备的必要性，不过这种更换的经济合理性取决于现有设备的贬值程度，以及在生产中继续使用旧设备的经济效益下降的幅度。

(3) 设备磨损的补偿　从以上分析可知，两种磨损的相同点是都会引起原始价值的降低，不同之处是有形磨损的设备，特别是有形磨损严重的设备，在进行修理之前，常常不能正常运转使用。而任何无形磨损都不影响设备的继续使用，因为它本身的技术性能和功能并不因无形磨损而受到影响，设备的使用价值没有多大降低。其补偿方式有：

首先，对运行和闲置中的设备，应加强使用维护及保养管理，做到正确使用、精心维护、合理润滑，减缓有形磨损的发生速度。

其次，根据设备不同的磨损形式，采取不同的措施和补偿磨损的形式。设备产生有形磨损后，有一部分可以通过维修来消除，这类磨损属可消除性的有形磨损，其补偿形式，一般称为磨损的局部补偿。另一部分是不能通过维修消除的，这类磨损属不可消除性的有形磨损。不可消除性的有形磨损又可分为两种：一种是因为可消除性有形磨损不及时或没有进行局部补偿，形成磨损的积累，导致提前丧失工作能力，修理代价大而不经济，需重置新的设备来替代；另一种是设备已达到其自然寿命，继续使用、修理又不经济时，需要用同样用途的新设备来替换更新。用设备更新的技术措施进行有形磨损补偿，称为有形磨损的完全补偿，或整体补偿。

有形磨损的补偿，是为了恢复设备在使用过程中应有的技术性能和生产效率，延长使用寿命，保证生产正常进行的一项基础技术管理工作。但是，由于设备在使用过程中始终面临着新技术的挑战，要使设备技术性能适应科学技术的发展，就要在有形磨损补偿的同时，进行无形磨损的补偿，即结合修理进行局部改进、改装，以及设备的技术改造，提高原有设备的生产效率和使用经济效果。

设备的各种磨损形式及其补偿方式之间的关系，如图5-1所示。

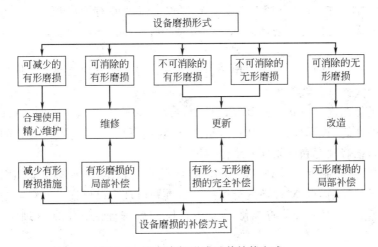

图 5-1 设备磨损形式及其补偿方式

2. 设备的检查

设备的检查是指在掌握设备磨损规律的条件下，对设备的运行情况、技术状态和工作稳定性等进行检查和校验。进行设备检查，就是对设备的精度、性能及磨损情况等进行检查，了解设备运行的技术状态，及时发现和消除设备隐患，防止突发故障和事故。设备检查的方法很多。具体分为：

（1）日常检查。日常检查是由操作工人利用人的感官、简单的工具或安装在设备上的仪表或信号标志，每天对设备进行的全面检查。日常检查的作用在于及时发现设备运行的不正常情况并予以排除。日常检查是预防维修的基础工作之一，贵在坚持。

（2）定期检查。定期检查是以专业维修人员为主，操作人员参加的定期对设备进行的全面检查。定期检查的目的在于发现和记录设备异常、损坏及设备磨损情况，以便确定修理的部位、更换的零件、修理的种类和时间，以便制定维修计划。

（3）精度检查。精度检查是对设备的实际加工精度有计划地进行定期检查和测定，以便确定设备的实际精度，精度检查的目的在于为设备的调整、修理、验收和更新提供依据。

（4）机能检查。即对设备的各项机能进行检查和测定，如零件耐高温、高压、高速的性能如何等。

3. 设备的修理

设备的维护检查是"防"的问题，设备的修理是"治"的问题。设备的修理指修复由于正常或不正常原因而引起的设备损坏，通过修理和更换已磨损、腐蚀、损坏的零部件，使设备的效能得到恢复。

(1) 设备修理的种类　按照设备修理对设备性能恢复的程度、修理范围的大小、修理间隔期的长短以及修理费用的多少等，可以分为大修、中修、小修三类。

① 小修。小修是指工作量最小的局部修理。它通常只需在设备所在地点更换和修复少量的磨损零件或调整设备、排除障碍，以保证设备能够正常运转。小修费用直接计入企业当期生产费用内。

② 中修。中修是指更换与修理设备的主要零件和数量较多的各种磨损零件，并校正设备的基准，以保证设备恢复和达到规定的精度、功率和其他的技术要求。中修需对设备进行部分解体，通常由专职维修人员在设备作业现场或机修车间内完成。中修费用也是直接计入企业的生产费用。

③ 大修。大修是指通过更换、修复重要部件，以消除有形磨损，恢复设备原有精度、性能和生产效率而进行的全面解体修复。设备大修后，质检部门和设备管理部门应组织有关单位和人员共同检查验收，合格后办理交接手续。大修一般是由专职的检修人员进行。因为大修工作量大、修理时间长、修理费用较高，所以进行大修之前要精心计划好。大修理发生的费用，由企业大修理基金支出。

(2) 设备维修制度　设备维修制度，是指在设备的维护保养、检查、修理中，为保持、恢复设备良好的性能而采取的一系列技术组织措施的总称。目前，我国实行的设备维修制度主要是计划预防维修制度和计划保养维修制度。

1) 计划预防维修制度。计划预防维修制度，是根据设备的一般磨损规律和技术状态，按预定修理周期及其结构，对设备进行维护、检查和修理，以保证设备经常处于良好的技术状态的设备维修制度。计划预防维修的方法有检查后修理法、定期修理法和强制修理法三种。

① 检查后修理法，是事先只规定设备的检查计划，根据检查的结果和以前的修理资料，确定修理日期、类别和内容的方法。这种方法的关键是必须建立严格的检查制度和检查计划，包括日常检查和定期检查。这种方法最大的优点是可根据设备的实际情况来确定是否进行修理，针对性强，可避免过度修理，降低修理费用。但如果检查制度不严格，会导致设备零件过度磨损或突然损坏，影响正常生产秩序。

② 定期修理法，是指根据设备的实际使用情况，参考有关机件磨损程度资料，制定设备修理工作的计划日期和大修理工作量的方法。这种方法的优点是对修理日期、类别和内容的规定，既有科学依据，又允许根据设备实际磨损情况适当地调整。

③ 强制修理法，是指一种强制性的计划预修方法，主要根据设备零件的使用寿命，预先编制具体修理计划，明确规定修理日期、类别和内容，不管设备的实际技术状态及零部件的磨损情况如何，都应严格按计划规定进行强制修理。这种方法的最大优点是计划性强，能严格保证设备的安全运行和正常运转。但容易产生过度修理、造成不必要的浪费。一般地说，对于安全性要求很高的设备，可采用此法。

汽车服务企业应针对不同的设备，根据不同的要求，正确选择不同的修理方法，提高设备修理的管理水平和经济效益。

2) 计划保养维修制度。保养维修制度是在总结计划预修制度的经验和教训的基础上建立起来的一种以预防为主、防修结合的设备维修制度。所谓计划保养维修制度，就是有计划地进行设备三级保养和大修理的体制和方法，即在搞好三级保养的同时有计划地进行大修。实行计划保养维修制度，对计划预修制度中的修理周期结构，包括大修、中修、小修的界限与规定，进行重大改革，使小修的全部内容和中修的部分内容在三级保养中得到解决，一部分中修并入大修。同时，又突破了大修与革新改造的界限，强调"修中有改"、"修中有创"，特别是对老设备，把大修的重点转移到改造上来，这是符合我国具体情况的重要经验。

但是，要真正发挥计划保养维修制度的作用，必须做好以下几项工作：

第一，根据各类设备的磨损规律、工作条件和技术状态，分别制定不同的保养间隔期，严格按规定的保养间隔进行计划保养；

第二，根据设备特点、操作人员的技术水平及生产情况，明确划分操作人员和维修人员应负责检查的保养内容；

第三，积极组织和开展群众性设备维修活动；

第四，建立设备保养记录和故障分析报告制度。

(3) 设备大修理经济界限的确定　设备修理是为了保持设备在寿命周期内的完好使用状态而进行的局部更换或修复工作，其中，大修理是维修工作中规模最大，花钱最多的一种设备维修方式，它是通过对设备的全部解体，修理耐用的部分，更换全部损坏的零件，修复所有不符合要求的零部件，全面消除缺陷，以便设备在大修理之后，在生产效率、精确度、运转速度等方面达到或基本达到原设备的出厂标准，设备大修理是在原有实物形态上的一种局部更新。

在设备寿命周期内，对设备进行适度的大修理，在经济上一般是合理的。尽管大修理过的设备，不论在生产效率、精确度、运转速度等方面，还是使用中的技术故障频率、有效运行时间等方面，都比同类型的新设备逊色，但是，大修理能够利用原有设备中保留下来的零部件，这一点，同购置新设备相比，具有很大的优越性，而且这部分比重越大，大修理就越合理。但是，长期无休止的大修理，却是不经济的。一方面，大修间隔期会随着修理次数的增加而缩小，另一方面，大修理的费用越来越高，从而使大修理的经济性逐渐降低，优越性不复存在，这时设备的整体更新将取而代之。

设备寿命周期期满前所必需的维修费用总额可能是个相当可观的数字，有时可能超过设备原值的几倍。其中，设备大修理所花费的费用，又占了很大一部分，而且随着设备使用时间的延长，大修理费用越来越高。那么，在什么条件下，进行大修理在经济上才是合理的呢？

① 某次大修理费用不能超过同种设备的重置价值，这样的大修理在经济上才是合理的。通常把这一标准称为设备大修理的最低经济界限。

② 设备大修理后，使用设备完成单位工作量的成本，在任何情况下，都不能超过使用新设备完成单位工作量的成本，这时，设备大修理在经济上才是合理的。

只有同时满足上述两个条件的大修理，在经济上才是合理的。对技术进步较快，无形磨损期较短的设备来说，很可能用新设备完成单位工作任务的单位费用较低，这时，第二个条件作为经济界限，则更为重要。

4. 设备维修与管理的评价指标

企业为评价和促进设备的经济效益和综合管理水平，必须建立健全设备维修和管理的考核指标体系。

(1) 反映设备技术状态的指标　该指标主要包括设备完好率、设备故障率、设备待修率等。计算公式分别为：

$$设备完好率 = \frac{完好设备总台数}{设备总台数}$$

$$设备故障率 = \frac{故障停机时间}{生产运转时间}$$

$$设备待修率 = \frac{平均待修设备台数}{平均实有设备台数}$$

（2）表示设备维修与管理的经济性的指标　该指标主要包括维修费用效率、单台设备费用效率、单位工作量（或产值）维修费用及维修人数等。计算公式为：

$$维修费用效率 = \frac{作业工作量}{维修费用总额}$$

$$单位工作量（产值）维修费用 = \frac{维修总费用额}{总工作量（产值）}$$

（3）反映设备利用情况的指标　该指标主要包括设备台数利用率、设备时间利用率和设备能力利用率等。计算公式分别为：

$$设备台数利用率 = \frac{使用设备总台数}{在册设备总台数}$$

$$设备时间利用率 = \frac{设备实际工作总台时数}{设备日历总台时数}$$

$$设备能力利用率 = \frac{单位台时的实际工作量}{单位台时额定工作量}$$

5.4　汽车配件管理

5.4.1　汽车配件的概念

1. 汽车配件的定义

关于汽车配件，有很多种不同的定义。比如在汽车维修企业和汽车配件经营企业，通常将汽车零部件、汽车标准件和汽车材料三种类型的产品统称为汽车配件。

通用的一种是：在汽车服务企业中，一般把汽车的零部件和耗材统称为汽车配件。

2. 汽车配件的分类

（1）汽车零部件　汽车零部件一般都编入各车型汽车配件目录，并标有统一规定的零部件编号。汽车零部件又分为以下类别。

① 零件：零件是汽车的基本制造单元，它是不可再拆卸的整体，如活塞、活塞销、气门、气门导管等。

② 合件：由两个以上的零件组装，起着单一零件作用的组合体称为合件，如带盖的连杆、成对的轴瓦、带气门导管的缸盖等。合件的名称以其中的主要零件而命名，例如带盖的连杆，则命名为连杆。

③ 组合体：由几个零件或合件组装，但不能单独完成某一机构作用的组合体称为组合件，如离合器压板及盖、变速器盖等。有时也将组合件称为"半总成"件。

④ 总成件：由若干零件、合件、组合件装成一体，能单独起着某一机构作用的组合体称为总成件，如发动机总成、离合器总成、变速器总成等。

⑤ 车身覆盖件：由板材冲压、焊接成形，并覆盖汽车车身的零件称为车身覆盖件，如散热器罩、叶子板等。

(2) 汽车标准件　按国家标准设计与制造,对同一种零件统一其形状、尺寸、公差、技术要求,能通用在各种仪器、设备上,并具有互换性的零件称为标准件,例如螺栓、垫圈、键、销等。其中适用于汽车的标准件,称为汽车标准件。

(3) 汽车材料　这里指的是汽车的运行材料,如各种油料、溶液、汽车轮轮胎、蓄电池、标准轴承(非专用)等。汽车材料大多是非汽车行业生产而由汽车使用的产品,一般不编入各车型汽车配件目录,所以也将其称为汽车的横向产品。

在汽车配件中,还有一个重要的概念,那就是"纯正部品"。纯正部品是进口汽车配件中的一个常用名称,指的是各汽车厂原厂生产的配件,而不是副厂或配套厂生产的协作件。纯正部品虽然价格较高,但质量可靠,坚固耐用,故用户均愿采用。凡是国外原厂生产的纯正部品,包装盒上均印有英文"GENUINE PARTS"或中文"纯正部品"字样。

3. 汽车配件的特点

汽车配件作为商品来说,它既具有普通商品的一般属性,也有一些独特的特点:

(1) 品种繁多。只要是有一定规模的汽配商或者汽修厂,其经营活动涉及的配件都很多,一般都有上万种,甚至几十万种。

(2) 代用性复杂。很多配件可以在一定范围内代用,不同配件的代用性是不一样的,例如轮胎、灯泡的代用性就很强,但是集成电路芯片(IC)、传感器等的代用性就不强,掌握汽车配件的代用性,也是管好汽车配件的重要条件。

(3) 识别体系复杂。一般汽车配件都有原厂图号(或称原厂编号),而且通常经营者还会为其配件进行自编号。

(4) 价格变动快。大家知道,整车的价格经常变动,而汽车配件的价格变动就更加频繁。

5.4.2　汽车配件的编号

《汽车零部件编号规则》QC/T 265—2004 标准在 QC/T 265—1999(即原 ZB/TY 04005—1989)的基础上进行修订,在内容和结构上有较大变化。

本标准在修订基础上将原来 57 个组号增加为 64 个组号;本标准在原版本修订基础上将原来 637 个分组号增加为 1026 个;

1. 范围

本标准规定了各类汽车、半挂车的总成和装置及零件号编制的基本规则和方法。本标准适用于各类汽车和半挂车的零件、总成和装置的编号。本标准不适用于专用汽车和专用半挂车的专用装置部分的零件、总成和装置的编号及汽车标准件和轴承的编号。

2. 术语和定义

下列术语和定义适用于本标准。

(1) 组 complete group　表示汽车各功能系统的分类。

(2) 分组 subgroup　表示功能系统内分系统的分类顺序。

(3) 零部件 part and component　包括总成、分总成、子总成、单元体、零件。

① 总成 assembly:由数个零件、数个分总成或它们之间的任意组合而构成一定装配级别或某一功能形式的组合体,具有装配分解特性。

② 分总成 subassembly:由两个或多个零件与子总成一起采用装配工序组合而成,对总成有隶属装配级别关系。

③ 子总成 subdivisible assembly:由两个或多个零件经装配工序或组合加工而成,对分

总成有隶属装配级别关系。

④ 单元体 unit：由零部件之间的任意组合而构成具有某一功能特征的功能组合体，通常能在不同环境中独立工作。

⑤ 零件 part：不采用装配工序制成的单一成品、单个制件。或由两个及以上连在一起具有规定功能，通常不能再分解的（如含油轴承、电容器等外购小总成）制件。

⑥ 零部件号 coding for part and component：指汽车零部件实物的编号，亦包括为了技术、制造、管理需要而虚拟的产品号和管理号。

3. 汽车零部件编号

（1）汽车零部件编号表达式（图 5-2） 完整的汽车零部件编号表达式由企业名称代号、组号、分组号、源码、零部件顺序号和变更代号构成。零部件编号表达式根据其隶属关系可按图 5-2 所示的三种方式进行选择。

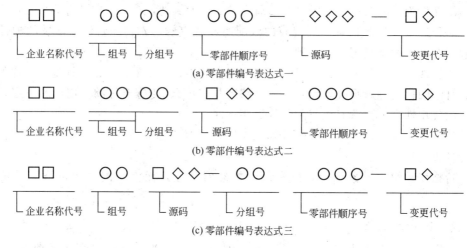

图 5-2 汽车零部件编号表达式
□ 表示字母；○ 表示数字；◇ 表示字母或数字

（2）企业名称代号 当汽车零部件图样使用涉及知识产权或产品研发过程中需要标注企业名称代号时，可在最前面标注经有关部门批准的企业名称代号。一般企业内部使用时，允许省略。企业名称代号由两位或三位汉语拼音字母表示。

（3）源码 源码用三位字母、数字或字母与数字混合表示，企业自定。

① 描述设计来源：指设计管理部门或设计系列代码，由三位数字组成。

② 描述车型中的构成：指车型代号或车型系列代号，由三位字母与数字混合组成。

③ 描述产品系列：指大总成系列代号，由三位字母组成。

（4）组号 用二位数字表示汽车各功能系统分类代号，按顺序排列。

（5）分组号 用四位数字表示各功能系统内分系统的分类顺序代号，按顺序排列。

（6）零部件顺序号 用三位数字表示功能系统内总成、分总成、子总成、单元体、零件等顺序代号，零部件顺序号表述应符合下列规则：

① 总成的第三位应为零；

② 零件第三位不得为零；

③ 3 位数字为 001～009，表示功能图、供应商图、装置图、原理图、布置图、系统图等为了技术、制造和管理的需要而编制的产品号和管理号；

④ 对称零件其上、前、左件应先编号为奇数，下、后、右件后编号且为偶数；

⑤ 共用图（包括表格图）的零部件顺序号一般应连续。

（7）变更代号　变更代号为二位，可由字母、数字或字母与数字混合组成，由企业自定。

（8）代替图零部件编号　对零件变化差别不大，或总成通过增加或减少某些零部件构成新的零件和总成后，在不影响其分类和功能的情况下，其编号一般在原编号的基础上仅改变其源码。

4. 汽车组合模块编号表达式（图 5-3）

图 5-3　汽车组合模块编号表达式

汽车组合模块组合功能码由组号合成，前两位组号描述模块的主要功能特征，后两位组号描述模块的辅助功能特征。例如：10×16 表示发动机带离合器组合模块；10×17 表示发动机带变速器组合模块；17×35 表示变速器带手制动器组合模块。

5.4.3　汽车配件的仓储管理

汽车配件的仓储管理，是汽车服务企业管理的一个很重要的内容，负责仓储管理的工作人员，就该受过严格的训练和系统的培训才能胜任。从维修管理的角度来讲，配件合理仓储是保证正常维修销售的重要部分，仓库存储越完备则配件的后备利用机会就会越多。

1. 配件的储存条件

（1）仓库场地干燥、通风良好、无有害气体侵蚀和影响。

（2）仓库的相对湿度不超过 75%，温度在 20～30℃ 范围内。对于橡胶制品应在环境温度不超过 25℃ 的专仓内储存，以防老化。

（3）对于电器配件、橡胶制品配件、玻璃制品配件，不能碰撞和重压，在堆垛时应十分注意配件的安全。

（4）对于发动机总成的储存期，如超过半年，则必须进行维护。

（5）对于蓄电池的储存，应防止重叠过多和碰撞，注意电解液塞的密封，防止潮湿空气的侵入。

（6）对于软木纸、毛毡制油封及丝绒或呢制门帘嵌条一类的配件，注意保持储存场地干燥，在毛毡制油封及丝绒或呢制门帘嵌条的包装箱内，应放置樟脑丸，防止霉变及虫蛀。

2. 配件的入库管理

（1）入库验收　入库验收是配件进入仓库保管的准备阶段。入库的配件情况比较复杂，有的在出厂之前就不合格，如包装含量不准确、包装本身不合乎保管和运输要求；有的在出厂时虽然是合格的，但是经过几次装卸搬运和运输，致使有的包装损坏、含量减少、质量受损，使有的配件已经失去了部分使用价值，有的甚至完全失去使用价值。这些问题都要在入库前弄清楚，划清责任界限。搞好入库验收工作，把好收货关，就是为提高仓库保管质量打下良好的基础。

1）入库验收的依据

① 入库凭证（入库单、收料单、调拨单、退货通知单）。

② 产品质量标准。

2）入库验收的要求

① 及时。验收要及时，以便尽快建卡、立账、销售，这样就可以减少配件在库停留时间，缩短流转周期，加速资金周转，提高企业经济效益。

② 准确。配件入库应根据入库单所列内容与实物逐项核对，同时对配件外观和包装认真检查，以保证入库数量准确，防止以少报多或张冠李戴的配件混进仓库。要严格实行一货一单制，按单收货、单货同行，防止无单进库。

3）入库程序　入库验收包括数量和质量两个方面的验收。数量验收是整个入库验收工作中的重要组成部分，是搞好保管工作的前提。配件在流转的各个环节，都存在质量验收问题，入库质量验收，就是保管员利用自己掌握的技术和在实践中总结出来的经验，对入库配件的质量进行检查验收。验收入库的程序如下：

① 点收大件。仓库保管员接到进货员、技术检验员或工厂送来的配件后，要根据入库单所列的收货单位、品名、规格、型号、等级、产地、单价、数量等各项内容，逐项进行认真查对、验收，并根据入库配件数量、性能、特点、形状、体积，安排适当货位，确定堆码方式。

② 核对包装。在点清大件的基础上，对包装物上的商品标志和唛头，要与入库单进行核对。只有在实物、标志和唛头、入库凭证相符时方能入库。

③ 开箱点验。凡是出厂原包装的产品，一般开箱点验的数量为5％～10％。如果发现包装含量不符或外观质量有明显问题时，可以不受上述比例的限制，适当增加开箱检验的比例，直至全部开箱。

④ 称重。凡是需要称重的物资，一律全部过磅称重，并记好重量，以便计算、核对。

⑤ 归堆建卡。配件归堆，要根据性能特点，安排适当货位。归堆时一般按五五堆码原则（即五五成行、五五成垛、五五成层、五五成串、五五成捆）的要求，排好垛底，并与前后左右的堆垛保持适当的距离。

⑥ 上账退单。仓库财务管理人员，根据进货单和仓库保管员安排的库、架、排、号，以及签收的实收数量，逐笔逐项地登账，并留下入库单据的仓库记账联，作为原始凭证保留归档。另外两联分别退还业务和财务部门，作为业务部门登录商品账和财务部门冲账的依据。

4）发现问题的处理

① 在验收大件时，发现少件或多件，应及时与有关部门和人员联系，在得到他们同意后，方可按实数签收入库。

② 凡有质量问题，一律不能入库。

③ 零星小件的数量误差在2％以内、易损件的损耗在3％以内可以自行处理。

④ 被打开的包装，一律要恢复原状。

(2) 保管与保养　为了充分发挥库房、保管员和设备的潜力，达到储存多、进出快、保管好、费用省的要求，应将进库储存保管的配件，统一按部、系、品种或按车型系列的部、系、品种实行条理化管理。所谓条理化管理，是配件管理分类统一，安全堆码美观整齐，仓容利用经济合理，防尘、防潮、防高温、防照射，细致严密，卡物相符，服务便利，并存放好特殊的汽车配件的管理过程。

1）配件管理分类统一

① 按部、系、品种系列分库。就是所有配件，不分车型，一律按部、系、品种顺序，分系集中存放。这种管理方式的优点是仓容利用率高，而且比较美观，便于根据仓库的结构适当安排储存品种。缺点是顾客提货不太方便，特别是零星用户提少量几件货，也要跑几个

库，保管员在收发货时，容易发生差错。

② 按车型系列分库。就是按所属的不同车型分库存放配件。这样存放，顾客提货比较方便，又可以减少保管员收发的差错。缺点是仓容利用率较差，对保管员的业务技术水平要求较高。

③ 凡是大件重件都要集中储存，以便发挥仓库各种专用设备，特别是机械吊装设备的作用。

2）安全堆码美观整齐

① 安全"五距"。库内货垛与内墙的距离不得少于0.3m，货垛与柱子之间不得少于0.1～0.2m，货垛相互之间一般为0.5m，货架相互之间一般为0.7m。库外存放时，货垛与外墙的距离不得少于0.5m，这样即可避免配件受潮，同时又减轻了墙脚的负荷，保证了库房建筑的安全。

② 实行定额管理。库房的存储量指标应有明确规定，实行定额管理，每立方米的存放量不得超过设计标准的90%，以保证库房建筑安全寿命达到设计使用年限，同时也保证了库存物资和人员的安全。

③ 堆码美观整齐。堆垛要稳，不偏不斜，不歪不侧，货垛货架排列有序，上下左右中摆放整齐，做到横看成行，竖看成线。包装上的标志一律朝外，不得倒置。

④ 重不压轻。重量较轻，体积较大的配件应单独存放。注意不要以重压轻，以防倾倒。

⑤ 对某些配件，须露天存放时，也要美观整齐，且要上盖下垫，顶不漏雨，下不浸水，四周要通风，排水要良好。

⑥ 清理现场。每次发货后，及时清理现场，该拼堆的拼堆，该上架的上架，最后清扫干净。

3）仓容利用经济合理

① 合理利用库房。各种配件体积重量相差很大，形状各异，要把这些不同大小、不同重量、不同形状的配件安排适当，以求得最大限度地提高仓容利用率。

② 提高单位面积利用率。

4）防尘、防潮、防高温、防照射、细致严密　一般库内温度应保持在20℃左右为宜。相对湿度保持在70%左右为宜。

5）特殊汽车配件的存放

① 不能沾油的汽车配件的存放。轮胎、水管接头、皮带、空气滤清器滤芯、炭刷和转子、摩擦片制动蹄片、散热器等沾上机油、汽油、黄油后会影响使用效果。这些配件的存放应避免与油品放在一起。

② 爆震传感器的存放。应放在底层，且应分格存放，每格一个，下面还应铺上海绵等软物。

③ 减震器的存放。将其竖直放置。水平放置的减震器，在装上汽车之前，要在垂直方向上进行手动抽吸。

6）卡物相符、服务便利　"卡物相符"的程度如何，是考核仓库保管员工作质量的一项具体内容。提高卡物相符率的关键是认真执行"五五堆码"和"有动必对"的原则。每当发完一批货，必须将卡片的结存数量与库存实物结存数量当时进行核对，一定要保持卡片的结存数与仓库的实物结存数相符。

3. 配件的出库管理

汽车配件的出库，标志着储存保管阶段的结束，把好"出货关"是全库管理工作的重要一环。

(1) 出库的程序

① 核对单据。业务部门开出的供应单据，是仓库发货、换货的合法依据，保管员接到发货或换货单据后，先核对单据内容、收款印戳，然后备货换货。如发现问题，应及时与有关部门联系解决，在问题未弄清前，不能发货。

② 备货。备货前应将供应单据与卡片、实物核对，核对无误方可备货。

③ 复核、装箱。备货后复核无误后可当面点交或装箱发运。

④ 报运。配件经复核、装箱、号唛后，要及时过磅称重，然后按照装箱单内容逐项填写清楚，报送运输部门向承运单位申请准运手续。

⑤ 点交和清理。运输部门凭装箱单向仓库提货时，保管员先审查单据内容和印章以及经手人签字等，然后按单据内容如数点交。点交完毕后，随即清理现场，整理货位，腾出空位，以备再用。

⑥ 单据归档。发货完毕后，应及时将提货单据归档，并按其时间顺序，分月装订，妥善保管，以备查考。

(2) 出库的要求

① 凭单发货。仓库保管员要凭业务部门的供应单据发货。

② 先进先出。保管员一定要坚持"先进先出、推陈出新"的原则。

③ 及时准确。一般大批量发货不超过2天。少量货物，随到随发。

④ 包装完好。要保证包装完好。

⑤ 待运配件。配件在未离库之前的待运阶段，要注意安全管理。

5.4.4 汽车配件的库存控制

1. 库存控制的原则

(1) 不待料、不断料。保证汽车服务企业生产所必需的配件。

(2) 不呆料、不滞料。生产所需的配件要及时购进，不需要的配件坚决不能进入库房。

(3) 不囤料、不积料。需要多少购进多少，储存数量要适量，减少资金积压。

2. ABC分类法在库存控制中的应用

ABC分类法是经济活动中应用的一种基本方法，是改善企业经济管理的一项基础工作，是企业进行经营决策的必要依据。它是一种从错综复杂、名目繁多的事务中找出主要矛盾，抓住重点，兼顾一般的管理方法。它可以用简单的数学模型，指导对复杂的采购行为进行简单的规划和管理。这种方法在汽车配件的供应管理上，具有很强的实用性。

(1) ABC分类法在汽车配件库存控制管理中的应用　以配件的品种规格及占用资金的大小进行排队，分为A、B、C三类。A类配件品种少，只占总品种10%左右，资金占用却相当大，约占总资金的70%左右；B类配件比A类多，约占总品种20%左右，资金占用为总资金的20%左右；C类配件品种多，约占总品种70%左右，资金占用却较少，只占总资金的10%左右。A类最重要，B类次之，C类再次之。

① A类一般是常用易损易耗配件，维修量大，在任何情况下，都不能断档脱销。如：活塞环、曲轴、汽缸体、水箱、活塞、汽缸垫、刹车片、转向节等。

② B类只进行一般管理，主要是做到进销平衡，避免积压。

③ C类规定最大及最小储备量，当储备量达到最小时，一次订货达到最大量。

(2) 如何进行ABC分类

① 计算每种配件在一定时间内所花费的资金总额。

② 根据一览表,把每一配件品种资金数额按大小顺序排列,计算出各种品种占总金额的百分比。

③ 根据配件品种数和资金额占全部品种数和总金额的百分比,将配件分成 A、B、C 三类。

例:某配件公司,每年销售汽车配件 3421 个品种,年销售总额 8390 万元,通过计算每一种配件资金数及各品种占总金额的百分比,列出占销售总额 70%~75% 的配件各品种为 A 类,再划出占销售总金额 15%~20% 的配件品种为 B 类,其余为 C 类,如表 5-1 所示。

表 5-1 汽车配件 A、B、C 分类

分 类 (按单一品种销售金额)	品种数	占全部品种的比率/%	销售金额累计/(万元)	占销售总额的比率/%
A(5 万元以上)	328	9	3600	75
B(1 万元以上)	672	20	1420	17
C(其余)	2421	71	670	8
累 计	3421	100	8392	100

(3) ABC 分类法在库存控制管理中的作用

① 可使配件库存的管理有条理、筹备有重点、供应有主次、订货易选择、核算有基础、统计好分析。

② 可以对配件合理分类,较准确地确定订货批量和储备周期。

③ 以资金大小依次分类,可以使管理人员自觉形成对资金管理的重视。

④ 对于占用资金不多的 C 类配件,可采用规定该类配件的最大及最小储备量的方法保证供应,节省大量的时间和报管费用。

⑤ 能有效地帮助管理人员分析配件进销及库存数据和规律性。

⑥ ABC 分类法不仅使配件分类清楚,而且使合同管理更为严格,能增强执行合同的严肃性。

⑦ 有助于企业进行库存结构分析。汽车配件销售企业的库存结构,就是指适销对路的配件在整个库存中所占的比重,适销配件占的比重大,就叫库存结构好;适销商品所占的比重小,就叫库存结构差。

【案 例】

一汽解放青岛汽车厂是一汽品牌解放汽车有限公司的全资子公司,国家大型企业,是青岛市重点扶持发展的十大企业集团之一和山东省经贸委确定的全省 136 户重点工业企业之一,"中国机械工业企业核心竞争力 100 强"企业;中国机械工业信息中心效绩评价 RA—AA 级企业。2003 年至 2006 年连续三年销售收入超过一百亿元。青岛汽车厂拥有冲压生产线、驾驶室焊装线、驾驶室涂装、车架油漆线、总装配线、车架铆接线、驾驶室内饰件生产线、整车检测线和从德国引进的 5100 吨压力机等生产线和设备,其中冲压、焊装、涂装、总装配等卡车四大工艺具备较强的技术装备,其工艺水平和制造能力在国内卡车生产行业居于领先水平,已经形成年稳定生产 7 万辆整车及底盘、1 万辆专用车和改装车、15 万台份驾驶室冲压件的生产能力。

在企业信息化的建设上,青岛一汽早在 2002 年就采用了企业自行研发的 ERP 系统。截止到 2005 年,企业的财务、采购、仓库、MRP 的运算、物料需求计划都已经能够通过 ERP 来进行计算和管理,唯独设备管理还没有实现信息化管理。因此在日益严峻的市场竞争面前,青岛汽车厂设备部门感到了很大的压力,如何能够提高设备的使用效率？怎么减少非计划停机来确保向客户承诺的交期？怎样能够对设备进行"有效"的维护保养？这些问题成了设备部门工作的重点和难点。青岛一汽厂企业管理部和设备部相关工作人员在经过反复认真考虑和分析后认为：只有针对问题点来做保养维护计划，才能减少非计划停机，确保生产计划的执行，提高按时交货率；只有严格规范企业设备维护流程，才能得到设备各种停机的频率和严重程度的数据分析，以制定有效的设备保养计划；但是没有信息系统做支撑，规范流程和数据分析都是很难做到的。因此 EAM 系统是对于一汽解放青岛汽车厂来说已经是必不可少的了。

2005 年，一汽解放青岛汽车厂决定实施设备管理系统，在对系统的业务需求进行认真分析的基础上，决定进行公开招投标。有 10 多家公司感兴趣并投标，其中只有四家满足需求，经过考察比较，最终选择了科怡公司的科怡设备管理软件，是基于以下原因：一是考察其他客户，科怡软件在机械制造业有非常丰富的实施经验；二是科怡产品提供的资产、备件、模具、工装、夹具的解决方案可行性好；三是科怡公司具有较强二次开发和售后实施服务的能力；四是科怡软件已经能够满足目前业务 90% 以上的需求；五是从时间成本上考虑，科怡公司有很多同类规模企业的实施经验，系统部署时间会大大缩短。

从 2005 年 8 月份开始，科怡公司在一汽解放青岛汽车厂 EAM 项目小组的全力配合下，仅仅用了 3 个月的时间就完成了科怡设备管理系统的正式上线。到目前为止，科怡设备管理系统已经在一汽解放青岛汽车厂顺利运行了 3 年，成功应用了科怡系统的固定资产模块、前期管理模块、维护维修模块、备件管理模块、工装模具模块、特种设备管理模块、运行记录模块、成本中心模块等诸多功能。由于设备运转的时间越长，数据越多，规律性的东西也就越多，提供的有效信息就越多，所以说 EAM 是一个越用越准确的系统。通过科怡 EAM，青岛一汽设备部科学的规范了企业设备的管理，让单靠"人脑"的管理，转化为"电脑"管理；同时根据科怡 EAM 系统提供的数据汇总分析功能，企业最大限度地避免了维修过剩或者维修缺乏的现象；通过科怡 EAM 对企业资产管理的事前计划，事中处理和事后分析评价，使得青岛一汽解放的资产管理变得标准化，日常工作能够量化，资产管理更加清晰；通过科怡 EAM 系统的数据记录，青岛一汽解放经过长期的实践和数据记录后建立一个企业自己的"故障经验库"，这样有效避免了人才流失所造成的损失，同时对新来人员的培养也是有极大的帮助作用。

总的来说，一汽解放青岛汽车上通过科怡设备管理系统的应用，消除了各种资产和维修数据的集成处理问题，提高了设备维护质量和效率，增长了设备正常开动时间，降低了库存成本，提高了生产力，保证了生产部门的按时交货。

[复习思考题]

1. 简述设备管理的概念和分类。
2. 设备管理工作的内容是什么？
3. 设备管理的任务是什么？
4. 设备选择考虑哪些主要因素？
5. 简述设备经济评价常用的方法。
6. 设备维护保养的主要内容有哪些？
7. 简述机器设备有形磨损规律的三个阶段。
8. 设备检查的方法主要有哪些？
9. 简述我国实行的设备维修制度主要包括哪些内容？
10. 简述汽车配件的定义和分类。
11. 简述汽车配件的出入库管理。
12. 汽车配件库存控制的原则是什么？
13. 简述 ABC 分析法在库存控制中的应用。

第6章　汽车服务企业财务管理

> **学习目标**
> 1. 掌握企业财务管理的概念、内容及目标。
> 2. 了解企业资金筹集、资产管理及财务分析与评价方法等。
> 3. 理解企业成本管理。
> 4. 熟悉企业成本控制的方法等内容。

6.1 汽车服务企业财务管理

6.1.1 概述

1. 汽车服务企业财务管理的概念和目标

财务管理是有关资金的获得和有效使用的管理工作。财务管理的目标取决于企业的总目标，并且受财务管理自身特点的制约。汽车服务企业财务管理具体表现在对企业资金供需的预测、组织、协调、分析、控制等方面。通过有效地理财活动，可以理顺企业资金流转程序和各项分配关系，以确保服务工作的顺利进行，使各方面的利益要求得到满足。

（1）汽车服务企业的目标及其对财务管理的要求　汽车服务企业是营利性组织，其出发点和归宿点是获利。企业一旦成立，就会面临竞争，并始终处于生存和倒闭，发展与萎缩的矛盾之中。企业必须生存下去，才可能获利，只有不断发展才能求得生存。因此，汽车服务企业管理的目标是生存、发展和获利。

① 生存。企业生存的基本条件是以收抵支，如果企业长期亏损，扭亏无望，就失去了存在的意义，则企业不能生存。企业生存的另一个条件是到期偿债，如果企业到期不能偿债，就可能被债权人接管或被法院宣告破产。因此，力求保持以收抵支和到期偿债的能力，减少破产的风险，使企业能够长期、稳定地生存下去，是对财务管理的第一个要求。

② 发展。在科技不断发展的今天，在竞争日益激烈的市场中，一个企业如果不能发展，不断地提高企业产品和服务的质量，不能扩大企业的市场份额，就会被其他企业排挤出去甚至被市场淘汰。汽车服务企业的发展集中表现为扩大收入，扩大收入的根本途径在于提高服务的质量、扩大维修和配件销售的数量，这就要求根据市场的需求，不断地更新设备，不断地提高技术，不断地提高企业服务人员的素质。而这些要求，都必须由企业付出大量的货币资金，企业的发展离不开资金。因此，筹集企业发展所需的资金，是对财务管理的第二个要求。

③ 获利。企业必须能够获利，才有存在的价值。建立汽车服务企业的目的是获利，增加获利是汽车服务企业最具综合能力的目标。获利不仅体现了企业的出发点和归宿点，而且可以概括其他目标的实现程度，有利于其他目标的实现。从财务上看，获利是使资产获得超过其投资的回报。在市场经济中，每一项资金的来源都是有成本的，每一项资产都是一项投资，都是要求有回报的，企业的财务人员应当使资金得到最大限度使用。因此，通过合理有

效的手段使企业获利,是对财务管理的第三个要求。

综上所述,汽车服务企业的目标是生存、发展和获利,企业的这个目标要求财务管理能完成筹措资金,并有效地加以投放和使用。企业的成功和生存,在很大程度上取决于它过去和现在的财务政策。财务管理不仅与资产的获得及合理使用有关,而且与企业的生产、销售管理发生直接联系。

(2) 汽车服务企业财务管理的目标　企业财务管理目标是理财活动所希望实现的结果,是评价理财活动是否合理的基本标准。不同的财务管理目标,应采用不同的财务管理运行机制。

1) 利润最大化目标。利润最大化目标是指通过对企业财务活动的管理,不断增加企业利润,使企业利润达到最大。企业财务管理人员在进行管理的过程中,将以此原则进行决策和管理。以利润最大化作为企业财务管理目标有合理的一面,即有利于企业经济效益的提高,但也存在以下问题:

① 没有考虑利润的取得时间,没有考虑资金的时间价值。
② 企业在追求利润时容易产生短期行为。
③ 没有科学地考虑获取利润和所承担风险的关系。
④ 没有考虑所取得的利润与投资额之间的比例关系。

2) 股东财富最大化目标。股东财富最大化目标是指通过财务上的合理经营,使企业股东的财富达到最大。股东财富最大化,可演化为股票价格最大化,这是因为股东财富是由其所拥有的股票价格决定的,即股票价格达到最高时,则股东财富也达到最大。股东财富最大化目标与利润最大化目标相比,具有以下优点:

① 股东财富最大化目标便于计量、考核和奖惩。
② 股东财富最大化目标能够克服企业在追求利润上的短期行为。
③ 股东财富最大化目标能够科学地考虑风险因素。

但是,股东财富最大化目标仍存在一些问题:
① 适用范围小,只适合上市公司。
② 考虑问题的范围窄,忽视了股东以外的企业其他关系人的利益。

3) 企业价值最大化目标。企业价值最大化目标是指通过企业财务上的合理经营,采用最优的财务政策,充分考虑资金的时间价值和风险与报酬的关系,以谋求企业整体价值达到最大。以企业价值最大化作为财务管理目标的优点是:

① 企业价值最大化目标扩大了考虑问题的范围,并且注重在企业发展中考虑各方利益关系。
② 企业价值最大化目标科学地考虑了风险和报酬的关系。
③ 企业价值最大化目标考虑了取得报酬的时间,并能用时间价值原理进行计量;
④ 企业价值最大化目标能够克服企业在追求利润上的短期行为。

企业进行财务管理,就是要正确比较报酬与风险之间的得失,努力实现二者之间的最佳平衡,使企业价值达到最大。所以,企业价值最大化目标体现了对经济效益的深层次认识,成为现代财务管理的最优目标。

2. 企业财务管理的内容、作用

(1) 企业财务管理的内容　财务管理是对企业财务活动及所涉及的资产、负债、所有者权益、收入、费用、利润等进行的管理。它包括了从企业开办到企业终止与清算的全部财务活动。

第6章 汽车服务企业财务管理

① 筹资和投资管理。企业应按照社会主义市场经济的要求，建立企业资本金制度，确保资本金保全和完整。要采用科学的方法进行筹资和投资决策，选择有利的筹资渠道和投资方向，以取得良好的筹资效果和投资收益。

② 资产管理。包括流动资产管理、固定资产管理、无形资产管理、递延资产管理和其他资产的管理。资产管理的目标是合理配置各类资产，充分发挥资产的效能，最大限度地加速资产的周转。

③ 成本费用管理。是指对企业生产经营过程中生产经营费用的发生和产品成本的形成所进行的预测、计划、控制、分析和考核等一系列管理工作。加强成本、费用管理是扩大生产、增加利润和提高企业竞争能力的重要手段。

④ 综合管理。包括财务指标管理体系、销售收入和盈利管理、企业终止与清算的管理、企业内部经济核算的管理和企业资产评估。

（2）企业财务管理的作用

① 财务管理是企业经营决策的重要参谋。企业经营决策，是有关企业总体发展和重要经营活动的决策。决策正确与否，关系到企业的生存和发展。在决策过程中，要充分发挥财务管理的作用，运用经济评价方法对备选方案进行经济可行性分析，为企业领导正确决策提供依据，当好参谋，保证所选方案具有良好的经济性。

② 财务管理是企业聚财、生财的有效工具。企业进行生产经营活动必须具备足够的资金。随着生产经营规模的不断扩大，资金也要相应增加。无论是企业开业前还是在生产经营过程中，筹集资金是保证生产经营活动正常进行的重要前提。企业在财务管理中要依法合理筹集资金，科学、有效地用好资金，提高资金利用效果，创造更多的利润。

③ 财务管理是控制和调节企业生产经营活动的必要手段。企业财务管理主要是通过价值形式对生产经营活动进行综合管理，及时反映供、产、销过程中出现的问题，通过资金、成本、费用控制等手段，对生产经营活动进行有效的控制和调节，使其按预定的目标进行，取得良好的经济效益。

④ 财务管理是企业执行财务法规和财经纪律的有力保证。企业的生产经营活动必须遵守国家政策，执行国家有关财务法规、制度和财经纪律。资金的筹集必须符合国家有关筹资管理的规定，成本、费用开支必须按规定的开支标准和范围执行，税金的计算和缴纳、利润的分配，都必须严格按税法和财务制度的规定执行。企业财务管理工作在监督企业经营活动，执行财务法规，遵守财经纪律方面有重要的使命，应起到保证作用。

3. 影响企业财务管理目标的因素

研究企业财务管理环境的目的，在于使企业财务管理人员懂得，在进行各种财务活动时，应充分考虑各种环境因素的变化，做出相应的财务管理措施，以达到财务管理的预定目标。

（1）外部环境因素　企业财务管理的外部环境是指存在于企业外部的对企业财务活动具有影响的客观因素的综合。在市场经济条件下，企业财务管理的外部环境包括以下几个方面。

1）法律环境。财务管理的法律环境是指企业和外部发生经济关系时所应遵守的各种法律、法规和规章。主要包括：

① 企业组织法律规范。企业必须依法成立，组建不同的企业要按照不同的法律规范，这些法律规范包括《中华人民共和国公司法》、《中华人民共和国全民所有制企业法》等。

② 税务法律规范。任何企业都有法定的纳税义务，任何企业都必须按照税法纳税。税

法包括《中华人民共和国增值税法》等，可分为三类：所得税、流转税以及其他地方税法规范。

③ 财务法律规范。财务法律规范指企业进行财务处理时应遵循的法律规范。包括《中华人民共和国会计法》、《企业财务通则》等。

2）金融环境。金融环境是企业重要的环境因素。金融机构、金融市场和利息率等因素是影响财务管理的主要金融环境因素。金融机构包括银行和非银行金融机构；金融市场主要包括外汇市场、资金市场、黄金市场等，是企业进行筹资和投资的场所。

3）经济环境。宏观经济环境是指国家各项经济政策、经济发展水平及经济体制对财务管理工作的影响。经济政策包括财政、税收、物价、金融等各个方面的政策。这些政策都将对企业的经营和财务管理工作产生重要影响。企业在制定财务决策时，必须充分考虑有关经济政策对企业本身的影响。经济发展水平越低，财务管理水平也越低。经济体制是指对有限资源进行配置而制定并执行决策的各种机制。在社会主义市场经济体制下，我国企业筹资、投资的权利归企业所有，企业必须根据自身条件和外部环境做出各种各样的财务决策并实施。

（2）企业内部环境　企业财务管理的内部环境是指企业内部客观存在的，对企业的财务活动能施加影响的所有因素的综合。企业财务管理的内部环境包括许多内容，其中对财务管理有重大影响的有企业管理体制和经营方式、市场环境、采购环境和生产环境等。在不同的企业内部环境约束下，企业应采取不同的财务政策和财务管理办法。

4. 财务管理的原则与基础观念

（1）财务管理的原则

① 系统原则。财务管理经历了从资金筹集开始，到资金投放使用、耗费，到资金收回、分配等几个阶段，而这些阶段组成一个相互联系的整体，具有系统的性质。为此，做好财务工作，必须从各组成部分的协调和统一出发，这就是财务管理的系统原则。

② 平衡原则。这包括两个方面的平衡：一是指资金的收支在数量上和时间上达到动态的协调平衡，从而保证企业资金的正常周转循环；二是指盈利与风险之间相互保持平衡，即在企业经营活动中必须兼顾和权衡盈利与风险两个方面。承认盈利一般寓于风险之中的客观现实，不能只追求盈利而不顾风险，也不能害怕风险而放弃盈利，应该趋利避险，双方实现平衡。

③ 弹性原则。在财务管理中，必须在准确和节约的同时，留有合理的伸缩余地，以增强企业的应变能力和抵御风险能力。在实务中，常体现为实现收支平衡，略有节余。贯彻该原则的关键是防止弹性的过大或过小，因为弹性过大会造成浪费，而弹性较小会带来较大的风险。

④ 成本效益原则。企业理财目标是企业价值最大化，其内涵是在规避风险的前提下，所得最大，成本最低。因而无论在筹资、投资及日常的理财活动中都应进行收益与成本的比较和分析。按成本效益原则进行财务管理时，在效益方面，既要考虑短期效益，又要考虑长期效益；在成本方面，既要考虑有形的直接损耗，又要考虑资金使用的机会成本，更要考虑无形的潜在损失。

⑤ 利益关系协调原则。企业不仅要管理好财务活动，而且要处理好财务活动中的财务关系，诸如企业与国家、所有者、债权人、债务人、内部各部门以及职工个人之间的财务关系，这些财务关系从根本上讲是经济利益关系。因此，企业要维护各方面的合法权益，合理公平地分配收益，协调好各方面的利益关系，调动各方面的积极性，为同一个理财目标共同

努力。

(2) 财务管理的基础观念　资金时间价值和投资风险价值是现代财务管理的两个基础观念，不管是资金筹集管理、现金投放使用管理和资金分配管理中都必须加以考虑和应用。

① 资金时间价值。资金时间价值是指资金在运动中，随着时间的推移而发生的增值，即一定量的货币资金在不同的时间上具有不同的价值，其实质是资金周转使用后的增值额。资金时间价值的大小取决于资金数量的多少、占用时间的长短、收益率的高低等因素。一定量的资金，周转使用时间越长，其增值额越大。

从形式上讲，资金的时间价值是资金所有权与使用权分离后，所有者向使用者索取的一种报酬；从来源上讲，资金时间价值是社会资金使用效益的一种体现。因此，企业的利润是资金时间价值的来源在社会范围内的再分配。

② 投资风险价值。投资风险价值是指投资者由于冒着风险进行投资而获得的超过资金时间价值的额外收益，又称为投资风险收益、投资风险报酬。投资者所冒的风险越大，其要求的回报率也越高。投资风险价值可用风险收益额和风险收益率表示。风险收益率指风险收益额对于投资额的比率。在不考虑通货膨胀的情况下，它包括两部分：一部分是无风险投资收益率，即货币时间价值；另一部分是风险投资收益率，即风险价值。在财务活动过程中，投资收益的取得必须以一定的风险控制为基础，保证盈利与风险之间的相互平衡。

6.1.2　汽车服务企业筹资管理

资金是汽车服务企业进行生产经营活动的必要条件。企业筹集资金，是指企业根据生产经营、对外投资和调整资金结构的需要，通过筹资渠道和资金市场，运用筹资方式，经济有效地筹措资金的过程。

1. 筹资管理的目标和原则

(1) 企业筹资的目的和要求　企业进行资金筹措的基本目的是为了自身的生存和发展，通常受一定动机的驱使，主要有业务扩展性动机、偿债动机和混合性动机。

企业筹集资金总的要求是要分析评价影响筹资的各种因素，讲究筹资的综合效果。主要包括确定资金需要量、控制资金投放时间、选择资金来源渠道、确定合理资金结构等。

(2) 筹资管理的目标　筹资管理的目标，是在满足生产经营需要的情况下，不断降低资金成本和财务风险。汽车服务企业，为了保证服务活动的正常进行或扩大经营服务范围，必须具有一定数量的资金。企业的资金可以从多种渠道，用多种方式来筹集，而不同来源的资金，其可使用时间的长短、附加条款的限制、财务风险的大小、资金成本的高低都不一样。企业应该以筹集企业必需的资金为前提，以较低的筹资成本和较小的筹资风险获取较多的资金，满足企业生产经营需要。

(3) 筹资原则　企业筹资是一项重要而复杂的工作，为了有效地筹集企业所需资金，必须遵循以下基本原则：

① 规模适当原则。企业的资金需求量往往是不断变动的，企业财务人员要认真分析科研、生产、经营状况，采用一定的方法，预测资金的需求数量，确定合理筹资规模，既要避免因筹资不足而影响生产经营的正常进行，又要防止资金筹集过多而造成资金浪费。

② 筹措及时原则。企业财务人员在筹集资金时必须考虑资金的时间价值。根据资金需求的具体情况，合理安排资金的筹集时间，适时获取所需资金，既要避免过早筹集资金形成资金投放前的闲置，又要防止取得资金的时间滞后，错过资金投放的最佳时间。

③ 来源合理原则。资金的来源渠道和资金市场为企业提供了资金源泉和筹资场所，它

反映资金的分布状况和供求关系,决定着筹资的难易程度。不同来源的资金,对企业的收益和成本有不同的影响,企业应认真研究资金来源渠道和资金市场,合理选择资金来源。

④ 方式经济原则。企业筹集资金必然要付出一定的代价,不同的渠道、不同的方式下筹集到的资金其筹集成本不同,因此,企业在筹资时应对各种筹资方式进行分析、对比,选择经济、可行的筹资方式,确定合理的资金结构,以便降低成本、减少风险。

⑤ 风险原则。采取任何方式筹资都会有一定的风险,企业要筹资,就要冒风险,但这种冒险不是盲目的,必须建立在科学分析、严密论证的基础上,根据具体情况做具体分析。在实际工作中,并不一定风险越小越好,但风险太大也不好。

⑥ 信用原则。企业在筹集资金时,不论何种渠道、什么方式,都必须恪守信用,这也是财务管理原则在筹资工作中的具体化。

2. 企业筹资管理中的相关概念

(1) 权益资本与负债资本

① 权益资本。权益资本是企业依法长期拥有、自主调配使用的资金。主要包括资本公积金、盈余公积金、实收资本和未分配利润等。权益资本主要通过吸取直接投资和发行股票等方式筹集,其所有权归投资者,又称自有资金。

② 负债资本。负债资本是企业依法筹集并依约使用,按期偿还的资金。包括银行及其他金融机构的各种贷款、应付债券、应付票据等。又称借入资金或债务资金。负债资本主要通过银行贷款发行债券、商业信用、融资合作等方式筹集。它体现了企业与债权人之间的债权债务关系。

(2) 资金成本与资金结构

① 资金成本。为筹集和使用资金而付出的代价就是资金成本,主要包括筹资费用和资金使用费用两部分。前者如向银行借款时需要支付的手续费、发行股票债券等而支付的发行费用等,后者如向股东支付的股利、向银行支付的利息、向债券持有者支付的债息等。

资金成本是比较筹资方式、选择筹资方案的依据,资金成本是评价投资项目、比较投资方案和追加投资决策的主要经济标准,资金成本还可以作为评价企业经营成果的依据。

② 资金结构。广义的资金结构是指企业各种资金的构成及其比例关系。短期债务资金占用时间短,对企业资金结构影响小,而长期债务资金是企业资金的主要部分,所以通常情况下,企业的资金结构指的是长期债务资金和权益资本的比例关系。

3. 筹资渠道与筹资方式

企业资金可以从多种渠道,用多种方式来筹集。筹资渠道是筹措资金来源的方向与通道。筹资方式是指企业筹集资金采用的具体形式。研究渠道与方式是为了明确企业资金的来源并选择科学的筹资方式,经济有效地筹集到企业所需资金。

(1) 筹资渠道

① 国家财政资金。国家财政资金进入企业有两种方式:一是国家以所有者的身份直接向企业投入的资金,这部分资金在企业中形成国家的所有者权益;二是通过银行以贷款方式向企业投资,形成企业的负债。国家财政资金虽然有利率优惠、期限较长等优点,但国家贷款的申请程序复杂,并且规定了用途。

② 银行信贷资金。银行贷款是指银行以贷款的形式向企业投入资金,形成企业的负债(在特定情况下,银行也可以直接持有企业的股份)。银行贷款是我国目前各类企业最主要的资金来源渠道。

③ 非银行金融机构资金。非银行金融机构资金主要是指信托投资公司、保险公司、证

券公司、租赁公司、企业集团、财务公司提供的信贷资金及物资融通等。

④ 其他企业资金。其他企业资金主要是指企业间的相互投资以及在企业间的购销业务中通过商业信用方式取得的短期信用资金占用。

⑤ 居民个人资金。居民个人资金是指在银行及非银行金融机构之外的居民个人的闲散资金。

⑥ 企业内部形成资金。企业内部形成资金是指所有者通过资本公积、盈余公积和未分配利润等形式留在企业内部的资金，是所有者对企业追加投资的一种形式，并成为所有者权益的组成部分。

⑦ 外商资金。外商资金是指外国投资者以及我国香港、澳门和台湾地区的投资者投入的资金。

(2) 企业资金筹集的方式

目前，企业在国内筹资方式主要有吸收直接投资、发行股票、长期借款、发行债券、租赁筹资、商业信用、短期借款等。

1) 吸收直接投资。吸收直接投资是指企业在生产经营过程中，投资者或发起人直接投入企业的资金。包括固定资产、流动资产和无形资产，这部分资金一经投入，便构成企业的权益资本。这种筹资方式是非股份制企业筹集权益资本的最重要的方式。

2) 发行股票筹资。发行股票是股份制企业筹集权益资本的最重要的方式。股票是股份制企业为筹集自有资本而发行的有价证券，是股东按其所持股份享有权利和承担义务的书面凭证，它代表持股人对股份公司的所有权。根据股东承担风险和享有权利不同，股票可分为优先股和普通股两大类。

① 发行优先股筹资。优先股是企业为筹集资金而发行的一种混合性证券，兼有股票和债券的双重属性，在企业盈利和剩余财产分配上享有优先权。优先股具有如下特点：第一，优先股的股息率是事先约定而且固定的，不随企业经营状况的变化而波动，并且企业对优先股的付息在普通股付息之前。第二，当企业破产清算时，优先股的索取权位于债券持有者之后和普通股持有者之前。第三，优先股持有者不能参与企业的经营管理，且由于其股息是固定，当企业经营景气时，不能像普通股那样获取高额盈利。第四，与普通股一样列入权益资本，股息用税后净值发放，得不到免税优惠。第五，优先股发行费率和资金成本一般比普通股票低。

② 发行普通股筹资。普通股代表着一种剩余财产的所有权，即满足所有权后对企业收入和资产的所有权，普通股股东拥有并控制企业，具有选举董事会、获取股息和红利收入、出售和转让股份等权利。基本特征包括：第一，风险性。股票一经购买就不能退还本金，而且购买者能否获得预期利益，完全取决于企业的经营状况。第二，流动性。尽管股票持有者不能退股，但可以转让或作为抵押品。正是股票的流动性，促使社会资金有效配置和高效利用。第三，决策性。普通股票的持有者有权参加股东大会，参与企业的经营管理决策。第四，股票交易价格和股票面值的不一致性。股票作为交易对象，也像商品一样，有自己的市场价格。这种不一致性，给企业带来强大压力，迫使其提高经济效益，同时，也产生了社会公众的资本选择行为。

3) 发行债券筹资。企业债券是指企业按照法定程序发行，约定在一定期限内还本付息的债券凭证。代表持有人与企业的一种债务关系。企业发行债券一般不涉及企业资产所有权、经营权，企业债权人对企业的资产和所有权没有控制权。

债券的种类有不同的划分方法。按照发行区域，可分为国内债券和国际债券；按照有无担保,可分为无担保债券和有担保债券;按照能否转换成公司股票,可分为可转换债券和不可转换债券;按公司是否拥有提前收回债券的权利,可分为可收回债券和不可收回债券。债券的基本特征:第一,期限性。各种公众债券在发行时都要明确规定归还期限和条件。第二,偿还性。企业债券到期必须偿还本息。不同的企业债券有不同的偿还级别,如果企业破产清算,则按优先级别先后偿还。第三,风险性。企业经营总有风险,如果企业经营不稳定,风险较大,其债券的可靠性就较低,受损失的可能性也比较大。第四,利息率。发行债券要事先规定好利息率,通常债券的利息率固定,与企业经营效果无关,无论经营效果如何都要按时、按固定利息率向债权人支付利息。

4) 银行贷款筹资。银行贷款是指银行按一定的利率,在一定的期限内,把货币资金提供给需要者的一种经营活动。银行贷款筹资,是指企业通过向银行借款以筹集所需资金。贷款利率的大小随贷款对象、用途、期限的不同而不同,并且随着金融市场借贷资本的供求关系的变动而变动。流动资金的贷款期限可按流动资金周转期限、物资耗用计划或销售收入来确定;固定资产投资贷款期限一般按投资回收期来确定。企业向银行贷款,必须提出申请并提供详尽的可行性研究报告及财务报表,获准后在银行设立账户,用于贷款的取得、归还和结存核算。

5) 租赁筹资。租赁是一种以一定费用借贷实物的经济行为,即企业依照契约规定通过向资产所有者定期支付一定量的费用,从而长期获得某项资产使用权的行为。现代租赁按其形态主要分为两大类:融资性租赁和经营性租赁。融资性租赁是指承租方通过签订租赁合同获得资产的使用权,然后在资产的经济寿命期内按期支付租金。融资租赁是一个典型的企业资金来源,属于完全转让租赁。经营性租赁是不完全转让租赁。它的租赁期较短,出租方负责资产的保养与维修,费用按合同规定的支付方式由承租方负担。由于出租资产本身的经济寿命大于租赁合同的持续时间,因此,出租方在一次租赁期内获得的租金收入不能完全补偿购买该资产的投资。

6) 商业信用。商业信用是指企业之间的赊销赊购行为。它是企业在资金紧张的情况下,为保证生产经营活动的连续进行,采取延期支付购货款和预收销货款而获得短期资金的一种方式。采用这种方式,企业必须具有较好的商业信誉,同时。国家也应该加强引导和管理,避免引发企业间的三角债务。

企业筹资过程中,究竟通过哪种渠道,采用哪一种方式都必须根据企业自身情况来确定。

4. 企业筹资决策分析

(1) 资本成本的确定 资本成本是指企业为筹措和使用资本而付出的代价,包括筹资过程中发生的费用,如股票、债券的发行费用;在占用资金过程中支付的报酬,如利息、股利等。合理测定各种来源的资本成本是筹资决策的一项重要内容。

企业通常是通过多种渠道,采用多种方式来筹措资金的,不同来源的资金其成本也不同。为了进行筹资决策和投资决策、确定最佳资本结构,需要测算企业各种资金来源的综合资本成本和边际成本。综合资本成本是以各种资本占用全部资本的比重为权数,对各种来源的资本的成本进行加权平均计算,又称为加权平均资本成本。综合资本成本是由个别资本成本和加权平均权数两个因数所决定的。边际资本成本是企业筹措新资金的成本。如新增1元资金,其成本为 0.08 元。边际资本成本是加权平均资本成本的一种形式,其计算方法也按加权平均法计算,它是企业追加筹资额时必须考虑的因素。

(2) 财务风险衡量 财务风险衡量是由企业筹资决策所带来的风险,它有两层含义:一

第6章 汽车服务企业财务管理

是通过企业普通股东收益的可变性；二是指企业利用财务杠杆而造成的财务困难的可能性。而财务杠杆则是指利用资本成本固定性的筹资方式，主要是借款、租赁和优先股筹资方式，对普通股每股利润和企业价值会产生影响，同时也会产生财务风险。财务杠杆的基本原理是在长期资金总额不变的条件下，企业从营业利润中支付的债务成本是固定的，当营业利润增多或减少时，每元营业利润所负担的债务成本就会相应地减少或增大，从而给每股普通股带来额外的收益或损失。

财务风险是指由于利用财务杠杆，给企业带来的破产风险是企业预期筹资效益的保证。其常用的分析方法有期望值分析法、标准离差分析法等。

（3）资本结构优化　资本结构优化是指企业各种资金的构成及其比例关系，通常是指企业长期负债资本和权益资本的比例关系。资本结构是企业筹资决策的核心问题。企业在筹资决策过程中应确定最佳资本结构，并在以后追加筹资中继续保持最佳资本结构。

在企业资本结构中，合理地安排负债资金，对企业有重要影响。由于负债资金具有双重作用，即适当利用负债，可以减小企业资金成本，但当企业负债比例太高时，会带来较大的财务风险，因此，企业必须权衡财务风险与资金成本的关系，确定最佳的资本结构。

建立最佳资本结构就是合理配置长期负债与所有者权益的构成比例。其目的是使企业资本总成本最低，企业资本价值最大，同时风险也不太大，可以承受。所谓优化资本结构，即促使资本结构的最佳组合，在兼顾风险的基础上，达到综合资本成本率最低。

6.1.3 汽车服务企业资产的管理

资产是企业所拥有或控制，能用货币计量，并能为企业提供经济效益的经济资源。包括各种财产、债权和其他权利。资产的计价以货币作为计量单位，反映企业在生产经营的某一个时点上所实际控制资产存量的真实状况。对企业来说，管好用好资产是关系到企业兴衰的大事，必须予以高度的重视。

资产按其流动性通常可以分为流动资产、固定资产、长期投资、无形资产、递延资产和其他资产。这里只介绍流动资产和固定资产的管理。

1. 流动资产管理

流动资产是指可以在1年内或者超过1年的一个营业周期内变现或者运用的资产。流动资产在企业再生产过程中是一个不断投入和回收的循环过程，很难评价其投资报酬率。从这一点上看，对流动资产进行管理的基本任务是：努力以最低的成本满足生产经营周转的需要，提高流动资产的利用效率。

按资产的占用形态，流动资产可分为现金、短期投资、应收及预付款和存货。在汽车服务企业中，流动资产主要指现金及有价证券、应收账款、存货等。这里仅介绍现金、应收账款及存货的管理。

（1）现金管理　现金是企业占用在各种货币形态上的资产，是企业可以立即投入流通的交换媒介，它是企业流动性最强的资产。属于现金的项目，包括库存现金、银行存款、各种票据、有价证券，各种形式的银行存款和银行汇票、银行本票等。

作为变现能力最强的资产，现金是满足正常经营开支、清偿债务本息，履行纳税义务的重要保证，同时，现金又是一种非盈利性资产，持有量过多，企业承担较大的机会成本，降低资产的获利能力。因此，必须在现金流动性与收益性之间做出合理的选择。

现金管理的目的是在保证企业生产经营所需现金的同时，节约使用资金，并从暂时闲置的现金中获得最多的利息收入。

现金管理的内容主要包括：编制现金收支计划，以便合理地估算未来的现金需求；对日常现金收支进行控制，力求加速收款，延缓付款；用特定的方法确定理想的现金余额，即当企业实际的现金余额与最佳的现金余额不一致时，采用短期融资或归还借款和投资于有价证券等策略来达到比较理想的状况。

现金收支计划是在预定企业现金的收支状况，并对现金进行平衡的一种打算。它是企业财务管理的一项重要内容。

（2）应收账款管理　应收及预付款是一个企业对其他单位或个人有关支付货币、销售产品或提供劳务而引起的索款权。它主要包括应收账款、应收票据、其他应收款、预付货款等。汽车服务企业所涉及有关应收及预付款的业务主要是：企业提供汽车维修的劳务性作业而发生的非商品交易的应收款项、企业在外地购买设备或材料配件等而发生的预付款项、其他业务往来及费用的发生涉及的其他应收款项。

应收账款是企业因销售产品、材料，提供劳务等业务，应向购货单位或接受劳务单位收取的款项。汽车服务企业因销售产品、提供汽车维修劳务等发生的收入，在款项尚未收到时属于应收账款。应收账款的功能在于增加销售、减少存货。同时，也要付出管理成本，甚至发生坏账，近年来，由于市场竞争的日益激烈，汽车服务企业应收账款数额明显增多，已成为流动资产管理中的一个日益重要的问题。为此，要加强对应收账款的日常控制，做好企业的信用调查和信用评价，以确定是否同意顾客赊账。当顾客违反信用条件时，还要做好账款催收工作，确定合理的收账程序和讨债方法，使应收账款政策在企业经营中发挥积极作用。

（3）存货管理　库存是指企业在生产经营过程中，为销售或耗用而储存的各种物资。对于汽车服务企业来说，库存主要是为耗用而储备的物资，一般是指汽车维修的材料、配件等。由于它们经常处于不断耗用与不断补充之中，具有鲜明的流动性，且通常是企业数额最大的流动资产项目。库存管理的主要目的是控制库存水平，在充分发挥库存功能的基础上，尽可能地减少存货，降低库存成本。常用存货控制的方法是分级归口控制，其主要包括三项内容：

① 在厂长经理的领导下，财务部门对存货资金实行统一管理，包括制定资金管理的各项制度，编制存货资金计划，并将计划指标分解落实到基层单位和个人，对各单位的资金运用情况进行检查和分析，统一考核资金的使用情况。

② 实行资金的归口管理，按照资金的使用与管理相结合、物资管理与资金管理相结合的原则，每项资金由哪个部门使用，就由哪个部门管理。

③ 实行资金的分级管理，即企业内部各管理部门要根据具体情况将资金计划指标进行分解，分配给所属单位或个人，层层落实，实行分级管理。

2. 固定资产管理

固定资产是指使用期限较长、单位价值较高的主要劳动资料和服务资料，并且在使用过程中保持原有实物形态的资产，主要包括房屋及建筑物、机器设备、运输设备和其他与生产经营有关的设备、工具器具等。固定资产是汽车服务企业中资产的主要种类，是资产管理的重点。

（1）固定资产的分类及计价

1）固定资产的种类及特征。按经济用途将固定资产分为生产用固定资产、销售用固定资产、科研开发用固定资产和生活福利用固定资产4种。汽车服务企业的固定资产主要是生产性固定资产，且多为专用设备。

按使用情况不同,将固定资产分为:使用中的固定资产、未使用的固定资产和不需用的固定资产。

按所属关系不同,将固定资产分为:自有固定资产和融资租入的固定资产。

固定资产的特征:

① 投资时间长,技术含量高;

② 收益能力高,风险较大;

③ 价值的双重存在;

④ 投资的集中性和回收的分散性。

固定资产是企业资产中很重要的一部分,它的数额表示企业的生产能力和扩张情况。因此必须加强对固定资产的管理。固定资产管理的任务是:认真保管,加强维修,控制支出,提高利用率,合理计算折旧。

2) 固定资产的计价。固定资产的价值按货币单位进行计算,称为固定资产的计价。

正确对固定资产进行计价,严格按国际标准和惯例,如实反映固定资产的增减变化和占用情况,是加强固定资产管理的重要条件,也是正确计算折旧的重要依据。

为了全面反映固定资产价值的转移和补偿特点,固定资产通常采用以下三种计价形式:

① 原值。即原始价值,是指企业在购置和建造某项固定资产时支出的货币总额。

② 净值。即折余价值,是指固定资产原值减去累计折旧后的余额,反映了固定资产的现有价值。

③ 重置价值。即重置完全价值,是指在当前市场价格水平下,重新购建该项固定资产或与其相同生产能力固定资产所需的全部支出。当企业因故取得无法确定原价的固定资产时,可按重置价值计价入账。

以上三种计价标准,对固定资产的管理有着不同的作用。采用原值和重置价值,可使固定资产在统一计价的基础上,如实地反映企业固定资产的原始投资,并用来计算折旧。

采用折余价值,可以反映企业当前实际占用在固定资产上的资金,将折余价值与原始价值比较,可以了解固定资产的新旧程度。

(2) 固定资产的日常管理 为了提高固定资产的使用效率,保护固定资产的安全完整,做好固定资产的日常管理工作至关重要。其主要包括以下几个方面:

1) 实行固定资产归口分级管理。企业的固定资产种类繁多,其使用单位和地点又很分散。为此,要建立各职能部门、各级单位在固定资产管理方面的责任制,实行固定资产的归口分级管理。

归口管理就是把固定资产按不同类别交相应职能部门负责管理。各归口管理部门要对所分管的固定资产负责,保证固定资产的安全完整;分级管理就是按照固定资产的使用地点,由各级使用单位负责具体管理,并进一步落实到班组和个人。做到层层有人负责,物物有人管理,保证固定资产的安全管理和有效利用。

2) 编制固定资产目录。为了加强固定资产的管理,企业财务部门要会同固定资产的使用和管理部门,按照国家规定的固定资产划分标准,分类详细地编制"固定资产目录"。在编制固定资产目录时,要统一固定资产的分类编号。各管理部门和各使用部门的账、卡、物要统一用此编号。

3) 建立固定资产卡片或登记簿。固定资产卡片实际上是以每一独立的固定资产项目为对象开设的明细账。企业在收入固定资产时设立卡片,登记固定资产的名称、类别、编号、预计使用年限、原始价值、建造单位等原始资料。还要登记有关验收、启用、大修、内部转移、调出及报废清理等内容。

实行这种办法有利于保护企业固定资产的完整无缺,促进使用单位关心设备的保养和维护,提高设备的完好程度,有利于做到账账、账实相符,为提高固定资产的利用效果打下良好的基础。

4）正确地核算和提取折旧。固定资产的价值是在再生产过程中逐渐地损耗并转移到新产品中去的。为了保证固定资产在报废时能够得到更新,在其正常使用过程中,要正确计算固定资产的折旧,以便合理地计入产品成本,并以折旧的形式收回,以保证再生产活动的持续进行。

5）合理安排固定资产的修理。为了保证固定资产经常处于良好的使用状态和充分发挥工作能力,必须经常对其进行维修和保养。固定资产修理费一般可直接计入有关费用,但若修理费支出不均衡且数额较大的,为了均衡企业的成本、费用负担,可采取待摊或预提的办法。采用预提办法的,实际发生的修理支出冲减预提费用；实际支出大于预提费用的差额,计入有关费用；小于预提费用的差额冲减有关费用。

6）科学地进行固定资产更新。财务管理的一项重要内容是根据企业折旧基金积累的程度和企业发展的需要,建立起企业固定资产适时更新规划,满足企业周期性固定资产更新改造的要求。

（3）固定资产的折旧管理

1）固定资产折旧与折旧费的概念。固定资产在使用过程中,由于机械磨损、自然腐蚀、技术进步和劳动生产率提高而引起的价值损耗,逐渐地、部分地转移到营运成本费用中。这种转移到营运成本费用中去的固定资产价值损耗,称为固定资产折旧。

固定资产的损耗分为有形损耗和无形损耗两种。有形损耗是指由于机械磨损和自然力影响或腐蚀而引起使用价值和价值的绝对损失；无形损耗是指由于技术进步和生产率的提高而引起的固定资产价值的相对损失。

固定资产由于损耗而转移到成本费用中去的那部分价值,应以折旧费的形式按期计入成本费用,不得冲减资本金。固定资产转移到成本费用中的那部分价值称为折旧费。

2）固定资产折旧的计算方法。固定资产的价值是随使用而逐渐减少的,以货币形式表示的固定资产自身消耗而减少的价值,就称为固定资金的折旧。

汽车服务企业的折旧计提方法,主要有以下几种：

① 使用年限法。使用年限法是根据固定资产的原值,减去预计残值和清理费用,按预计使用年限平均计算的一种方法,又称为直线法。计算公式如下：

$$固定资产年折旧额 = \frac{原始价值 - (预计残值 + 预计清理费用)}{预计使用年限}$$

$$= \frac{原始价值 - 预计净残值}{预计使用年限}$$

$$= \frac{原始价值 \times (1 - 预计残值率)}{预计使用年限}$$

$$月折旧额 = 年折旧额 \div 12$$

预计净残值率是预计净残值与原值的比率,它一般应按固定资产原值的3%~5%确定,低于3%或者高于5%的,由企业自主确定,并由主管财政机关备案。

例6-1 某维修企业2008年底购入设备一台,价值20万元,其净残值率为3%,预计使用年限10年,求其年折旧额。

解 年折旧额 = 200000 × (1 − 3%) ÷ 10 = 19400 元

② 工作量法。对某些较大的设备，经常不使用，维修企业可以采用工作时间法计算折旧。其计算公式为：

$$每一工作量折旧额 = \frac{固定资产原值 \times (1-净残值率)}{预计的总工作量}$$

某项固定资产年（月）折旧额 = 该项固定资产当年（月）工作量 × 每一工作量折旧额

例 6-2 某维修企业是大型的维修企业，有一台经常不使用的机床，价值 5 万元，该机床总的工作时间为 5000 小时，当年实际使用 200 小时，求当年的折旧额（残值忽略不计）。

$$年折旧额 = \frac{50000}{5000} \times 200 = 2000 \text{ 元}$$

③ 双倍余额递减法。双倍余额递减法是以平均使用年限折旧率的双倍为固定折旧率，并按每期期初固定资产折旧价值为基数来计提固定资产折旧的一种方法。它是在先不考虑固定资产净残值的情况下来计算的。其计算公式为：

$$年折旧率 = \frac{2}{折旧年限} \times 100\%$$

年折旧额 = 年初固定资产账面净值 × 年折旧率

④ 年数总和法。年数总和法又称年数合计法或年数比例递减法。它同双倍余额递减法的特点相似，所不同的是：年数总和法计算折旧的基数不变，而年折旧率是随固定资产使用年限逐年变动的，所以又称为变率递减法。其计算公式为：

$$年折旧率 = \frac{折旧年限 - 已使用年数}{年数总和数} \times 100\%$$

年折旧额 = （固定资产原值 - 预计净残值）× 年折旧率

年数总和数 = 折旧年限 × （折旧年限 + 1）÷ 2

（4）固定资产投资管理

1）投资项目评价的一般方法。投资方案评价时使用的指标分为两类：一类是非贴现指标，即没有考虑货币时间价值因素的指标，主要有回收期法、会计收益率法等；另一类是贴现指标，即考虑货币时间价值因素的指标，主要包括净现值、现值指数、内含报酬率等。这里只介绍计算方法简单的，未考虑货币的时间价值的评价方法。

① 回收期法。回收期指投资引起的现金流入与投资额相等时所需的时间，它代表收回投资所需要的年限。回收期越短，方案越优。

回收期的计算公式如下：

$$回收期 = \frac{原始投资额}{每年现金净流入量}$$

每年现金净流入量 = 每年净收益 + 年折旧额

例 6-3 某维修企业有两种投资方案，甲方案投资 200 万元，投资后每年可产生 40 万元净收益。乙方案投资 150 万元，投资后每年可产生净收益 35 万元。假设只能选择一个方案，试用回收期法比较两方案的优劣（投资有效期均为 5 年）。

解

$$甲方案回收期 = \frac{2000000}{400000 + 2000000/5} = 2.5 \text{ 年}$$

$$乙方案回收期 = \frac{1500000}{350000 + 1500000/5} = 2.31 \text{ 年}$$

由于甲方案的回收期大于乙方案的回收期，故乙方案优于甲方案。

② 会计收益率法 这种方法计算简便，应用范围很广。它在计算时使用会计报表上的

数据，以及普通会计的收益和成本概念。其计算公式如下：

$$会计收益率 = \frac{年平均收益率}{原始投资额} \times 100\%$$

在例 6-3 中：

$$甲方案的会计收益率 = \frac{400000}{2000000} \times 100\% = 20\%$$

$$乙方案的会计收益率 = \frac{350000}{1500000} \times 100\% = 23.33\%$$

此种方法，比较会计收益率的高低，收益率高的为优先考虑方案。此种方法的缺点也在于未考虑货币的时间价值。

2）固定资产的投资决策。对于汽车服务企业，对投资项目进行评价的应用经常是固定资产的更新决策，关于固定资产更新的方法和决策的选择，在这里不再加以介绍。

6.1.4 汽车服务企业财务分析与评价

汽车服务企业财务分析与评价是指以财务报表和其他资料为依据，采用专门的方法，系统地分析和评价企业过去和现在的财务状况、经营成果及其利润变动情况，从而为企业及各有关方面进行经济决策、提高资产管理水平提供重要依据。

1. 企业财务分析与评价的目的与要求

企业的财务分析同时肩负着双重目的：一方面，剖析和洞察自身财务状况与财务实力，分析判断外部利害相关者的财务状况与财务实力，从而为企业的经营决策提供信息支持；另一方面，从价值形态方面为业务部门提供咨询服务。财务分析与评价对于现代企业经营管理者、投资者和债权人都是至关重要的。通过财务分析与评价可以了解到企业的财务状况、资产管理水平、投资项目获利能力以及企业的未来发展趋势。

为使财务分析与评价的结果尽可能准确、有效和及时，满足企业内外各方面对财务分析信息的需要，进行财务分析与评价时需做到以下几点：

（1）分析内容应满足多元分析主体的需要。财务分析与评价的主体是指财务分析与评价工作为之服务的对象。它包括企业经营者、投资者和债权人等。财务分析与评价不仅要从投资者和经营管理者的角度来分析评价企业的财务状况和经营成果，还应该考虑到企业债权人、未来投资者以及职工等多元分析主体财务分析信息的需要，在分析内容上满足他们的相关需要。

（2）以公认的会计准则和有关的法规制度为依据。用于财务分析与评价的报表数据必须真实可靠。如果报表数据失真，将直接影响分析结果的客观性和正确性。

（3）及时提供财务分析与评价的结果。财务分析与评价的结果是财务信息使用者用于新时期经营管理或投资决策的参考，企业应在财务报表出来后及时依据报表提供的信息资料进行分析与评价，并及时传递和公布，确保财务信息满足投资决策的需要。

2. 企业财务分析与评价的基础

进行财务分析所依据的主要资料是企业的财务报告。企业财务报告是反映企业财务状况和经营成果的书面文献。它包括会计报表主表、附表、会计报表附注和财务情况说明书。会计报表主表有资产负债表、利润表、财务状况变动表（或现金流量表）。会计报表附表是为了帮助理解会计报表的内容而对报表项目等所作的解释，有利润分配表、主营业务收支明细表等。其中资产负债表、损益表、现金流量表应用比较广泛。

（1）资产负债表。资产负债表是以"资产＝负债＋所有者权益"为根据，按照一定的分类标准和一定的次序反映企业在某一时点上资产、负债及所有者权益的基本状况的会计报表。资产负债表可以提供企业的资产结构、资产流动性、资金来源状况、负债水平以及负债结构等信息，分析者可据此了解企业拥有的资产总额及其构成状况，考察企业资产结构的优劣和负债经营的合理程度，评估企业的清偿债务的能力和筹资能力，预测企业未来的财务状况和财务安全度，从而为债权人、投资人及企业管理者提供决策依据。

（2）损益表。损益表是以"利润＝收入－费用"为根据编制，反映企业在一定经营期间内生产经营成果的财务报表。通过损益表可以考核企业利润计划完成情况，分析企业实际的盈利水平及利润增减变化原因，预测利润的发展趋势，为投资者及企业管理者等各方面提供决策依据。损益表也是计算投资利润率和投资利税率的基础和依据。

（3）现金流量表。现金流量表是以"净现金流量＝现金流入－现金流出"为根据编制的，通过现金和现金等价物的流入、流出情况，反映企业在一定期间内的经营活动、投资活动和筹资活动的动态情况的财务报表。它是计算现代企业内含报酬率、财务净现值和投资回收期等反映投资项目盈利能力指标的基础。

3. 财务分析的基本方法

常用的财务分析方法有比较法、比率分析法、趋势分析法和因素分析法。

（1）比较法。比较法是通过经济指标数量上的变化来揭示它的数量关系和数量差异的一种方法。其主要作用在于揭示财务活动中的数量关系和差距，从中发现问题，为进一步分析原因、挖掘潜力指明方向，它是财务分析最基本的方法。

根据财务分析的目的和要求的不同，比较法有以下三种形式：

① 实际指标同计划（定额）指标比较。
② 本期指标同上期指标或历史最高水平比较。
③ 本单位指标同国内外先进单位指标比较。

应用比较法对同一性质指标进行数量比较时，要注意所利用指标的可比性，双方的指标应在内容、时间、计算方法、计价标准上口径应当一致。必要时，可以对所用的指标按同一口径进行调整换算。

（2）比率分析法。比率分析法是通过计算经济指标的比率来确定经济活动变动程度的分析方法。应用时，把分析对比的数值变成相对数，计算出各种比率指标，然后进行比较，从确定的比率差异中发现问题。因此，能够把在某些条件下的不可比指标变为可比较的指标进行分析比较。

常用方法有三种类型：构成比率；效率比率；相关比率。

（3）趋势分析法。趋势分析法是将两期或连续数期财务报告中的相同指标或比率进行对比，求出它们增减变动的方向、数额和幅度的一种方法。采用这种方法可以揭示企业财务状况和生产经营情况的变化，分析引起变化的原因、变动的性质，并预测企业未来的发展前景。

常用两种方法：定比趋势分析；环比趋势分析。

（4）因素分析法。因素分析法是指从数量上确定一个综合经济指标所包含的各个因素的变化对该综合指标的影响程度的一种分析方法。比较常用的因素分析法有连环替代法和差额计算法。

因素分析法既可以全面分析各因素对某一经济指标的影响，也可以单独分析某个因素对某一经济指标的影响。后者可以用于计算由于流动资金周转天数缩减而对流动资金计划需要量减少的影响；应收账款收款天数缩短，降低坏账损失率对企业坏账损失减少的影响等。它是财务分析的一种常用方法。

4. 企业财务分析与评价的指标体系

汽车服务企业财务分析与评价按照分析的目的可以分为偿债能力分析与评价,营运能力分析与评价,盈利能力分析与评价,发展趋势分析与评价等。

(1) 偿债能力分析与评价　偿债能力是指企业偿还到期债务的能力。如果到期不能偿付债务,则表示企业偿债能力不足、财务状况不佳,情况严重时还将危及企业的生存。按照债务偿还期限的不同,企业的偿债能力可分为短期偿债能力和长期偿债能力。

1) 短期偿债能力分析。短期偿债能力是指企业流动资产偿还负债的能力。它反映企业偿还日常到期债务的实力。企业能否及时偿还到期的流动负债,是反映企业财务状况好坏的重要标志。衡量短期偿债能力的指标主要有流动比率、速动比率和现金比率。

① 流动比率。流动比率是流动资产除以流动负债的比值。这一指标主要用于揭示流动资产与流动负债的对应程度,考察短期债务偿还的安全性。其计算公式如下:

$$流动比率 = \frac{流动资产}{流动负债}$$

一般来说,流动比率越高,企业的短期偿债能力就越强,债权人权益越有保证。经验认为合理的最低流动比率是 2。它表明企业财务状况稳定可靠,除了满足日常生产经营的流动资金需要外,还有足够的财力偿付到期的短期债务。如果比例过低,则表示企业可能难以如期偿还债务。但是,流动比率也不能过高,过高表明企业流动资产占用较多,会影响资金的使用效率和企业的获利能力。

例 6-4　根据表 6-1 的资料 A 企业 200X 年年末的流动资产是 565 万元,流动负债是 287 万元,依上式计算流动比率为:

$$流动比率 = \frac{5650000}{2870000} = 1.97$$

表 6-1　资产负债表

编制单位:A 企业　　　　　　　　200X 年 12 月 31 日　　　　　　　　单位:万元

资　产	年初数	期末数	负债及所有者权益	年初数	期末数
流动资产			流动负债		
货币资金	23	50	短期借款	45	60
短期投资	80	60	应付账款	158	180
应收账款	100	150	预收账款	30	40
预付账款	11	46	其他应付款	12	7
存货	326	259			
流动资产合计	542	565			
			流动负债合计	245	287
长期投资	45	30	长期借款	530	680
固定资产净值	1002	1256			
无形资产	8	6	所有者权益		
			实收资本	80	80
			盈余公积	42	60
			未分配利润	700	750
			所有者权益合计	822	890
资产总计	1597	1857	负债及所有者权益总计	1597	1857

计算出来的流动比率，只有和同行业平均流动比率、本企业历史的流动比率进行比较才能知道这个比率是高还是低。这种比较通常不能说明流动比率高或低的原因，要找出过高或过低的原因还必须分析流动资产和流动负债所包括的内容以及经营上的因素。一般情况下，营业周期、流动资产中的应收账款数额和存货的周转速度是影响流动比率的主要因素。

② 速动比率。速动比率是指企业的速动资产除以流动负债的比值。速动资产是指流动资产减去变现能力较差且不稳定的存货、预付账款、待摊费用、待处理流动资产损失后的余额，即包括现金、各种银行存款、可即时变现的短期投资和应收账款。其计算公式为：

$$速动比率 = \frac{速动资产}{流动负债}$$

$$速动资产 = 流动资产 - (存货 + 预付账款)$$

计算速动资产时，所以要扣除存货，是因为存货是流动资产中变现较慢的部分，它通常要经过产品的售出和账款的收回两个过程才能变为现金。存货中还可能包括适销不对路而难以变现的产品。对于待摊费用和预付账款等，它们只能减少企业未来时期的现金付出，却不能转变为现金，因此，不应计入速动资产。

例 6-5 根据表 6-1 的资料 A 企业 200X 年年末的数据，速动资产为 565 万－(259＋46)万＝260 万元，依上式计算速动比率为：

$$速动比率 = \frac{2600000}{2870000} = 0.91$$

由于排除了存货等变现能力较弱且不稳定的资产，因此速动比率比流动比率能够更加准确、可靠地评价企业资产的流动性及其偿还短期债务的能力。通常认为正常的速动比率为 1，低于 1 的速动比率被认为是短期偿债能力偏低。但是速动比率指标与行业有密切的关系，因为行业不同，速动比率会有很大差别，没有统一标准。

③ 现金比率。现金比率是现金（各种货币资金）和短期有价证券之和除以流动负债的比值。

在企业的流动资产中，现金及短期有价证券的变现能力最强，它可以百分之百地保证相等数额的短期负债的偿还。以现金比率来衡量企业短期债务的偿还能力，较之流动比率或速动比率更为保险，最能反映企业直接偿付短期负债的能力。其计算公式为：

$$现金比率 = \frac{现金 + 有价证券}{流动负债}$$

现金比率虽然能反映企业的直接支付能力，但在一般情况下，企业不可能，也没必要保留过多的现金资产。若这一比率过高，就意味着企业所筹集的流动负债未能得到合理的运用，经常以获利能力较低的现金类资产保持着。

例 6-6 根据表 6-1 的资料 A 企业 200X 年年末的数据，依上式计算现金比率为：

$$现金比率 = \frac{500000 + 600000}{2870000} = 0.38$$

2) 长期偿债能力分析。

① 资产负债率。资产负债率是负债总额除以资产总额的百分比，即资产总额中有多大比例是通过负债筹资形成的，同时也说明企业清算时债权人利益的保障程度，也称举债经营比率，或负债比率。其计算公式为：

$$资产负债率 = \frac{负债总额}{全部资产总额} \times 100\%$$

例 6-7 根据表 6-1 的资料 A 企业 200X 年度负债总额为 967 万元，资产总额为 1857 万元。依上式计算资产负债率为：

$$资产负债率=\frac{9670000}{18570000}\times100\%=53\%$$

这一指标主要反映资产与负债的依存关系，即负债偿还的物资保证。从债权人角度看，这一指标越低越好，该指标越低，说明全部资本中所有者权益比例越大，企业财力也越充足，债权人按期收回本金和利息也就越有保证。从所有权的立场看，该指标的评价，要视借入资本的代价而定。当全部资产利润率高于借贷利率时，希望资产负债率高些，反之则希望其低些。从经营管理者角度看，资产负债率高或低，反映其对企业前景的信心程度，资产负债率高，表明企业活力充沛，对其前景充满信心、但需承担的财务风险较大，同时过高的负债比率也会影响企业的筹资能力。因此，企业经营管理者运用举债经营策略时，应全面考虑，权衡利害得失，保持适度的负债比率。

② 产权比率。产权比率是负债总额与股东权益总额的比率，是企业财务结构是否稳健的重要标志，也是衡量企业长期偿债能力的指标之一。其计算公式为：

$$产权比率=\frac{负债总额}{股东权益}\times100\%$$

上述公式中的"股东权益"，也就是所有者权益。

例 6-8 根据表 6-1 的资料 A 企业 200X 年度期末所有者权益合计为 890 万元，依上式计算产权比率为：

$$产权比率=\frac{9670000}{8900000}\times100\%=109\%$$

产权比率指标体现企业负债与股东提供的资本的对应关系，即企业清算时债权人权益的保障程度。企业所拥有的经济资源，从自然属性上反映为各项资产的占用，而从社会属性上则体现为权益的归属，包括债权人的权益与所有者权益。产权比率反映企业的财务结构是否稳定。一般说来，所有者权益应大于借入资本，即产权比率越低，企业偿还债务的资本保证就越高，债权人遭受风险损失的可能性就越小。

③ 已获利息倍数。已获利息倍数是企业息税前利润与利息费用的比值，用以衡量偿付借款利息的能力，又称为利息保障倍数。其计算公式为：

$$已获利息倍数=\frac{息税前利润}{利息费用}$$

该指标反映企业经营收益为所需支付的债务利息的多少倍，即获利能力对债务偿付的保证程度。该指标越高，说明企业利润为支付债务利息提供的保障程度越高。反之，说明保障程度低，使企业失去对债权人的吸引力。

(2) 企业营运能力分析与评价　营运能力是指通过企业生产经营资金周转速度的有关指标，所反映出来的企业资金利用的效率。它表明企业管理人员经营管理、运用资金的能力。营运能力分析包括流动资产周转情况分析、固定资产周转情况分析和总资产周转情况分析。

1) 流动资产周转情况分析。对汽车服务企业，反映流动资产周转情况的指标主要有两个，即应收账款周转率和存货周转率。

① 应收账款周转率。应收账款周转率是指企业在一定时期内赊销收入净额与应收账款平均余额的比率，是反映企业应收账款回收速度和管理效率的指标。通常用下列公式表示：

$$应收账款周转率=\frac{赊销收入净额}{应收账款平均余额}$$

该指标是评价应收账款流动性大小的一个重要财务比率，它可以用来分析企业应收账款的变现速度和管理效率,企业应收账款周转率高,则表明企业应收账款的变现速度快,管理效率高,资金回收迅速,不易发生呆账或坏账损失,流动资产营运状况良好;反之,则相反。

② 存货周转率。存货周转率是指企业一定时期的销售成本与平均存货的比率,它是反映企业销售能力和流动资产流动性的一个指标,也是衡量企业生产经营各个环节存货运营效率的一个综合性指标。其计算公式为:

$$存货周转率 = \frac{销售成本}{平均存货}$$

$$平均存货 = \frac{期初存货余额 + 期末存货余额}{2}$$

汽车服务企业的流动资产中,存货往往占有相当大的比例,而存货中汽车配件一般占有绝大比重,企业的存货应该保持在一个合理水平。存货数额过大,除了会增加存货投资之外,还会增加企业的储存费用,给企业带来一定的损失;如果存货数量过低,又会影响维修业务的正常开展。所以,既要维持一个恰当的库存水平,又应加速存货周转,提高存货的利用效果。另外,存货的质量和流动性对企业的流动比率具有举足轻重的影响,进而影响企业的短期偿债能力。

2) 固定资产周转情况分析。固定资产周转率是反映固定资产周转情况的指标。它是指企业年收入净额与固定资产平均余额的比率。其计算公式为:

$$固定资产周转率 = \frac{年收入净额}{固定资产平均余额}$$

它是反映企业固定资产周转情况,衡量固定资产利用率的一项指标。该指标越高,则表明企业固定资产利用越充分,同时也能表明企业固定资产投入得当,结构合理,能够充分发挥其效率。反之,如果固定资产周转率不高,则表明固定资产使用效率不高,企业经营能力不强。

3) 总资产周转情况分析。总资产周转率是反映总资产周转情况的指标,亦称总资产利用率。它是企业销售收入净额与资产平均总额的比率。其计算公式为:

$$总资产周转率 = \frac{销售收入净额}{资产平均总额}$$

该指标可用来分析企业全部资产的使用效率。如果该比率较低,说明企业利用其资产进行经营的效率较差,会影响企业的获利能力,企业应采取措施提高销售收入或处置资产,以提高总资产利用率。

(3) 企业盈利能力分析与评价　盈利能力就是企业赚取利润的能力,也称获利能力,是投资人、债权人以及企业经营者,都重视和关心的中心问题。一般来说,企业盈利能力的大小是由其经常性的经营理财业绩决定的。那些非经常性的事项及其他特殊事项,虽然也会对企业的损益产生某些影响,但不能反映出企业的真实获利能力。如重大事故或法律更改等特别事项的影响等。因此,在企业盈利能力的指标很多,通常使用的主要有销售利润率、成本费用利润率、总资产利润率、资本金利润率及股东权益利润率。

1) 销售利润率。销售利润率是指企业利润总额与企业销售净额的比率。其计算公式为:

$$销售利润率 = \frac{利润总额}{销售收入净额} \times 100\%$$

在销售收入中,销售利润率主要反映企业职工为社会劳动新创造价值所占的份额。该项指标越高,表明企业为社会所创造的价值越多,贡献越大,也反映企业在增产的同时,为企业多创造了利润,实现了增产增收。

2) 成本费用利润率。成本费用利润率是指企业利润总额与成本费用总额的比率。它是反映企业生产经营过程中发生的耗费与获得的收益之间关系的指标。其计算公式为:

$$成本费用利润率 = \frac{利润总额}{成本费用总额} \times 100\%$$

3) 总资产利润率。总资产利润率是企业利润总额与企业资产平均总额的比率,即过去所说的资金利润率。其计算公式为:

$$总资产利润率 = \frac{利润总额}{资产平均总额} \times 100\%$$

总资产利润率指标反映了企业资产总和利用效果,是衡量企业利用债权人的所有者权益总额取得盈利的重要指标。其值越高,表明资产利用的效益越好,整个企业获利能力越强,经营管理水平越高。

4) 资本金利润率。资本金利润率是企业的利润总额与资本金总额的比率,是反映投资者投入企业资本金的获利能力的指标。其计算公式为:

$$资本金利润率 = \frac{利润总额}{资本金总额} \times 100\%$$

资本金利润率越高,说明企业资本金的利用效果越好,企业资本金是所有者投入的主权资金,资本金利润率的高低直接关系到投资者的权益,是投资者最关心的问题。

5) 股东权益利润率。股东权益利润率是企业利润总额与平均股东权益的比率。它是反映股东投资收益水平的指标。其计算公式为:

$$股东权益利润率 = \frac{利润总额}{平均股东权益} \times 100\%$$

股东权益是股东对企业净资产所拥有的权益,净资产是企业全部资产减去全部负债后的余额。平均股东权益为年初股东权益额与年末股东权益额的平均数。

股东权益利润率指标越高,表明股东投资的收益水平越高,获利能力越强。

(4) 财务状况的趋势分析　财务状况的趋势分析主要是通过比较企业连续几个会计期间的财务指标、财务比率和财务报告,来了解财务状况的变动趋势,并以此来预测企业未来财务状况,判断企业的发展前景。趋势分析主要从以下三个方面进行。

① 比较财务指标和财务比率。这种方法是对企业主要的财务指标和财务比率,从前后数年的财务报告中选出指标后,对指标进行必要的计算加工,直接观察其金额或者比率的变动数额和变动幅度,分析其变动趋势是否合理,并据以预测未来。

② 比较会计报表的金额。这种方法是将相同会计报表中的连续数期的金额并列起来,比较其中相同项目增减变动的金额及其幅度,由此分析企业财务状况和经营成果的变动趋势。

③ 比较会计报表的构成。这种方法是以会计报表中的某一总体指标作为100%,计算其各组成部分指标占该总体指标的百分比,然后比较若干连续时期的该项构成指标的增减变动趋势。常用的形式是销售收入百分比法,就是以产品销售收入作为100%,计算其他指标占销售收入的百分比,分析各指标所占百分比的增减变动和对企业利润总额的影响。

(5) 财务状况的综合分析　单独分析任何一类财务指标,都难以全面评价企业的财务状况和经营效果。因此,应采用适当的标准,进行综合分析,这样才能获得对企业财务状况的经营成果的综合性总评价。常用的方法为财务比率综合评价法。

财务比率综合评价法可以通过指数法编制综合分析表来进行,其程序为:

① 选择评价企业财务状况的比率指标。通常要选择能够说明问题的重要指标。即在反映企业偿债能力、营运能力和盈利能力三类比率指标中选择若干具有代表性的指标。

② 确定各项指标的相对重要性系数。其值应为小于1的小数值，各项指标的重要性系数之和应等于1。系数的确定要依据各项指标的相对重要程度，重要程度的判断要根据企业经营状况，一定时期的管理要求，企业所有者，债权人和经营者的意向而定。

③ 确定各项比率指标的标准值。财务比率指标的标准值是指在本企业现有条件下各项指标最理想的数值，即最佳值。

④ 计算企业在一定时期各项比率指标的实际值。

⑤ 计算关系比率。即各项指标实际值与标准值的比率。注意三种不同情况的计算方法。

当最佳值为实际值大于标准值时：

$$关系比率 = \frac{实际值}{标准值}$$

当最佳值为实际值小于标准值时：

$$关系比率 = \frac{标准值 - (实际值 - 标准值)}{标准值}$$

⑥ 求出各项比率指标的综合指数及其合计数。

6.2 汽车服务企业成本费用管理

汽车服务企业的成本是指汽车服务企业为了经营和维修服务活动的开展所支出的各项费用。它包括三个部分：物化劳动的转移价值、生产中所消耗的材料及辅料的转移价值与员工的劳动报酬以及剩余劳动所创造的价值。

实现利润最大化是企业生产经营的目标；在产品或劳务销售价格既定，产销基本平衡的情况下，成本的高低是实现利润大小的决定因素。因而企业想方设法降低成本。加强成本管理具有十分重要的意义。

6.2.1 成本费用管理概述

成本费用管理，就是对企业生产经营活动过程中发生的成本和费用，有组织、有计划和系统地进行预测、计划、控制、核算、考核和分析等一系列科学管理工作的总称。

1. 成本的概念和分类

(1) 成本的概念　任何一个企业在生产经营过程中，必须要耗费一定量的物质资料（包括货币资金）。企业在一定时期内，以货币额表现的生产耗费就是成本费用。成本费用有多种形式，例如，生产中消耗的劳动资料，表现为固定资产折旧费、修理费等费用；生产中消耗的劳动对象，表现为原材料燃料、动力等费用；劳动报酬表现为工资、奖金等人工费。生产经营中的其他耗费，表现为制造费用、管理费用、财务费用等；企业为了销售产品或劳务，还要支付销售费用等。企业在生产经营中为制造产品或劳务所发生的直接材料、直接人工、制造费用等，构成了这些产品或劳务的生产成本；生产经营中所发生的管理费用、财务费用和销售费用等，构成企业的期间费用，由于这些费用容易确定发生期，难以确定归属的对象，应从当期损益中扣除。

(2) 成本项目　按照成本费用的经济用途，可将成本分为直接材料、直接人工、制造费用和期间费用。

1) 直接材料。企业在生产经营过程中实际消耗的各种材料、备品配件以及轮胎、专用工器具、动力照明、低值易耗品等支出。

2）直接人工。企业直接从事生产经营活动人员的工资、福利费、奖金、津贴和补贴等。

3）制造费用。是指在生产中发生的那些不能归入直接材料、直接人工的各种费用。

以上三类费用是计入企业产品成本的费用。

4）期间费用。期间费用是企业行政管理部门为组织和管理生产经营活动而发生的管理费用和财务费用，为销售和提供劳务而发生的进货费用和销售费用。期间费用不计入产品成本，而是作为费用直接计入当期损益。

① 销售费用是指企业在销售商品过程中发生的费用。它包括销售产品或者提供劳务过程中发生的应由企业负担的运输费、装卸费、包装费、保险费、差旅费、广告费以及专设的销售机构人员的工资和其他经费等。

② 管理费用是指企业为组织和管理生产经营活动所发生的费用。它包括企业行政管理部门在企业经营中发生的、或应由企业统一负担的公司经费，如行政管理部门职工工资、折旧费、修理费、低值易耗品摊销、办公费和差旅费等，管理费用还包括无形资产摊销、咨询费、诉讼费、房产税、工会经费、技术转让费、职工教育经费、研究开发费、提取的职工福利基金和坏账准备金等。

③ 财务费用是企业在筹资等财务活动中发生的费用。它包括企业经营期间发生的利息净支出、汇兑净损失、金融机构手续费以及筹集资金而发生的其他费用等。

2. 成本费用的确认原则

在成本核算时，确认某项资产耗费是否属于成本费用，其基本原则是配比原则和权责发生制原则。《企业会计准则》明确指出：会计核算应当以权责发生制为基础。收入与其相关的成本、费用应当配比。由于企业购置资产完全是为了取得收入，只有资产不断转换为成本或费用，并从收入中得到抵补，企业的生产经营活动才能持续下去。具体来说，这种配比有以下三种方式：

（1）直接配比。如果某项资产的耗费与取得的收入之间具有直接的因果关系，就可直接将发生的资产耗费计入某一具体的成本计算对象之中，这种方式叫直接配比。如直接材料、直接人工等，构成生产成本。

（2）间接配比。如果无法满足直接配比时，就需要采用合理的方法，将多种收入共同耗用的费用按一定比例或标准再分配到各种劳动中去，这种配比叫间接配比。如制造费用。

（3）期间配比。费用与企业一定期间收入相联系，就叫期间配比。

按权责发生制确认成本费用，就是对本期发生的成本费用按其是否应发生在本期为标准来确认的，凡是应在本期发生的成本费用，不论其是否在本期实际支付，均作为本期的成本费用；反之，凡是不应再本期发生的成本费用，即便在本期支付，也不作为本期的成本费用处理。

3. 成本费用管理的任务和要求

（1）成本费用管理的任务　成本费用管理的基本任务，就是通过预测、计划、控制、核算、分析与考核来反映企业的生产经营成果，挖掘降低成本和费用的潜力，努力降低成本，减少费用支出。

汽车服务企业成本费用管理工作，要随着企业经营机制的转换，从思想观念到业务技术等方面实现彻底的观念转变，要由单纯执行性的成本费用管理转化为决策性与执行性并重的成本费用管理。这就要求企业的成本费用管理从传统的反映、监督扩展到成本费用预测、计划、控制、核算、分析与考核上来，实现全方位的成本费用管理；从单方面的生产过程成本

第6章 汽车服务企业财务管理

管理扩展到企业资金筹集、项目可行性研究、服务方式、物资采购供应、生产与控制等一切环节的全过程的成本费用管理;从单纯财务会计部门管理扩展到一切生产、技术、经营部门管理;从仅仅依靠财务会计人员扩展到上自企业领导下至每位职员的全员成本管理。

(2) 企业成本费用管理的要求

① 努力降低生产消耗,提高经济效益。汽车服务企业的一切经营管理工作,都要围绕提高经济效益这一中心。在市场经济条件下,对于多数企业来讲,微观经济运行的目标只能是利润最大化。要实现这个目标,固然首先取决于企业的生产经营规模,即经营业务量的大小。但是生产经营耗费的高低,同样处于决定性的地位。降低成本与提高业务量都可增加企业利润,但降低成本增加的利润比扩大业务量增加的利润要来得更快、更有效。因此,在成本费用管理中,必须努力降低生产消耗,下大力气降低成本,才能显著地提高企业的经济效益。

② 实行全员成本管理。汽车服务企业成本费用的形成,与企业的全体职员有关。因此,要把成本降低任务的指标和要求落实到企业内部各职能部门,充分发挥它们在加强成本管理中的积极作用。要把成本费用计划,按照全员成本管理的要求,按部门分别落实责任指标,定期考核执行情况,分析成本费用升降的原因,做到分工明确、职责清楚、奖惩合理。

③ 划清费用界限,正确计算成本。企业必须按照权责发生制原则计算成本。凡是本期成本应负担的费用,不论其款项是否支付,均应计入本期的成本和费用;凡是不属于本期成本负担的费用,即使款项在本期支付,也不应计入本期的成本和费用。

企业的成本核算资料必须正确完整,如实反映生产经营过程中的各种消耗。对生产经营过程中所发生的各项费用必须设置必要的生产费用账簿,以审核无误、手续齐备的原始凭证为依据,按照成本核算对象,把成本项目、费用项目按部门进行核算,做到真实准确、完整及时。

④ 加强成本考核工作。成本考核是企业对内部各成本责任中心定期考查,审核其成本计划指标的完成情况,并评价其成本管理工作的成绩。通过成本考核,可以监督各成本责任中心按时完成成本计划,也能全面、正确地了解企业成本管理工作的质量和效果。成本考核以成本计划指标作为考核的标准,以成本核算资料作为考核的依据,以成本分析结果作为评价的基础。

6.2.2 成本预测和成本计划

成本预测是企业为了更好地控制成本,做到心中有数,避免盲目性,减少不确定性,为更好地进行决策提供依据而对企业发生的成本进行预测。成本计划是通过货币形式,以及其实际达到的水平为基础,参照计划期的业务量,对计划期内成本的耗费水平加以预先计划和规定。

汽车服务企业的成本预测和成本计划,一般参照上期的实际情况,分析本期影响成本的各种因素,考虑其影响的大小,制定出基本合理的方案。

1. 成本预测

预测,是人们根据事物已知信息,预计和推测事物未来发展趋势和可能结果的一种行为。成本预测,就是根据历史成本资料和有关经济信息,在认真分析当前各种技术经济条件、外界环境变化及可能采取的管理措施基础上,对未来成本水平及其发展趋势所作的定量描述和逻辑推断。

成本预测既是成本管理工作的起点,也是成本事前控制成败的关键。实践证明,合理有效的成本决策方案和先进可行的成本计划都必须建立在科学严密的成本预测基础之上，通过对不同决策方案中成本水平的测算与比较，可以从提高经济效益的角度，为企业选择最优成本决策和制定先进可行的成本计划提供依据。

汽车服务企业成本预测，就是根据企业成本特性及有关数据资料，结合汽车服务企业发展的前景和趋势，采用科学的分析方法，对一定时期某些业务成本水平、成本目标进行预计和测算。其主要内容是进行目标成本预测。

（1）目标成本预测的工作内容　目标成本是实现目标利润、提高企业经济效益的基础，是在预先确定目标利润的前提下提出的，从而使目标成本带有很大的强制性，成为不得超过的硬指标。目标成本是市场激烈竞争中的必然产物，必须具有市场竞争力，从而使得目标成本具有先进性和权威性。正常情况下，目标成本应比已经达到的实际成本要低，但应该是经过努力可以实现的。正确地预测和制定目标成本，对于挖掘企业降低成本潜力，编制先进可行的成本计划和保证实现企业经营目标具有重要的作用。

目标成本预测需要做好大量工作，主要有：全面进行市场调查，掌握市场需求情况，预测汽车市场的需求数量及其变化规律，掌握汽车及配件等价格变动情况；进行企业内部调查，预测企业生产技术、生产能力和经营管理可能发生的变化，掌握企业生产费用的增减和成本升降的有关资料及其影响因素和影响程度；根据企业内外部各种资料和市场发展趋势，预测目标收入，根据目标收入计算目标利润。

（2）目标成本预测的方法

① 目标利润法。目标利润法又称"倒扣计算法"或"余额计算法"，其特点是"保利润、挤成本"。它是先制定目标利润，随后又考虑税金、期间费用等项目，推算出目标成本的大小。可见，目标成本是以目标利润为前提的，带有一定的强制性。其测算公式为：

$$目标成本＝预测经营收入－应纳税金－目标利润－期间费用$$

例 6-9　邯郸钢铁公司第三轧钢厂生产的 $\phi6.5$ 普通线材，市场售价 1600 元/吨，税金 217 元/吨，管理费用 52 元/吨，按此计算目标成本最高上限为：

$$1600－217－52＝1331(元/吨)$$

按照以市价为基础的内部价格预计，该线材的估计成本为 1380 元/吨，要亏损 49 元/吨。该厂面临两种选择，一是停止生产该产品，二是设法把成本降至 1331 元/吨以下。

该钢铁公司根据该产品的历史先进水平、同行业先进水平及第三轧钢厂的实际情况，从提高成材率，降低油耗、电耗、水耗和提高产量、降低固定成本等方面挖潜，认为可将每吨成本降低 8 元，但仍不能达到目标成本，还差 41 元。为此，要求与线材有关的前工序各厂降低成本。经分析，供应第三轧钢厂生产线材所用方坯的第二轧钢厂方坯成本每吨可降低 5 元，但还不能解决问题。再向前审查供应方坯原料的炼钢厂的钢锭成本，经分析每吨可降低成本 28.83 元，仍不能解决全部问题。再向前审查采购部门外购生铁的成本，经分析每吨可降低 8 元。经过一环连一环的测算和落实，保证了线材成本降至 1331 元/吨以下，终于实现了该产品不亏损的目标。

② 选择某一先进成本作为目标成本。该成本既可以是本企业历史上的最好水平，也可以是按先进定额制定的标准成本。这种方法较简单，但要注意可行性。如果条件发生变化，就不能生搬硬套，要及时修正或调整。

③ 根据本企业上年实际平均单位成本，或企业按照市场需要与竞争条件规定的成本，降低任务测算出目标成本。其测算公式为：

$$单位目标成本＝上年实际平均单位成本×(1－计划期成本降低率)$$

第6章 汽车服务企业财务管理

确定目标成本还必须掌握充分的调查资料,主要是市场需求情况,所需材料、燃料、零配件价格变动情况,本企业的生产技术、经营管理水平等对生产能力的影响,有关的统计资料,上期成本升降情况的分析等,在调查研究的基础上进行成本预测,使目标成本既先进又切实可行。这样的目标成本就可以作为计划成本,并据以编制成本计划。

2. 成本计划

(1) 成本计划的作用与要求　成本计划是汽车服务企业进行生产经营所需的费用支出和降低成本任务的计划。是企业生产经营计划的重要组成部分,是进行成本控制、成本分析以及编制财务计划的重要依据。科学的成本计划,可以起到以下作用:

① 为企业和全体员工提出了增加生产、节约耗费、降低成本的目标。

② 为考核和评价企业生产经营管理成果提供了重要的依据。

③ 为实行成本指标分级归口管理,建立和健全成本管理责任制提供了基础。

④ 为编制利润计划提供了依据。

编制企业成本计划不是消极地反映企业生产、消耗等方面的情况,而是积极地促进生产、技术、原材料、劳动效率和服务质量的管理部门改善工作,提高企业各方面的管理水平。

为了发挥成本计划的作用,在编制成本计划时,应特别体现下列要求:

① 重视成本预测提供的资料。

② 符合实现目标利润对成本降低指标的要求。

③ 遵守国家规定的成本开支范围。

④ 协调好成本计划指标与其生产技术经济指标之间的平衡与衔接。

⑤ 成本计划指标的确定要实事求是,既先进又可行,并有必要的技术组织措施予以保证。

(2) 成本计划的编制程序

1) 收集和整理基础资料。在编制成本计划之前,要广泛收集和整理所必须的各项基础资料,并加以分析研究。所需资料主要包括:企业制定的成本降低任务、指标或承包经营的承包指标,企业计划采取的经营决策和经营计划等有关指标,各种技术经济定额,历史成本资料,同类企业的成本资料,企业内部各部门费用计划和劳务价格等其他有关资料等。

2) 分析报告期成本计划的预计执行情况。正确的成本计划,应该是在总结过去经验的基础上制定出来。因此,应对报告年度计划执行情况进行预计和分析,计算出上年实际单位成本,与报告年度计划成本相比,与同行业成本对比,找出差距,总结经验,为成本计划提供编制依据。

3) 成本降低计划任务测算。正式编制成本计划之前,在对报告期成本计划执行情况分析的基础上,根据经营承包指标确定的目标利润、目标成本和成本预测的结果,计算计划成本可能降低的幅度,反复研究降低成本措施,寻求降低成本的途径。

4) 编制成本计划。编制成本计划有两种方法:

① 企业统一编制。以企业财会部门为主,在其他部门配合下,根据企业经营计划的要求,编制出企业的成本计划。

② 分级编制。把企业确定的目标成本、成本降低率以及各种关键性的物质消耗指标与费用开支标准下达到各生产部门;各生产部门根据下达的指标,结合本单位的具体情况,编制出各自的成本计划;企业财会部门根据各生产部门上报的成本计划,进行汇总平衡,编制整个企业的成本计划。经过批准,再把成本计划指标分解,层层下达到各生产部门,据以编

制出各部门的经营成本计划。

6.2.3 成本控制

广义的成本控制是指管理者对任何必要作业所采取的手段,目的是以最低的成本达到预先规定的质量和数量。它是成本管理的同义词,包括了一切降低成本的努力。

狭义的成本控制是指运用以成本会计为主的各种方法,预定成本限额,按限额开支成本和费用,以实际成本与成本限额比较,衡量企业经营活动的成绩和效果,并以例外管理原则纠正不利差异,以提高工作效率,实现以至于超过预期成本限额的要求。

1. **成本控制的意义和途径**

(1) 成本控制的意义

成本控制的根本任务是挖掘降低成本的潜力,努力降低成本,提高企业的经济效益。企业进行成本控制,具有以下意义:

① 可以降低物化劳动和活劳动的消耗量,减少企业的资金占用量,节省人力物力。

② 在价格因素不变的情况下,降低成本意味着利润的增加,从而增加了股东的权益,同时,也为国家创造了利益,并为企业的发展和职工待遇的进一步提高创造了更好的物质条件。

③ 成本的降低,意味着在同竞争对手的竞争中取得了先机,可以通过降低价格的方式,吸引客户,扩大市场的占有率,取得更大的收入。

④ 通过成本控制,可以提供有益的信息,用以分析企业耗费的结构和水平,找到企业存在的问题,并不断地加以改进。

(2) 成本控制的途径 汽车服务企业的成本控制,可以通过以下的途径实现:

① 提高全员的劳动生产率,劳动生产率的提高,意味着在相同的时间和相等的固定费用下,可以提供更多的服务,取得更多的收入。

② 节约各种材料的消耗。

③ 提高设备的利用效率。

④ 提高服务的质量,减少返工和不必要的消耗。

⑤ 加速资金的周转,减少资金的占用。

⑥ 节约其他开支,严格执行国家的财经纪律和企业董事会的决定。

企业进行成本控制的途径有以上多种,这些途径的使用,往往与汽车服务企业的内部管理密不可分,内部管理的完善,必然促使企业成本控制水平的提高,因此,讲成本控制,不能孤立地理解为财务部门的事情,而应该将它作为所有部门的事情,全员动手,共同控制。

2. **成本控制的基本程序**

(1) 制定控制的标准。应根据成本预测与成本计划,制定出控制的标准,确定标准的上下限。

(2) 揭示成本差异,分析差异产生的原因。将实际消耗和标准进行比较,计算成本差异,分析产生差异的原因。

(3) 反馈成本信息,及时纠正偏差。为及时反馈信息,应建立相应的凭证和表格,确定信息反馈时间和程序,并对反馈的信息进行分析,揭示差异产生的原因,并及时加以纠正,明确纠正的措施、执行的人员及时间,以达到成本控制的目的。

3. **成本控制与分析方法**

成本控制要坚持经济性原则和因地制宜原则。推行成本控制而发生的成本不应超过因缺少控制而丧失的收益。对成本控制系统必须个别设计，以适合特定企业、部门、岗位和成本项目的实际情况，不可照搬别人的做法。

成本控制主要包括标准成本控制、目标成本控制等内容。

（1）标准成本控制 标准成本控制是通过标准成本系统实现的。标准成本系统是为克服实际成本计算系统的缺陷，提供有助于成本控制的确切信息而建立的一种成本计算和控制系统。标准成本系统并不是一种单纯的成本计算方法，它把成本的事前计划、日常控制和最终产品成本的确定有机地结合起。

"标准成本"一词在实际工作中有两种含义。

一种是指单位产品的标准成本，它是根据单位产品的标准消耗量和标准单价计算出来的，其计算公式为：

$$单位产品标准成本＝单位产品标准消耗量×标准单价$$

另一种是指实际产量的标准成本，它是根据实际产品产量和单位产品标准成本计算出来的，其计算公式为：

$$标准成本＝实际产品产量×单位产品标准成本$$

标准成本按其制定所根据的生产技术和经营管理水平，可分为理想标准成本和正常标准成本。

理想标准成本是指在最优的生产条件下，利用现有的规模和设备能够达到的最低成本。正常标准成本是指在效率良好的条件下，根据下期一般应该发生的生产要素消耗量、预计价格、预计生产经营能力利用程度制定出来的标准成本。在制定这种标准成本时，把生产经营活动中一般难以避免的损耗和低效率等情况也计算在内，使之符合下期的实际情况，成为切实可行的控制标准。

在标准成本系统中，广泛使用正常标准成本。实际运行中这种标准是要经过努力才能达到的。从具体数量上看，正常标准成本应大于理想标准成本，但又小于历史平均成本水平。

标准成本系统可以事先提供具体衡量成本水平的适当尺度，给有关部门提出努力的目标，能够发挥事先的控制作用。通过差异分析，可以评价和考核工作的质量和效果，为业绩评价提供依据。

（2）目标成本控制 目标成本是指根据预计可实现的销售收入扣除目标利润计算出来的成本。"目标成本"是20世纪50年代出现的，是成本管理和目标管理相结合的产物，强调对成本实行目标管理。目标成本的制定，从企业的总目标开始，逐级分解成基层的具体目标。制定时强调执行人自己参与，专业人员协助，以发挥各级管理人员和全体员工的积极性和创造性。

1) 目标成本控制的要点。

① 初步在最高层设置目标，并以此作为一切工作的中心，起到指导资源分配、激励员工努力工作和评价经营成效的作用。总目标将来要转化为分公司或部门的目标，一直到最底层的目标，但它是试验性的，下级在拟订考核的子目标时，可对其进行修订。如果强制分派任务，不可能唤起承诺意识。

② 依组织结构关系将总目标分解，明确每个目标和子目标都应有一个责任中心和主要负责人，并明确其应完成的任务和应承担的责任。

③ 拟订目标的过程在一定程度上是自上而下和自下而上的反复循环过程，在循环中发现问题，总结经验，及时解决。

2) 目标成本控制的方法。目标成本是根据预计销售收入和目标利润计算出来的，即目标成本＝预计销售收入－目标利润。通过预计目标利润就可以初步确定目标成本。目标成本可采用目标利润率法和上年利润基数法确定。

① 目标利润率法

$$目标利润＝预计销售收入 \times 同类企业平均销售利润率$$

或

$$目标利润＝本企业净资产 \times 同类企业平均净资产利润率$$

或

$$目标利润＝本企业总资产 \times 同类企业平均资产利润率$$

例 6-10 某炼钢厂钢坯的同业平均销售利润率为 4.441％，预计本年销售量为 102 万吨，钢坯市场价格为 1766 元/吨，则：

$$目标利润＝预计销售收入 \times 同类企业平均销售利润率$$
$$＝102 万吨 \times 1766 元/吨 \times 4.441\%＝8000 万元$$
$$目标总成本＝102 万吨 \times 1766 元/吨－8000 万元＝172132 万元$$
$$目标单位成本＝172132 万元 \div 102 万吨＝1688 元/吨$$

采用目标利润率法的理由是：本企业必须达到同类企业的平均报酬水平，才能在竞争中生存。有的企业使用同行业先进水平的利润率进行目标成本预计，其理由是，别人能办到的事情我们也应该能办到。

② 上年利润基数法

$$目标利润＝上年利润 \times 年利润增长率$$

采用上年利润基数法的理由是：未来是历史的继续，应考虑现有基础（上年利润）；未来不会重复历史，要预计未来的变化（利润增长率），包括环境的改变和自身的进步。

按上述方法计算出的目标成本只是初步设想，提供了分析问题合乎需要的起点，它不一定完全符合实际，还需要对其可行性进行分析。

[复习思考题]

1. 汽车服务企业财务管理的原则是什么？
2. 汽车服务企业的筹资渠道有哪些？
3. 汽车服务企业流动资产管理主要包括哪些内容？
4. 汽车服务企业进行财务分析与评价的指标有哪些？
5. 汽车服务企业的成本控制有哪些途径？

第 7 章　汽车售后服务管理

> **学习目标**
> 1. 熟悉汽车售后服务内容。
> 2. 了解我国汽车信贷服务现状及其原因。
> 3. 掌握汽车保险种类及内容。
> 4. 熟悉汽车保险理赔程序及理赔计算方法。
> 5. 了解旧车交易服务内容，掌握旧车交易价格评估的方法。
> 6. 了解汽车维护修理的工作内容和工作制度，熟悉汽车检测基本工作内容。
> 7. 熟悉汽车美容与装饰的工作项目内容。

7.1　汽车售后服务概述

1. 汽车售后服务的理解

据统计，全球汽车业 50%~60% 的利润是从服务业中产生的，服务是汽车价值链上的一块最大的"奶酪"，售后服务是目前世界汽车巨头激烈竞争的领域。在我国，售后服务领域具有巨大的市场潜力和利润空间。那么什么是售后服务呢？

传统的理解是质量保修，现在泛指销售部门为客户提供的所有技术性服务工作及销售部门自身的服务管理工作。就技术性服务工作而言，它可能在售前进行，如车辆整修与测试；也可能在售中进行，如车辆美容、按客户要求安装和检修附件、对客户进行的培训、技术资料发放等；还有在车辆售出后进行的质量保修、维护、技术咨询及备件供应等一系列技术性工作。可见，售后服务并不是字面意义上的"销售以后的服务"，它并不只局限于汽车销售以后的用户使用环节，也可能是在售前环节或售中环节。换句话说，所有的技术性服务都属于服务的范畴，技术服务是售后服务的主要工作。

2. 汽车售后服务工作的内容

汽车售后服务的内容很多，既包括汽车生产商、汽车经销商和汽车维修企业所提供的质量保修、汽车维修维护等服务，也包括社会其他机构为满足汽车用户的各种需求提供的汽车保险等服务，汽车售后服务可以归纳为以下主要内容：

(1) 由汽车生产商提供的汽车服务网络或网点的建设与管理、产品的质量包修、技术培训、技术咨询、配件供应、产品选装、信息反馈与加工等。

(2) 为汽车整车及零部件生产商提供物流配送服务。

(3) 汽车的养护、检测、维修、美容、改装等服务，这些服务是汽车售后服务的主要服务项目。这类服务的经营者有汽车生产商授权的汽车经销商（4S店）和特约汽车维修服务站，也有社会连锁经营或独立经营的各类汽车维修企业，其中汽车的养护包括定期更换润滑油、轮胎定期换位、更换易损件、检查汽车紧固件等。检测包括对发动机、变速器、减震器等部件的故障检测。汽车维修包括汽车生产商质量保修外的所有故障修理，维修服务在售后服务中的需求量相对较大,是售后服务的最主要的服务内容之一。

(4) 汽车配件经营。在汽车生产商售后配件供应体系之外,还存在着相对独立的汽车配件经营体系,如各地的汽车配件城,其货源有原厂配件,也有副厂配件,可以满足不同用户的不同需求。

(5) 汽车美容装饰用品的销售和安装,如各种坐垫、转向盘套、地毯、车用香水、车上的小饰件等。

(6) 汽车故障救援服务。汽车故障救援服务的内容主要包括车辆因燃油耗尽而不能行驶的临时加油服务、因技术故障导致被迫停驶的现场故障诊断和抢修服务、拖车服务、交通事故报案和协助公安交通管理部门处理交通事故等服务。

(7) 汽车金融服务。银行和非银行向汽车购买者提供金融支持服务。

(8) 汽车租赁服务。向短期或临时性的汽车用户提供使用车辆,并以计时或计程方式收取相应租金的服务。汽车租赁服务能够较好地满足短期临时用户的需要和有证无车用户的需求,同时也是汽车销售的变相方式,很多汽车经销商为此开展了汽车租赁业务。

(9) 汽车保险服务。保险公司向汽车用户销售汽车保险产品,收取保险费用,为车主提供金融保险的一项特殊服务。

(10) 二手车交易。主要满足汽车车主及二手车需求者交易旧车的需求。

除了上述服务内容外,汽车售后服务还包括汽车召回、汽车驾驶培训服务、汽车市场和场地服务、汽车广告与展会服务、智能交通信息服务、汽车文化服务等服务内容。

本书主要从汽车信贷服务、保险与理赔、旧车交易服务、汽车维修与检测以及汽车美容与装饰等几个方面来阐述汽车售后服务管理。

7.2 信贷服务与购车

7.2.1 信贷购车概况

近年来,贷款购车已经成为国际上普遍采用的购车方式,在欧美等发达国家信贷消费更是成为汽车消费的重头戏。据统计,全球70%的私人用车都是通过贷款购买的。在美国,贷款购车的比例高达80%;在德国,这一比例达到70%;即便在经济不甚发达的印度,贷款购车比例也达到60%。贷款购车不仅能促进消费,从而带动整个国民经济的增长,而且从个人角度看,信贷创造了个人提前消费、提前享受的可能性,为提高个人生活质量开辟了又一新的融资渠道。

国际上汽车贷款的平均额度为车价的70%,首付款一般为车价的30%左右。在贷款购车非常流行的美国,购买价位在1万~3万多美元的汽车,首付款大约为3000~5000美元。为促进汽车销售,美国、德国等国还推出"零首付"贷款业务。汽车贷款的偿还期限一般为5年左右。在美国,贷款偿还期为2~5年不等。贷款偿付方式可谓五花八门,主要包括按月定额偿还和按月变额偿还。按月定额偿还是指购车者根据贷款机构提供的计算方式,每月偿付固定的金额。按月变额偿还是指购车者可以对其贷款期限和月偿还额进行调整,每月偿付不同金额。

如何有效地收回发放贷款是放贷方非常关注的问题。在个人信用体制缺失的发展中国家,办理车贷需要调查申请者的偿还能力,不仅要交个人身份证明、收入证明,还要有担保人。无担保人则要以不动产作抵押,手续比较繁杂。而在信贷制度相当健全的美国、德国和法国等贷款购车业务发展良好的国家,贷款买车非常方便。在美国,当顾客决定购车时,放贷方只需通过电脑网络查询相应的档案资料,以确定购车人的信用等级。如果符合标准,当即就可办理购车手续,一般不到半个小时用户就可以把车开走。在德国,基本上每个雇员都有一个汇划账户,因此购车者是否有足够的经济能力偿还贷款,购车者是否在同一时间具有其他买房贷款等债务而降低了还款能力等问题,一查便知。

提供汽车信贷的金融机构主要包括汽车企业的财务公司、银行和经销商。其中,汽车企业所属的财务公司实力强大。例如,通用汽车金融服务公司业务遍及全球许多个国家和地区,已经为1.5亿辆轿车提供了高达1万多亿美元的汽车贷款。

7.2.2 我国汽车信贷存在的问题

我国汽车信贷处于刚刚起步阶段,提供信贷的主体是银行。汽车信贷业务相对于发达国家来说还十分落后。在全球汽车市场,有70%的汽车是通过贷款销售的,在北美贷款购车的比例更高达85%,即使在不太发达的印度,贷款购车的比例也达60%,而在中国贷款购车的还不到15%,因此中国的汽车信贷消费市场还蕴藏着巨大的潜力。但是我国目前汽车信贷存在的问题也很多。

(1) 个人信用制度尚未建立　我国个人信用制度没有建立起来,没有任何一家机构能够提供消费者个人的信用资料。由于中国人民银行对汽车消费贷款业务的操作有明确规定,再加上防范风险的客观要求,各家商业银行已经出台的消费信贷业务在贷款条件和贷款手续方面没有太大差别,各银行具体实施办法都规定"先存后贷,存贷挂钩,单位担保,专款专用,按期偿还"等原则,其资格要求之高、手续之烦琐,把绝大部分的消费者排除在外。

(2) 担保和保险制度上存在较多问题　办理汽车消费信贷的另一个难点集中在担保和保险问题上。汽车消费贷款的担保方式有三种:抵押、质押、保证(第三方担保)。目前的情况是,有条件以房产物业作为购车担保的仅为少数,大多数贷款人往往提供不出或提供不足有效的质押、抵押资产。而且以房产抵押,办理过程比较麻烦。同时,社会上有担保能力的单位和个人又不愿提供担保,使贷款人无法按要求申请银行贷款。在保险方面,保险公司的"履约保证保险"中一些免责条款对贷款人不利。保险未给银行贷款真正上"保险"。目前在我国汽车信贷市场中已有一些保险公司开始退出。

(3) 贷款机构和贷款支持的车型太少　我国提供汽车消费贷款机构仅限于国有商业银行和一些小的商业银行,其他金融机构基本上没有参与,限制了汽车消费信贷的大规模开展。在消费信贷支持的车型方面,我国的商业银行不约而同地把车型范围局限于几种较高档的车型。其他品牌车型的销售却不能得到银行的消费信贷支持。车型的限制导致了汽车消费信贷发展的不平衡。

(4) 贷款条件苛刻门槛过高　我国汽车消费信贷对借款人条件的规定过于苛刻,使汽车消费信贷的门槛过高,使相当一部分潜在消费者因为这样或那样的条件不符合而不能够跨过这道门槛。

7.3 汽车保险与理赔

7.3.1 汽车保险

汽车保险即机动车辆保险,是指对机动车辆由于自然灾害或意外事故所造成的人身伤亡或财产损失负赔偿责任的一种商业保险。

1. 车险种类

目前,保险法中我国国内机动车保险条款主要分为两个主险种和九个附加险,在投保中一定要先购买主险,也就是车辆损失险、第三者责任险后方可选择购买附加在两个主险上的各种附加险。两大主险包括第三者责任险和车辆损失险;附加险包括全车盗抢险、车上责任险、无过失责任险、车载货物掉落责任险、玻璃单独破碎险、车辆停驶损失险、自燃损失险、新增加设备损失险、不计免赔特约险。目前,中国保监会颁布了机动车交通事故责任强制保险(简称交强险),自2006年7月1日起开始实施。

(1) 车辆损失险 这一保险是对因为遭受责任规定范围内的自然灾害或意外事故造成车辆本身的损失,保险公司依照合同的规定给予经济赔偿。这里所提到的保险责任范围是指车辆行驶过程中发生碰撞、倾覆、火灾、爆炸、外界物体倒塌、空中飞行物体坠落、行驶中平行坠落、雷击、暴风、龙卷风、暴雨、洪水、海啸等原因造成的车辆损失。由于自然磨损、锈蚀、故障、轮胎爆裂、地雷、战争、暴乱、扣押、竞赛、测试、进厂修理、饮酒、吸毒、无证驾驶所造成的损失,保险公司概不赔偿。

(2) 第三者责任险 这一保险是指经被保险人允许的合格驾驶人员在使用保险车辆过程中发生意外事故造成他人(即第三者)的人身伤亡或财产的直接损毁,依法应当由被保险人支付的赔偿金额,保险公司依照合同给予赔偿。投保时,被投保人可以自愿选择投保。投保人在购买了第三者责任保险后,一旦发生了保险责任规定范围内的事故致使第三者遭受损失,根据保险合同规定,保险公司将给予经济赔偿。这里提出的第三者所指的定义是:在保险合同中,保险公司是第一方也叫第一者,被保险人是第二方也叫第二者,在交通事故中遭受人身伤亡或财产损失的受害者是第三方,也就是第三者。

(3) 机动车交通事故责任强制保险 机动车交通事故责任强制保险(以下简称"交强险")是我国首个由国家法律规定实行的强制保险制度。《机动车交通事故责任强制保险条例》(以下简称《条例》)规定:交强险是由保险公司对被保险机动车发生道路交通事故造成受害人(不包括本车人员和被保险人)的人身伤亡、财产损失,在责任限额内予以赔偿的强制性责任保险。根据《条例》规定,在中华人民共和国境内道路上行驶的机动车的所有人或者管理人都应当投保交强险。同时《条例》规定,机动车所有人、管理人未按照规定投保交强险的,将由公安机关交通管理部门扣留机动车,通知机动车所有人、管理人依照规定投保,并处应缴纳保险费的2倍罚款。交强险责任限额是指被保险机动车发生道路交通事故,保险公司对每次保险事故所有受害人的人身伤亡和财产损失所承担的最高赔偿金额。交强险的责任限额标准,全国统一定为6万元人民币,在6万元总的责任限额下,实行分项限额,具体为死亡伤残赔偿限额50000元、医疗费用赔偿限额8000元、财产损失赔偿限额2000元以及被保险人在道路交通事故中无责任的赔偿限额。其中无责任的赔偿限额分别按照以上三项限额的20%计算。

交强险的目的是为交通事故受害人提供基本的保障。交通事故受害人获得赔偿的渠道是多样的,交强险只是最基本的渠道之一。交强险实行6万元的总责任限额,并不是说交通事故受害人从所有渠道最多只能得到6万元赔偿。除交强险外,受害人还可通过其他方式得到赔偿,如人身意外保险、健康保险等均可获得赔偿。除此之外,交通事故受害人还可根据受害程度,通过法律手段要求致害人给予更高的赔偿。

(4) 附加险 在购买了车辆损失险后,还可以根据自己的需要购买附加在车辆损失险上的各种附加险。这包括:全车盗抢险、挡风玻璃单独破碎保险、车辆停驶损失险、自燃损失险、新增加设备损失险等。附加保险是在购买车辆损失险后,根据投保人的需要,自由选择购买适合于车辆本身存在的风险。具体条款解释是:

全车盗抢保险是指车辆(含投保的挂车)全车被盗窃、被抢劫、被抢夺,经县级以上公

第7章 汽车售后服务管理

安刑侦部门立案证实，满三个月未查明下落或保险车辆全车被盗窃、被抢劫、被抢夺后受到损坏或车上零部件、附属设备丢失需要修复的合理费用。

挡风玻璃单独破碎保险是指保险车辆发生了本车挡风玻璃破碎，除被保险人故障及其驾驶员的故意行为外，保险公司按照实际损失给予赔偿。

车辆停驶损失险是指保险车辆发生车辆损失险范围内的保险事故，造成车身损毁，致使车辆停驶而产生的损失，保险公司按规定进行以下赔偿：

① 部分损失的，保险人在双方约定的修复时间内按保险单约定的日赔偿金额乘以从送修之日起至修复竣工之日止的实际天数计算赔偿；

② 全车损毁的，按保险单约定的赔偿限额计算赔偿；

③ 在保险期限内，上述赔款累计计算，最高以保险单约定的赔偿天数为限。本保险的最高约定赔偿天数为90天，且车辆停驶损失险最大的特点是费率很高，达10%。

自燃损失险是指对保险车辆在使用过程因本车电器、线路、供油系统发生故障或运载货物自身原因起火燃烧给车辆造成的损失负赔偿责任。

新增加设备损失险是指车辆发生车辆损失险范围内的保险事故，造成车上新增设备的直接损毁，由保险公司按实际损失计算赔偿。未投保本险种的，新增加的设备的损失保险公司不负赔偿责任。

在投保了第三者责任险后，投保人还可以自由选择购买附加在此险种上的各种附加险：车上责任险、无过失责任险、车载货物掉落责任险。具体条款解释是：车上责任险是负责保险车辆发生意外事故造成车上人员的人身伤亡和车上所载货物的直接损毁的赔偿责任。驾驶员故意行为或本车上乘客因制动、疾病、斗殴、自残、自杀、犯罪等行为所致使的本人伤亡，保险公司也概不负赔偿责任。

无过失责任险是指投保车辆在使用过程中，因与非机动车辆、行人发生交通事故，造成对方人员伤亡和直接财产损毁，保险车辆一方不承担赔偿责任。如被保险人拒绝赔偿未果，对被保险人已经支付给对方而无法追回的费用，保险公司按《道路交通事故处理办法》和出险当地的道路交通事故处理规定标准在保险单所载明的本保险赔偿限额内计算赔偿。每次赔偿均实行20%的绝对免赔率。

车载货物掉落责任险是承担保险车辆在使用过程中，所载货物从车上掉下来造成第三者遭受人身伤亡或财产的直接损毁而产生的经济赔偿责任。赔偿责任在保险单所载明的保险赔偿限额内计算。每次赔偿均实行20%的绝对免赔率。

另外，还有一个附加险是，只有在同时投保了车辆损失险和第三者责任险的基础上方可投保本保险。办理了本项特约保险的机动车辆发生保险事故造成赔偿，对其在符合赔偿规定的金额内按基本险条款规定计算的免赔金额，保险人负责赔偿。也就是说，办了本保险后，车辆发生车辆损失险及第三者责任险方面的损失，全部由保险公司赔偿。

2. 险种选择

（1）新车保险方案推介　如果买的是新车，那么最好把交强险、车辆损失险、第三者责任险、车上人员责任险、全车盗抢险这些主要险种保齐。投保中要注意：既不能一味地省钱而不足额投保，也不必多花钱超额投保。明智的选择是足额投保，就是车辆价值多少就保多少。有人为节省保费而不足额投保，如20万元的轿车只投保了10万元，万一发生事故造成车辆毁损，就不能得到足额赔付。与不足额投保相反，有的人明明手中的车价值10万元，却超额投保，保额18万元，以为车辆出事后能获得高额赔偿。实际上，保险公司只按汽车出险时的实际损失确定赔付金额。

(2) 旧车该买什么保险 对大多数购新车的车主来说，购车时早已成为各类保险公司瞄准的目标。如果自己不想操心，打一个电话就会有人上门服务。而且，由于新车的价值比较好界定，买什么保险心中比较有数。但旧车的情况则比较复杂，旧车的实际价值也往往成为各类保险纠纷的争论焦点。如果车况不错，最好买全主要险种，被盗被抢都有所依赖，磕磕碰碰也没问题。如果汽车使用年限较长，在车主对车及自己都很了解的情况下，那么也可只买交强险和第三者责任险。可能车主觉得自己的旧车已经不值多少钱，即使丢了或坏了也没什么经济损失。但是一辆旧车却有可能给别人非常昂贵的车辆带来很大的损失，而很可能旧车主就该对损失负有责任。

7.3.2 理赔

理赔是保险工作中的重要环节，是指保险合同所约定的保险事故（或保险事件）发生后，被保险人（或投保人、受益人）提出赔偿给付保险金请求时，保险人按合同履行赔偿或给付保险金的行为过程，是以保险条款、交通管理部门颁发的交通事故处理办法以及相关的法律为依据的。理赔工作是保险人履行保险合同义务的法律行为。

1. 索赔常规程序

发生保险事故后，要进行索赔，需采取以下步骤：通知保险公司—定损—修车—开具事故证明—提出索赔—领取赔款。

2. 车险赔偿

机动车辆出险一般可分为三类：保险车辆（含投保的挂车）发生全车被盗窃、被抢劫、被抢夺称全车盗抢险；保险车辆出险受损称车损险；保险车辆出险致使第三者遭受人身伤亡或财物直接损失称第三者责任险。车辆出险后根据保险合同进行赔付。

（1）车辆损失险的赔偿

1）全部损失。

① 足额投保（按新车购置价投保）。保险车辆发生全部损失后，如果保险金额等于或低于出险当时的实际价值时，按保险金额计算赔偿，即

$$赔款金额 = (保险金额 - 残值) \times 责任系数 \times (1 - 免赔率)$$

保险车辆发生全部损失后，如果保险金额高于出险当时的实际价值，按出险当时的实际价值计算赔偿，即

$$赔款金额 = (出险当时的实际价值 - 残值) \times 责任系数 \times (1 - 免赔率)$$

② 不足额投保（保险金额低于投保时的新车购置价）。如保险金额低于出险时的实际价值，计算如下：

$$赔款金额 = (保额 - 残值) \times (保额 \div 出险时的新车购置价) \times 责任系数 \times (1 - 免赔率)$$

如保险金额高于出险时的实际价值，赔偿计算如下：

$$赔款金额 = (出险时的实际价值 - 残值) \times 责任系数 \times (1 - 免赔率)$$

2）部分损失。

① 保险车辆的保险金额达到投保时的新车购置价（即保单上载明的新车购置价），无论保险金额是否低于出险当时的新车购置价，发生部分损失按照实际修复费用赔偿，即

$$赔款金额 = 实际修复费用 \times 责任系数 \times (1 - 免赔率)$$

② 保险车辆的保险金额低于承保时的新车购置价，发生部分损失按照保险金额与出险当时的新车购置价比例计算赔偿，即

$$赔款金额 = 修复费用 \times (保险金额 \div 新车购置价) \times 责任系数 \times (1 - 免赔率)$$

保险车辆损失最高赔偿额以保险金额为限。保险车辆按全部损失计算赔偿或部分损失一次赔款等于保险金额时，车辆损失险的保险责任即行终止。但保险车辆在保险有效期内，不论发生一次或多次保险责任范围内的部分损失或费用支出，只要每次赔偿未达到保险金额，其保险责任仍然有效。

（2）施救费　保险车辆发生保险事故时，被保险人对保险车辆采取的保护、施救措施所支出的合理费用，保险人在保险金额以内赔偿施救费；但对于保险车辆装载的货物、拖带的未保险车辆或其他拖带物的施救费用不予负责，如果两者费用无法划分，则按保险金额与全部被施救财产（包括保险财产与非保险财产）价值比例分摊。

1）足额投保。

赔付金额＝合理施救费用×[保险金额÷(保险金额＋其他被施救财产价值)]×责任系数

2）不足额投保。

赔付金额＝合理施救费用×(保额÷出险时新车购置价)×
[保额÷(保额＋其他被施救财产价值)]×责任系数

赔付金额最高不得超过保险金额。

（3）第三者责任险

赔偿金额＝合理的费用×责任系数×(1－免赔率)

赔偿金额最高不得超过赔偿限额。

（4）免赔率的规定　根据保险车辆驾驶员在事故中所负责任，车辆损失险和第三者责任险在符合赔偿规定的金额内实行绝对免赔率；负全部责任的免赔 20％，负主要责任的免赔 15％，负同等责任的免赔 10％，负次要责任的免赔 5％，单方肇事事故的绝对免赔率为 20％。责任系数由交警根据肇事者所负的责任进行确定。

7.4　旧车交易服务

7.4.1　旧车交易的概念及类型

旧车交易是针对准备换车的群体把卖车和买车两个环节集合在一起的交易形式。旧车置换首先是卖车，即进行二手车交易。旧车交易的类型根据交易双方行为和参与程度的差异分为：旧车的收购、销售、寄售、代购、代销、租赁、拍卖等。

旧车收购、销售：是指旧机动车交易中心为方便客户进场直接销售或购置的前提下，旧机动车交易中心按照客户的要求，代为销售或购置旧机动车的一种经营活动。

旧车寄售：是指卖车方与旧机动车交易中心签订协议，将所售车辆委托旧机动车交易中心保管及寻找购车方，旧机动交易中心从中收取一定场地费、服务费及保管费的一种交易行为。

旧车代购、代销：是指在无须客户进场直接销售或购置的前提下，旧机动车交易中心按照客户的要求，代为销售或购置旧机动车的一种经营活动。

旧车租赁：是指旧机动车交易中心将旧机动车向客户提供租赁的一种经营活动。

旧车拍卖：指旧机动车交易中心以公开竞价的方式销售旧机动车的一种经营活动。

值得注意的是，近年来，出现了一种新的旧车交易模式——二手车置换，并在一些轿车的品牌专营店中迅速成长起来。置换的概念源于海外。狭义的置换就是"以旧换新"业务，即经销商通过二手商品的收购与新商品的对等销售获取利益。广义的置换则是指在以旧换新业务的基础上，还同时兼容二手商品的整新、跟踪服务、二手商品再销售乃至折抵、分期付款等项目的一系列业务组合,从而成为一种有机而独立运营的营销方式。不同于以往旧车交易的是,由于可以推动新车销售,二手车置换业务往往背靠汽车品牌专营店,其背后获得汽车制造厂商的强大技术支持,经销商为二手车的再销售提供一定程度上质量担保,这大大降低了旧车交易中消费者的购买风险,规范了交易双方的交易行为,其发展潜力十分巨大。

7.4.2 旧车交易价格的评估

1. 旧车交易价格评估的基本程序

所谓旧车交易价格评估的基本程序是指对具体的评价车辆,从接受立项,受理委托到完成评估任务,出具具体报告的全过程的具体步骤和工作环节。通常旧车交易市场发生的旧车评估业务有:

（1）单个的旧机动车交易业务。这类业务一般都是零散地一台一辆地进入市场交易;

（2）多辆或批量的旧机动车交易业务。这类业务数量比较集中,车辆少则五辆、十辆,多则几十辆。这些客户大多是生产企业或运输企业。

对于上述这些业务,前者评估操作程序相对简单,后者评估操作程序相对复杂,下面以后者为例,其一般的评估操作程序简述如下:

① 前期准备工作阶段。旧机动车鉴定估价的前期准备工作主要包括业务接待、实地考察、签订评估委托协议书。根据评估的要求,向委托方收集有关资料、了解情况,鉴定估价人员本身需要做的准备工作。

② 现场工作阶段。现场工作阶段的主要任务是检查手续、核实实物、验证委托人提供的资料、鉴定车辆技术状况。

③ 评定估算阶段。评定估算阶段一方面要继续收集所欠缺的资料,另一方面对所收集的数据资料进行筛选整理;根据评估目的选择适用的评估方法,本着客观、公正的原则对车辆进行估算,确定评估结果。

④ 自查及撰写评估报告阶段。这一阶段主要是对整个评估过程进行自查,对鉴定估价的依据和参数再进行一次全面核对,在重新核对无误的基础上,撰写评估说明和报告,最后登记造册归档。

2. 旧车交易价格评估的方法

旧机动车评估方法和资产评估的方法一样,按照国家规定的现行市价法、收益现值法、清算价格法和重置成本法4种方法进行。

（1）现行市价法　现行市价法又称市场法、市场价格比较法。是指通过比较被评估车辆与最近售出类似车辆的异同,并将类似车辆的市场价格进行调整,从而确定被评估车辆价值的一种评估方法。

现行市价法是最直接、最简单的一种评估方法。这种方法的基本思路是:通过市场调查,选择一个或几个与评估车辆相同或类似的车辆作为参照物,分析参照物的构造、功能、性能、新旧程度、地区差别、交易条件及成交价格等,并与评估车辆一一对照比较,找出两者的差别及差别所反映在价格上的差额,经过调整,计算出旧机动车辆的价格。

（2）收益现值法　收益现值法是将被评估的车辆在剩余寿命期内预期收益用适用的折现率折现为评估基准日的现值,并以此确定评估价格的一种方法。

采用收益现值法对旧机动车辆进行评估所确定的价值,是指为获得该机动车辆以取得预期收益的权利所支付的货币总额。

从原理上讲，收益现值法是基于这样的事实：即人们之所以占有某车辆，主要是考虑这辆车能为自己带来一定的收益。如果某车辆的预期收益小，车辆的价格就不可能高；反之车辆的价格肯定就高。投资者投资购买车辆时，一般要进行可行性分析，其预计的内部回报率只有在超过评估时的折现率时才肯支付货币额来购买车辆。应该注意的是，运用收益现值法进行评估时，是以车辆投入使用后连续获利为基础的。在机动车的交易中，人们购买的目的往往不是在于车辆本身，而是在于车辆获利的能力。因此该方法较适用投资营运的车辆。

（3）清算价格法　清算价格法是以清算价格为标准，对旧机动车辆进行的价格评估。所谓清算价格，指企业由于破产或其他原因，要求在一定的期限内将车辆变现，在企业清算之日预期出卖车辆可收回的快速变现价格。清算价格法在原理上基本与现行市价法相同，所不同的是迫于停业或破产，清算价格往往大大低于现行市场价格。这是由于企业被迫停业或破产，急于将车辆拍卖、出售。

（4）重置成本法　重置成本法是指在现时条件下重新购置一辆全新状态的被评估车辆所需的全部成本（即完全重置成本，简称重置全价），减去该被评估车辆的各种陈旧贬值后的差额作为被评估车辆现时价格的一种评估方法。其基本计算公式为：

被评估车辆的评估值＝重置成本－实体性贬值－功能性贬值－经济性贬值

或　　　　　　被评估车辆的评估值＝重置成本×成新率

由上式可看出，被评估车辆的各种陈旧贬值包括实体性贬值、功能性贬值、经济性贬值。

实体性贬值也叫有形损耗，是指机动车在存放和使用过程中，由于物理和化学原因而导致的车辆实体发生的价值损耗，即由于自然力的作用而发生的损耗。旧机动车一般都不是全新状态的，因而大都存在实体性贬值，确定实体性贬值，通过依据新旧程度，包括表体及内部构件、部件的损耗程度。假如用损耗率来衡量，一部全新的车辆，其实体性贬值为百分之零，而一部完全报废的车辆，其实体性贬值为百分之百，处于其他状态下的车辆，其实体性贬值率则位于这两个数字之间。

功能性贬值是由于科学技术的发展导致的车辆贬值，即无形损耗。这类贬值又可细分为一次性功能贬值和营运性功能贬值。一次性功能贬值是由于技术进步引起劳动生产率的提高，现在再生产制造与原功能相同的车辆的社会必要劳动时间减少，成本降低而造成原车辆的价值贬值。具体表现为原车辆价值中有一个超额投资成本将不被社会承认。营运性功能贬值是由于技术进步，出现了新的、性能更优的车辆，致使原有车辆的功能相对新车型已经落后而引起其价值贬值。具体表现为原有车辆在完成相同工作任务的前提下，在燃料、人力、配件材料等方面的消耗增加，形成了一部分超额运营成本。

经济性贬值是指由于外部经济环境变化所造成的车辆贬值。所谓外部经济环境，包括宏观经济政策、市场需求、通货膨胀、环境保护等。经济性贬值是由于外部环境而不是车辆本身或内部因素所引起的达不到原有设计的获利能力而造成的贬值。外界因素对车辆价值的影响不仅是客观存在的，而且对车辆价值影响还相当大，所以在旧机动车的评估中不可忽视。

7.5　汽车维修与检测

7.5.1　汽车维修

汽车维修是汽车维护（汽车保养）和汽车修理的总称。汽车维护是为维持汽车完好技术状况或工作能力而进行的作业。汽车修理是为恢复汽车完好技术状况或工作能力和延长寿命而进行的作业。随着汽车设计和制造水平的提高,汽车通过有效维护,在8～10年使用期限内取消整车大修,已逐渐成为一种发展趋势。由于汽车修理工作量的逐渐减少,维护的工作总量已大于修理量。整车大修已被总成大修所代替,汽车维修的重点已转移到维护工作上,维护已重于修理。在汽车维护工作中,实际上也是以维护作业为主。

1. 汽车维护的主要工作

汽车维护工作主要有清洁、检查、补给、润滑、紧固和调整等多项内容。

(1) 清洁　清洁工作是提高汽车维护质量,防止机件腐蚀、减轻零部件磨损和降低燃油消耗的基础,并为检查、补给、润滑、紧固和调整工作做好准备。其工作内容主要包括对燃油、机油、空气滤清器滤芯的清洁,汽车外表的养护和对有关总成,零部件内、外部的清洁作业。

(2) 检查　检查是通过检视、测量、试验和其他方法,确定汽车以及总成、部件技术状况是否正常,工作是否可靠,机件有无变异和损坏,为正确维修提供可靠的依据。其工作内容主要是检查汽车各总成和机件的外表、工作情况和连接螺栓的拧紧力矩等。

(3) 紧固　汽车在运行中,由于振动、颠簸、机件热胀冷缩等原因,会改变零部件的紧固程度,以致零部件失去连接的可靠性。紧固工作是为了使各部机件连接可靠,防止机件松动的维护作业。

(4) 调整　调整工作是恢复车辆良好技术性能的一项重要工作。调整工作的好坏,对减少机件磨损、保持汽车使用的经济性和可靠性有直接的关系。其工作内容主要是按技术要求恢复总成、机件的正常配合间隙及工作性能等作业。

(5) 润滑　润滑主要是为了减少有关摩擦副的摩擦力,减轻机件的磨损,延长汽车的使用寿命。其工作内容包括对发动机润滑系更换或添加润滑油;对传动系操纵部分以及行驶系各润滑部位加注润滑油或润滑脂等作业。

(6) 补给　补给工作是指在汽车维护中,对汽车的燃油、润滑油料及特殊工作液体进行加注补充,对蓄电池进行补充充电,对轮胎进行补充充气等作业。

2. 汽车的维护制度

目前我国汽车维护制度规定为日常维护、一级维护、二级维护和走合期维护制度四个级别。

(1) 日常维护　日常维护是以清洁、补给和安全检视为作业的中心内容,由驾驶员负责执行的车辆维护作业。日常维护的周期为出车前、行车中、收车后。日常维护的内容为:对汽车外观、发动机外表进行清洁,保持车容整洁。对汽车各部润滑油(脂)、燃油、冷却液、各种工作介质、轮胎气压进行检视补给。对汽车制动、转向、传动、悬架、灯光、信号灯等安全部位和位置以及发动机运转状态进行检视、校紧,确保行车安全。

(2) 一级维护　一级维护是除日常维护作业外,以清洁、润滑、紧固为作业的中心内容,并检查有关制动、操纵等安全部件,由维修企业负责执行的车辆维护作业。

(3) 二级维护　二级维护是除一级维护作业外,以检查、调整转向节、转向摇臂、制动蹄片、悬架等经过一定时间的使用容易磨损或变形的安全部件为主,并拆检轮胎,进行轮胎换位,检查调整发动机工作状况和排气污染控制装置等,由维修企业负责执行的车辆维护作业。

(4) 走合期维护　为保证汽车的使用寿命,汽车在投入使用时都应进行走合期的磨合。经过走合期维护后,才可投入正常使用。新车、大修车以及装用大修发动机汽车的,走合期里程规定为1000～3000km。应选择较好的道路并减载限速运行。一般汽车按装载质量标准减载20%～25%，并禁止拖带挂车；半挂车按装载质量标准减载25%～50%。驾驶员必须严格执行操作规程，保持发动机正常工作温度。走合期内严禁拆除发动机限速装置。走合期内认真做好车辆日常维护工作，经常检查、紧固各外部螺栓、螺母，注意各总成在运行中的声响和温度变化，及时进行调整。走合期满后，应进行一次走合期维护，其作业项目和深度参照制造厂的要求进行。进口汽车按制造厂的走合期规定进行，有些高级轿车按规定无走合期。

新车和修复车在走合期满后，应进行一次走合维护。该维护一般由制造厂指定的维修厂家负责完成。其作业内容为清洁、检查、紧固和润滑工作，主要作业项目为：更换发动机机油，更换机油滤清器，检查变速器和发动机的泄漏情况，检查发动机冷却系中的冷却液量、制动系的制动液量以及风窗玻璃洗涤器液面等，检查转向系统（转向机、转向球头等）、传动轴和前、后悬架系统、轮胎气压、制动系的制动性能和工作状况。

3. 汽车修理

（1）汽车修理级别的划分　在修理中，所有零件及总成有易损零件与不易损零件之分，其磨耗与损坏的程度也不尽相同，需要修理的行驶里程很难一致。因此，按照不同的对象和不同的作业范围，汽车修理可分为整车大修、总成大修、汽车小修和零件修理。

① 整车大修。汽车在行驶一定里程（或时间）后，经过检测诊断和技术鉴定，需要用修理或更换零部件的方法，恢复车辆整体完好的技术状况，完全或接近完全恢复汽车使用性能和寿命的恢复性修理。

② 总成大修。汽车的主要总成经过一定使用时间（或行驶里程）后，用修理或更换总成零部件（包括基础件）的方法，恢复其完好技术状况和寿命的恢复性修理。

③ 汽车小修。用修理或更换个别零件的方法，保证或恢复汽车局部工作能力的运行性修理。

④ 零件修理。对因磨损、变形、损伤等不能继续使用的零件的修理。汽车修理和维护换下来的零件，具备修理价值的，可修复使用。

（2）汽车大修和总成大修的送修条件

① 整车。对于载货汽车，发动机已达到大修标准，同时有两个或两个以上其他总成符合大修条件。对于客车、轿车，车身总成已达到大修的送修条件，同时发动机或其他两个总成也达到大修标准时，均应进行大修。

② 发动机。气缸磨损量超过规定标准，发动机最大功率或气缸压力较标准降低25%以上，燃油和润滑油消耗量明显增加。

③ 车身总成。车身有明显的破损、裂纹、锈蚀、脱焊及车身变形逾限，蒙皮破损面积较大必须拆卸其他总成或部件后才能进行校正、修理，方能修复。

④ 变速器（分动器）总成。壳体变形、破裂、轴承孔磨损逾限，变速齿轮及轴严重磨损、损坏，需要彻底修复。

⑤ 车桥总成。桥壳破裂、变形，半轴套管轴承孔磨损逾限，主销轴承孔磨损逾限，减速器齿轮严重磨损，需要校正或彻底修复。

（3）汽车修理的主要工作　在整个汽车的修理工艺过程中，主要包括外部清洗、总成拆卸、总成分解、零件清洗、检验、修复与更换、装配与调整、试验等各道工序。

在分解检验时，对主要旋转零件或组合件，如飞轮、离合器压盘、曲轴、传动轴、车轮等，需进行静平衡或动平衡试验；对有密封性要求的零件或组合件，如气缸盖、气缸体、散热器、储气筒以及制动阀、泵、气室等，应进行液压或气压试验；对主要零件及有关安全的零部件，如曲轴、连杆、凸轮轴、前轴、轴向节、转向节臂、球头销、转向蜗杆轴、传动轴、半轴、半轴套管或桥壳等，应做探伤检查。

对基础件及主要零件，应检验并恢复其配合部位和主要部位的尺寸、形状及位置要求等。主要总成应经过试验、性能符合技术要求方可装车使用。

4. 汽车维修企业分类与汽车维修商的义务

目前，汽车维修企业按国家标准规定分为三类：一类汽车维修企业是从事汽车大修和总成修理的企业。二类汽车维修企业是从事汽车一级、二级维护和小零件更换等专项修理或维护的企业。三类汽车维修企业是从事汽车小修理、小"美容"的企业。

根据我国目前的规定，汽车维修商在进行汽车维修时必须尽到以下义务：

（1）维修车辆进厂，维修竣工出厂，必须由专人负责质量检验，并认真填写检验单。维修商对进行汽车大修、总成大修、二级维护的车辆必须建立《汽车维修技术档案》。消费者有权了解自己的汽车维修情况。

（2）汽车维修竣工出厂实行出厂合格证制度（汽车小修和部分专项修理除外），维修质量不合格的车辆不准出厂。汽车维修商在车辆维修竣工出厂时必须按竣工出厂技术条件进行检测并向托修方提供由出厂检验员签发的汽车维修竣工出厂合格证。

7.5.2 汽车检测

1. 汽车检测及审验

《中华人民共和国道路交通安全法》规定：机动车必须依照法律、行政法规的规定，根据车辆用途、载客载货数量、使用年限等不同情况，定期进行安全技术检验，未按规定检验或检验不合格的，不准继续行驶。中华人民共和国交通部《汽车运输业车辆技术管理规定》要求：各省、自治区、直辖市交通厅（局）应根据车辆从事运输的性质、使用条件和强度以及车辆老旧程度等，进行定期或不定期检测，确保车辆技术状况良好，并对维修车辆实行质量监控，并规定：经认定的汽车综合性能检测站在车辆检测后，应发给检测结果证明，作为交通运输管理部门发放或吊扣营运证依据之一和确定维修单位车辆维修质量的凭证。

机动车辆必须按照车辆管理部门的规定定期进行检验（一般一年一次），作为发放和审验"行驶证"的主要依据。营运车辆还必须根据交通运输管理部门制定的车辆检测制度，对车辆的技术状况进行定期或不定期检测（一般一季度一次），作为发放和审验"营运证"的主要依据。

（1）年检　年检指按照车辆管理部门规定的期限对在用车辆进行的定期检验，或根据交通运输管理部门制定的车辆检测制度，对营运车辆进行的定期检测。车辆年检的目的是检验车辆的主要技术性能是否满足《机动车运行安全技术条件》（GB 7258—2004）的规定，督促车属单位对车辆进行维修和更新，确保车辆具有良好的技术状况，消除事故隐患，确保行车安全。同时，使车辆管理部门全面掌握车辆分类和技术状况的变化情况，以便加强管理。由于汽车检测和审验的类型和目的不同，一般可分为汽车安全检测、汽车综合性能检测、汽车维修检测和特殊检测。

1）汽车安全检测。汽车安全检测的目的是确定汽车性能是否满足有关汽车运行安全和公害等法规的规定，是对全社会民用汽车的安全性检查。根据检测手段不同，一般分为外检和有关性能的检测。外检是通过目检和实际操作来完成，其主要内容有：检查车辆号牌、行车执照有无损坏、涂改、字迹不清等情况，校对行车执照与车辆的各种数据是否一致。检查车辆是否经过改装、改型、更换总成，其更改是否经过审批及办理过有关手续。检查车辆外

observ是否完好,连接件是否紧固,是否有四漏(漏水、漏油、漏气、漏电)现象。检查车辆整车及各系统是否满足《机动车运行安全技术条件》(GB 7258—2004)所规定的基本要求。对汽车有关性能的检测,采用专用检测设备对汽车进行规定项目的检测,主要有转向轮侧滑、制动性能、车速表误差、前照灯性能、废气排放、喇叭声级和噪声。

2) 汽车综合性能检测。汽车综合性能检测的目的是对在用运输车辆的技术状况进行检测诊断。对汽车维修行业的维修车辆进行质量检测,以确保运输车辆安全运行,提高运输效率和降低运行消耗。汽车综合性能检测的主要内容包括:安全性(制动、侧滑、转向、前照灯等);可靠性(异响、磨损、变形、裂纹等);动力性(车速、加速能力、底盘输出功率、发动机功率和转矩、供给系统和点火系统状况等);经济性(燃油消耗);噪声和废气排放状况。

3) 汽车维修检测。汽车维修检测的目的是对汽车维修前进行技术状况检测和故障诊断,据此确定附加作业和小修项目以及是否需要大修,同时对汽车维修后的质量进行检测。

4) 特殊检测。特殊检测是指为了不同的目的和要求对在用车辆进行的检验。在检验的内容和重点上与上述各类检测有所不同,故称为特殊检测,主要包括:

① 改装或改造车辆的检测。为了不同的使用目的,在原车型底盘的基础上改制成其他用途的车辆后,因其结构和使用性能变更较大,车辆管理部门在核发号牌及行车执照时,应对其进行特殊检验,包括汽车主要总成改掉后的车辆的检测,有关新工艺、新技术、新产品以及节能、科研项目等的检测鉴定。

② 事故车辆的检测。对发生交通事故并有损伤的车辆进行检测。一方面是为了分析事故原因,分清事故责任。另一方面是为了查找车辆的故障,确定汽车的技术状况,以保证再行车的安全。

③ 外事车辆的检验。为保证参加外事活动车辆的技术状况,防止意外事故发生,必须对车辆的安全性能和其他有关性能进行检验。

④ 其他检测。接受公安、商检、计量、保险等部门的委托,进行有关项目的检测。

(2) 临时性检验 临时性检验是指除对车辆进行正常检验之外的车辆检验。车辆临时性检验的内容与年检基本相同,其目的是评价车辆性能是否满足《机动车运行安全技术条件》(GB 7258—2004)的要求,以确定其能否在道路上行驶,或车辆技术状况是否满足参加营运的基本要求。

在用车辆参加临时性检验的范围有:
① 申请领取临时号牌的车辆。
② 放置很长时间后要求复驶的车辆。
③ 遭受严重损坏,修复后准备投入使用的车辆。
④ 挂有国外、港澳地区号牌,经我国政府允许,可进入我国境内短期行驶的车辆。
⑤ 车辆管理部门认为有必要进行临时检验的车辆(如春运期间、交通安全大检查期间)。

营运车辆在下述情况下,应按交通运输管理部门的规定参加临时性检验:
① 申请领取营运证的车辆。
② 经批准停驶的车辆恢复行驶前。
③ 经批准封存的车辆启封使用时。
④ 改装和主要总成改造后的车辆。
⑤ 申请报废的车辆。

⑥ 其他车辆检测诊断服务。

2. 汽车检测站分类

汽车检测和审验工作是在具有若干必需的技术装备,并按一定工艺路线组成的汽车检测站进行的。根据检测站的服务对象和检测内容,可分为汽车安全检测站、汽车综合性能检测站和汽车维修检测站三类。

(1) 汽车安全检测站　汽车安全检测站主要检测汽车与安全及环保有关的项目,受公安机关车辆管理部门的委托,承担汽车申请注册登记时的初次检验、汽车定期检验、汽车临时检验和汽车特殊检验(包括事故车辆、外事车辆、改装车辆和报废车辆等的技术检验)。根据中华人民共和国公安部《机动车辆安全技术检测站管理办法》的规定,安全检测站必须具备检测车辆侧滑、灯光、轴重、制动、排放、噪声的设备及其他必要的检测设备。

(2) 汽车综合性能检测站　汽车综合性能检测站是综合运用现代检测技术、电子技术和计算机应用技术,对汽车实施不解体检测、诊断的企业。它具有能在室内检测、诊断出车辆的各种性能参数、查出可能出现故障的状况,为全面、准确评价汽车的使用性能和技术状况提供可靠的依据。

汽车综合性能检测站既能担负车辆动力性、经济性、可靠性和安全环保管理等方面的检测,又能担负车辆维修质量的检测以及在用车辆技术状况的检测评定,还能承担科研、教学方面的性能试验和参数测试,能为汽车使用、维修、科研、教学、设计、制造等部门提供可靠的技术依据。汽车综合性能检测站主要由一条至数条检测线组成。对于独立完整的检测站,除检测线之外,还应有停车场、试车道、清洗站、电气站、维修车间、办公区和生活区等。

(3) 汽车维修检测站　汽车维修检测站是为汽车维修服务的检测站。其任务是:对二级维护前的汽车进行技术状况检测和故障诊断,以确定附加作业和小修项目;对大修前的汽车或总成进行技术状况检测,以确定其是否达到大修标准而需要大修;对维修后的汽车进行技术检测,以监控汽车的维修质量。

7.6　汽车美容与装饰

7.6.1　汽车美容服务

"汽车美容"源于西方发达国家,英文名称表示为"Car Beauty"或"Car Care"。指对汽车的美化和爱护。现代汽车美容不只是简单的汽车清洗、吸尘、除渍、除臭及打蜡等常规美容护理,还包括利用专业美容系列产品和高科技设备,采用特殊的工艺和方法,对汽车进行漆面抛光、增光、深浅划痕处理及全车漆面翻新等一系列养护作业。

汽车美容按作业性质不同可分为护理性美容和修复性美容两大类。护理性美容是指保持车身漆面和内室件表面亮丽而进行的美容作业,主要包括新车开蜡、汽车清洗、漆面研磨、漆面抛光、漆面还原、上蜡及内室件保护处理等美容作业;修复性美容是车身漆面或内室件表面出现某种缺陷后所进行的恢复性美容作业,其缺陷主要有漆膜病态、漆面划伤、漆面斑点及内室件表面破损等,根据缺陷的范围和程度不同分别进行表面处理、局部修补、整车翻修及内室件修补更换等美容作业。

1. 汽车美容的作用

(1) 保护汽车　汽车漆膜是汽车金属等物体表面的保护层,它使物体表面与空气、水分、日光以及外界的腐蚀性物质隔离,起着保护面、防止腐蚀的作用,从而延长金属等物体的使用寿命。汽车在使用过程中，由于风吹、日晒、雨淋等自然侵蚀，以及环境污染的影响，表面漆膜会出现失光、变色、粉化、起泡、龟裂、脱落等老化现象，另外，交通事故、机械撞击等也会造成漆膜损伤。一旦漆膜损坏，金属等物体便失去了保护的"外衣"。为此，加强汽车美容作业，维护好汽车表面漆膜是保护汽车金属等物体的前提。

（2）装饰汽车　随着人们消费水平的提高，对于一些中、高档轿车来说，已不仅仅是一种交通工具，它已成为人们一种身份的象征。车主不仅要求汽车具有优良的性能，而且要求汽车具有漂亮的外观，并想方设法把汽车装点得靓丽美观，这就对汽车的装饰、性能提出了更高的要求。汽车装饰不仅取决于车型外观设计，而且取决于汽车表面色彩、光泽等因素。通过汽车美容作业，使汽车涂层平整、色彩鲜艳、色泽光亮，始终保持美丽的容颜。

（3）美化环境　随着我国国民经济的不断发展和科学技术的不断进步，人们生活水平的不断提高，道路上行驶的各种汽车越来越多。五颜六色的汽车装扮着城市的各条道路，形成一条条美丽的风景线，对城市和道路环境起到美化作用，给人们以美的享受。如果没有汽车美容，道路上行驶的汽车车身灰尘污垢堆积，漆面色彩单调、色泽暗淡，甚至锈迹斑斑，这样将会形成与美丽的城市建筑极不协调的景象。因此，美化城市环境离不开汽车美容。

2．汽车美容作业项目

（1）护理性美容作业项目

① 新车开蜡。汽车生产厂家为防止汽车在储运过程中漆膜受损，确保汽车到用户手中时漆膜完好如新，汽车总装的最后一道工序是对整车进行喷蜡处理，在车身外表面喷涂封漆蜡。封漆蜡没有光泽，严重影响汽车美观，且易粘附灰尘。汽车销售商在汽车出售前对汽车进行除蜡处理，俗称开蜡。

② 汽车清洗。为使汽车保持干净整洁的外观，应定期或不定期地对汽车进行清洗。汽车清洗是汽车美容的首要环节，同时也是一个重要的环节。它既是一项基础性的工作，也是一种经常性的护理作业。

③ 漆面研磨。漆面研磨是去除漆膜表面氧化层、轻微划伤等缺陷所进行的作业。该作业虽具有修复美容的性质，但由于所修复的缺陷非常小，只要配合其他护理作业，便可消除缺陷，所以把它列为护理性美容的范围。

④ 漆面抛光。漆面抛光是紧接着研磨的第二道工序。车漆表面经研磨后会留下细微的打磨痕迹，漆面抛光就是为了去除这些痕迹所进行的护理作业。

⑤ 漆面还原。漆面还原是研磨、抛光后进行的第三道工序，它是通过还原剂将车漆表面还原到"新车"般的状况。

⑥ 打蜡。打蜡是在车漆表面涂上一层蜡质保护层，并将蜡抛出光泽的护理作业。打蜡的目的：一是改善车身表面的光亮程度；二是防止腐蚀性物质的侵蚀；三是消除或减小静电影响，使车身保持整洁；四是降低紫外线和高温对车漆的侵害。

⑦ 内室护理。汽车内室护理是对汽车控制台、操纵件、座椅、座套、顶棚、地毯、脚垫等部件进行的清洁、上光等美容作业，同时还包括对汽车内室进行定期杀菌、除臭等净化空气作业。

（2）修复性美容作业项目

① 漆膜病态治理。漆膜病态是指漆膜质量与规定的技术指标相比所存在的缺陷。漆膜病态有上百种，对于各种不同的漆膜病态，应分析原因，采取有效措施积极防治。

② 漆面划伤处理。漆面划伤是因刮擦、碰撞等原因造成的漆膜损伤。当漆面出现划痕时，应根据划痕的深浅程度，采取不同的工艺方法进行修复处理。

③ 漆面斑点处理。漆面斑点是指漆面接触了柏油、飞漆、焦油、鸟粪等污物，在漆面上留下的污迹。对斑点的处理应根据斑点在漆膜中渗透的深度不同，采取不同的工艺方法进行修复。

④ 汽车涂层局部修补。汽车涂层局部修补是当汽车漆面出现局部失光、变色、粉化、起泡、龟裂、脱落等严重老化现象或因交通事故导致涂层局部破坏时所进行的局部修补涂装作业。汽车涂层局部修补虽作业面积较小，但要使修补漆面与原漆面的漆膜外观、光泽、颜色达到基本一致，还需要操作人员具有丰富的经验和高超的技术水平。

⑤ 汽车涂层整体翻修。汽车涂层整体翻修是当全车漆膜出现严重老化时所进行的全车翻新涂装作业。其作业内容主要有清除旧漆膜、金属表面除锈、底漆和腻子施工、面漆喷涂、补漆修饰及抛光上蜡等。

7.6.2 汽车的装饰服务

汽车的装饰服务主要有：车窗与车身装饰、汽车内室装饰、汽车视听装饰、车载免提电话及汽车安全防护装饰等。

1. 车窗与车身装饰

（1）车窗太阳膜

太阳膜的功用：

① 改变色调。五颜六色的太阳膜可以改变车窗玻璃全部是白色的单一色调，给汽车增加美感。

② 提高防爆性能。汽车防爆太阳膜可以提升意外发生时汽车的安全水平，使汽车玻璃破碎可能性降到最低，最大限度地避免意外事故对乘员的伤害。

③ 提高空调效能。汽车防爆太阳膜的隔热率可达 50%～95%，有效地降低汽车空调的使用，节省燃油，提高空调效率。

④ 抵御有害紫外线。紫外线辐射具有杀菌作用，但对人的肌肤也具有侵害力，对于乘员来说，长时间乘车时，人体基本上处于静止状态，此时更易受到紫外线伤害，造成皮肤疾病。防晒太阳膜可有效阻挡紫外线，对肌肤起到一定的保护作用。

⑤ 保证乘车隐秘性。太阳膜的单向透视性可以遮挡来自车外的视线，增强隐蔽性。

（2）加装天窗　加装天窗的主要目的有利于车厢内通风换气，车厢内的空气状况直接影响到乘坐的舒适性。另外，天窗还为驾车摄影、摄像提供了便利条件。

（3）车身装饰　车身装饰可分为三类：一是保护类，为保护汽车车身安全而安装的，如保险杠、灯护罩等；二是实用类，为弥补汽车载物能力不足而安装的，如行李架、自行车架、备胎架等；三是观赏类，为使汽车外部更加美观而安装的装饰品，加彩条贴、金边贴、全车金标等。

2. 汽车内室装饰

汽车内室包括驾驶室和车厢，它是驾驶员和乘客在行驶途中的生活空间。对汽车内室进行装饰，营造温馨、美观的车内环境，从而增加司乘人员乘坐舒适性。

（1）坐椅装饰　汽车座椅是车内占用面积最大，使用率最高的部件，为此对其进行装饰不仅要考虑美观，还要考虑实用。

（2）更换真皮座套　目前，国产车和经济型进口车出厂时多数没配备真皮座椅，为营造更舒适、温馨的车内空间，越来越多的轿车开始更换真皮座套。

（3）车内饰品装饰　车内饰品种类很多，按照与车体连接形式的不同可分为吊饰、摆饰和贴饰三种：吊饰是将饰品通过绳、链等连接件悬挂在车内顶部的一种装饰。摆饰是将饰品摆放在汽车控制台上的一种装饰。贴饰是将图案和标语制在贴膜上，然后粘贴在车内的装饰。

（4）桃木装饰　桃木装饰的特点是美观、高雅、豪华，其优美的花纹具有特殊的装饰效果。主要用于车内控制台、转向盘及变速杆等部位装饰。

（5）香品装饰　车用香品对净化车内空气，清除异味、杀灭细菌，对车内空气卫生具有重要作用。市面上的车用香品种类繁多，按形态可分为气态、液态和固态；按使用方式可分为喷雾式、泼洒式和自然散发式等。气态车用香品主要由香精、溶剂和喷射剂组成。液态车用香品由香精与挥发性溶剂混合而成，盛放在各种具有造型美观的容器中，此种车用香品在汽车室内应用最广。固态车用香品主要是香精与一些材料混合，然后加压成型。

3. 汽车视听装饰

汽车视听装饰具有以下作用：减轻旅途疲劳，提供交通信息，减少停车等待中的寂寞。视听装饰的种类：主要有安装汽车收放机、汽车激光唱机、汽车电视机、汽车影碟机等。

4. 车载免提电话

车载免提电话的种类：

（1）手机免提电话。这是一种上车后将手机置入机座内就可以使用的免提电话装置。它体积小，不影响车内装置，直接接到汽车点烟器上，无须改装车内结构，来电话时从高保真扬声器传出。这种产品不仅克服了车载电话和手机是两个不同号码的弊端，而且无须更换手机和车载系统，适合任何型号的手机和汽车。

（2）声控免提电话。这种电话靠声音控制，只需轻声一呼，电话就自动接通。

（3）插卡式车载电话。这是同时具有普通车载电话功能和免提声控功能的高档车载电话。手机所具有的功能应有尽有，而且操作简单，可满足不同用户的需求，真正为用户建立了一个移动的办公室。

5. 汽车安全防护装饰

汽车安全防护装饰包括安装车辆防盗、报警和司乘人员行车保护等装置，它是为提高车辆的安全防护性能而采取的技术措施，对加强车辆及行车安全具有重要作用。

【案例】 德国道路汽车救援服务体系给我们的启示

随着我国各大城市渐渐进入汽车社会，特别是使用三年以上容易出小故障的汽车保有量大量增加，许多驾车人士懂开车但不懂修理，汽车半路抛锚、束手无策的情况也越来越常见。这不仅是驾车人士的问题，而且经常出现因汽车路上抛锚导致道路拥堵，降低了道路通行效率。广大车主迫切希望政府有关部门能够建立一个正规的汽车紧急救援服务网络，全国/省联网，24小时服务，规范收费行为，提高服务标准，严格审核参与服务企业的资质。作为世界著名汽车生产使用大国的德国，具有悠久的汽车生产、管理和服务历史，从其开展道路汽车救援服务的成功经验中，可以给我们许多有益的启示：

一、组建提供紧急救援服务的汽车俱乐部

组建汽车俱乐部是德国提供道路汽车救援服务的一个非常有效的做法。全德汽车俱乐部（简称ADAC）是德国最大和最著名的汽车俱乐部，有100多年历史，其主要职能是为会员提供及时周到的道路汽车救援服务。ADAC实行会员制，每个会员每年交几十欧元的会费就可每年免费享受若干次在全国范围内的救护和服务，包括交通事故救援、汽车行驶途中抛锚的故障排除或拖车、咨询等等。ADAC现有会员1400多万人，职员7000人，主要靠会费维持运作，尽管也开展一些盈利活动，但不以盈利为目的。我国目前还没有ADAC这样的俱乐部。毫无疑问，随着我国汽车消费的迅猛增长，广大的汽车消费者，尤其是个人消费者，迫切需要有这样的组织来提供优良的咨询、救援等服务。

二、建立以统一号码呼救中心为核心的道路紧急救援服务体系

全德汽车俱乐部设有统一的呼救中心，有完整的电脑网络系统，实行全国联网服务。汽车用户只要拨打一个特定的电话号码，就可以连线到统一的呼救中心，由呼救中心调度就近的救援服务车辆前往待救地点。ADAC在全国各地组建了由2000多人、过千辆专用救援服务车构成的全国联动服务网络从事汽车救援工作。救援服务车辆遍布全国各地，每一救援车都装有GPS系统，配备无线电话，遇到呼救就可就近调度服务车迅速赶往现场。目前，我国道路汽车救援是按地市分割的服务格局，没有全国统一联网的汽车救援呼叫调度服务中心，服务不畅、不及时是常见的事。建立统一的汽车救援呼叫调度中心，实行统一的联网服务救援电话号码，安装GPS统一调度，昼夜服务，同时设立覆盖全国各地的救援服务网点，配备专业的救援车辆，就地就近服务，对小故障现场维修，对大故障由专用拖车将故障车拖回修理，这在计算机网络通信技术和汽车技术已经非常成熟的今天，已经不成问题。

三、将汽车俱乐部救援服务纳入国家道路交通紧急救援体系当中

在德国的社会紧急救援体系中，道路交通紧急救援是其中一个子体系，而在道路交通紧急救援子体系中，ADAC扮演了重要的角色，ADAC的汽车救援服务是该体系的重要组成部分。德国境内的道路汽车救援，特别是汽车故障停驶、陷落沟坎、掉下湖泊、河流、台阶以及交通事故善后等等，绝大部分都有ADAC的参与，其中多数情况下还是ADAC独立完成。近年来，ADAC与政府签订了合同，参与联邦德国全境的直升机救援活动。作为一种带公益色彩的全民事业，他们每年拿出一定的费用用于救助民众，他们还进行民众交通安全教育，包括设立儿童交通安全培训基地，从儿童开始进行交通安全教育。目前，我国的公益性道路交通事故紧急救援，主要还是交警部门在承担，但是诸如汽车故障停驶，陷落沟坎，掉下湖泊、河流、台阶等非公益性事故，基本上是民众自发处置，各种机构都参与，其中许多没有资质，安全也没有保障，存在很大的危险性。

同样，在其他发达国家均存在类似的机构和组织，如日本的JAF、美国的AAA、英国的AA、意大利的ACI等都在汽车救援服务中发挥着重要的作用。

[复习思考题]

1. 什么是汽车售后服务？汽车售后服务的内容有哪些？
2. 目前我国汽车信贷主要存在问题有哪些？
3. 目前我国汽车保险的种类有哪些？
4. 索赔的常规程序是怎样的？
5. 什么是旧车交易？它的类型有哪些？
6. 旧车交易价格评估的方法有哪些？
7. 汽车维护的主要工作有哪些？
8. 我国汽车维护制度包括哪几种级别？
9. 简述汽车修理级别的划分内容。
10. 简述汽车年检内容。
11. 简述汽车美容作业项目。
12. 简述汽车装饰服务内容。

第8章 汽车服务企业信息管理

> **学习目标**
> 1. 了解汽车服务企业信息化管理现状，理解管理信息系统的基本内涵。
> 2. 熟悉管理信息系统的基本类型及应用。
> 3. 了解电子商务及其在汽车服务企业中的应用。
> 4. 掌握 ERP 的管理思想及结构。

在经济全球化和信息时代，汽车行业的发展与信息化建设的发展息息相关且相互影响，计算机网络技术的飞速发展，特别是 Internet 在全球的推广与应用，对世界汽车业产生了重大的影响。工业发达国家的汽车业已开始从战略高度认识到信息化的重要价值，企业信息化已成为汽车企业提升核心竞争力的不可或缺手段，在汽车服务业中这一特性尤其明显。

8.1 汽车服务企业信息化管理概述

随着信息时代的飞速发展，计算机已广泛地应用于各行各业，汽车服务业由于经营品种、企业规模的多样化，对计算机的应用程度也不尽相同，但随着我国汽车保有量的增长，企业内外部信息量急剧增长，这些都促使汽车服务企业对信息处理手段和方法的现代化要求越来越强烈，在汽车服务业推广应用计算机系统，提高服务人员素质，对企业经营管理诸要素进行合理配置和优化组合，使经营活动过程中的人流、物流、资金流、信息流处于最佳状态，以求获得最佳效益，已成为全行业的共识。

8.1.1 我国汽车服务企业信息化管理现状

我国汽车服务行业经过十几年的发展，已进入一个飞速发展和变化的阶段，这个阶段与 20 世纪 90 年代前相比已经产生了巨大的变化，这种变化一方面说明我国汽车服务产业的前景非常广阔，另一方面日益激烈的市场竞争要求服务企业对市场做出更快的反应，提供更优质的服务，这就要求对企业生产、财务、销售、物流、人力资源等管理要素进行科学管理，提高企业内外部运行效率的信息技术的应用，也表明我国汽车服务企业进入了依靠信息求生存、求发展的时代。

我国汽车行业的信息化管理起步于 20 世纪 90 年代，但是由于受管理体制、传统观念等影响，企业的信息化往往流于形式，往往只能在部分领域实现信息系统的部分职能，甚至成为形象工程，耗财耗力，得不偿失，成功的企业信息化案例少之又少。近几年来，汽车行业日程，提升到长远规划、战略发展的层次上来。我国汽车服务产业信息化是伴随着我国汽车行业信息化的发展而发展起来的，其现状可概括为"21 世纪的网络，20 世纪 90 年代的软件，但是只有 80 年代的应用，70 年代的管理"，其信息化水平参差不齐。除一些"4S"店在汽车制造商的要求下，其信息化管理和应用达到一定层次，其他企业长期以来基本沿用以人工为主的报表方式对企业信息进行管理，其结果是信息量少，管理水平和效率低，致使决策者只能凭主观进行决策，造成很大的损失和浪费。当中虽然也有个别公司在管理中应用了计算机，但主要是利用其进行统计报表、工资发放和文字处理等，给决策者提供的信息较少，无法清晰准确地控制业务过程，对于科学决策意义不大。总的来说，我国汽车服务企业信息管理水平主要存在以下一些问题。

1. 基础薄弱

相对于国外同行来说，我国汽车服务企业信息管理总体应用水平还相当低，尤其是企业间的数据交换，企业集团内部位于不同地理位置上的分公司之间的信息交流，企业之间的数据确认等方面。除了极少数企业应用了 EDI 系统，更多的则还是以传真加电话的方式进行联系和沟通。数据交换、商业合同等多以书面或其他介质为主，同时辅以 E-mail 进行。企业之间设计信息的传送更多地仍以最原始的图纸传送方式为主，配备 CAD 系统的企业则以数据磁带的方式进行传递，只有少量的信息借助互联网进行传送。大部分汽车服务企业未从企业的高度对企业的管理信息系统进行全面规划和在项目实施过程中严格把关。领导和管理人员对企业信息化的参与力度不强，没有将信息建设与提升管理水平紧密结合起来。

2. 信息资源缺乏规范化、标准化的管理

我国汽车制造起源于大而全的方式，直到20世纪90年代，从零部件到整车的生产基本上是在一个企业（集团）的内部来完成，这导致了产品及零部件标准的封闭性。同时，由于长期手工管理形成的习惯，企业内部的信息编码体系并没有实际得到应用，这又形成了在一个企业内的不同部门之间不能用一个统一的一套识别系统对管理实体进行识别的现象。汽车服务企业作为整车制造企业的下游企业，其编码一般依据的是整车企业的编码，因此，缺乏规范化和标准化。

另外，许多企业在管理信息系统的开发建设过程中，对信息资源的标准化认识不足，往往是重视系统硬件的配置和软件的开发，而对信息表示方法没有重视。造成信息分类编码混乱，互不兼容，很难满足现代信息管理的要求。而国外发达国家，在信息系统建立时，非常重视信息资源标准化、系统分析和整体规划。

3. 信息资源共享问题

由于信息标准的不统一，信息资源的共享性差就成为了一个突出的问题。汽车信息资源共享，是指通过计算机、网络、通信等技术将可公开的有关汽车技术、销售、市场、维修、检测及教育培训等方面的信息资料公布，使不同地域的汽车用户可以随时使用。同时整车生产商与零部件供应商之间能够共享相同的信息标准进行信息交换。目前国家正在建立这样的一套标准，但在这套标准出台之前，企业各自的标准还要继续使用。即使国家推出了一套信息标准，汽车服务企业掌握这套标准，完成用新标准对原有信息系统的改造还需要大量的资金和时间上的投入。汽车行业的信息资源难以共享的问题还将困扰较长时间。

另外，目前国内汽车网站多以企业自建为主，其特点是缺乏系统性，信息资源重复建设，缺少权威性、规范性、全面性。

4. 缺乏公共电子商务平台

电子商务正剧烈改变着西方传统的汽车生产与销售，世界各大汽车厂商都想抓住电子商务的良好机遇发展自己。1999年8月，通用汽车公司宣布成立一个名为 e-GM 的业务中心，其职能是充分利用飞速发展的互联网技术，使公司在全球的产品和服务更加贴近其各自的目标顾客，真正实现企业与顾客之间的实时交流与互动。福特汽车公司认为，企业建立网站只是从物理世界向真实世界转变的第一阶段；第二阶段是在企业的网站上设立对话功能，顾客可以在网上比较价格和产品，并在线提出问题，由企业的专家及时给予回应；福特汽车公目前正在实施第三阶段，即开始为订货而生产的过程，与微软公司的联盟就是为此目的而进行的，即顾客可以在福特的网站上根据自己实际需求订货；第四阶段，实现真正的依据订货生产的供应链，届时福特汽车公司的零部件供应商和各整车生产商都可以在网上及时收到用户的特殊订货，并使绝大部分汽车在收到订货后的 10 天以内完成制造并发货。除此之外，以北美的三大汽车厂家为主的汽车生产厂家，以及零部件供应公司共 1300 家公司组成的汽车工业组织建立了覆盖北美的汽车信息交换网络，已于 1998 年开始运转。日本汽车工业协会也在计划建立一个这种模式的组织，并于 1999 年 10 月开始试行。这就意味着必须通过这些网络，才能与这些公司进行业务往来。

在我国，几大汽车集团之间仅存在着竞争关系，并无合作的打算。一个国家级的汽车电子商务平台的建设不可能由某一个大型汽车集团独立完成，而汽车产业的全球化采购和全球化合作又是 21 世纪国际汽车产业发展的趋势，在这样的形势下，尽快推动我国大型汽车集团间的合作，建设以国内主要汽车集团为主要应用对象的汽车电子商务平台迫在眉睫。

5. 客户信息管理严重缺乏

客户满意度贯穿了汽车服务企业服务管理的全过程，由于手段的制约，影响客户满意度的事件时有发生，如客户到服务站维修，客户报上姓名，服务人员不知道该客户是不是企业的销售客户；车辆维修时，业务接待不能及时掌握维修进度，不知道能否按时交车；客户回访时，销售人员回访和服务人员回访口径不统一，回访信息不能共享，彼此不知道客户的回访情况等。这些都说明我国汽车服务业对客户信息还没有进行系统化管理。

8.1.2 汽车服务企业管理信息系统的基本内涵

1. 汽车服务企业管理信息系统的定义

汽车服务企业信息化就是将因特网技术和信息技术应用于汽车服务业生产、技术、服务及经营管理等领域，不断提高信息资源开发效率，获取信息经济效益的过程。汽车服务企业信息管理的主要内容有：对汽车消费者服务的信息化、汽车购买的电子化、与整车制造商的信息传递与共享、汽车服务企业内部管理的信息化以及汽车物流控制的信息化等。它涉及消费者、整车制造、零部件供应、汽车销售、汽车保险金融、汽车技术服务、汽车回收、汽车美容养护、汽车物流和第三方服务机构等。

汽车服务企业管理信息系统是一个以人为主导，利用计算机硬件、软件、网络通信设备以及其他办公设备，进行汽车服务企业管理、业务信息的收集、传输、加工、储存、更新和维护，以企业战略竞优、提高效益和效率为目的，支持汽车服务企业高层决策、中层控制、基层运作的集成化人机系统。汽车服务企业管理信息系统强调从系统的角度来处理企业经营活动中的问题，把局部问题置于整体之中，求整体最优化。它能使信息及时、准确、迅速送到管理者手中，提高管理水平。汽车服务企业管理信息系统在解决复杂的管理问题时，可广泛应用现代数学成果，建立多种数学模型，对管理问题进行定量分析。汽车服务企业管理信息系统把大量的事务性工作交由计算机来完成，使人们从烦琐的事务中解放出来，有利于管理效率的提高。

2. 汽车服务企业管理信息系统的特征

（1）为管理服务　汽车服务企业管理信息系统的目的是辅助汽车服务企业进行事务处理，为管理决策提供信息支持，或者是宣传企业，扩大影响，因此必须同汽车服务企业的管理体制、管理方法、管理风格相结合，遵循管理与决策行为理论的一般规律。为了满足管理方面提出的各种要求，汽车服务企业管理信息系统必须准备大量的数据（包括当前的和历史的、内部的和外部的、计划的和实际的)、各种分析方法、大量数学模型和管理功能模型(如预测、计划、决策、控制模型等)。

(2) **适应性和易用性** 根据一般系统理论,一个系统必须适应环境的变化,尽可能做到当环境发生变化时,系统不需要经过大的变动就能适应新的环境。这就要求系统便于修改。一般认为,最容易修改的系统是积木式模块结构的系统,由于每个模块相对独立,其中一个模块的变动不会或很少影响其他模块。建立在数据库基础上的汽车服务企业管理信息系统,还应具有良好的适应性。与适应性一致的特征就是方便用户使用。适应性强,系统的变化就小,用户使用当然就熟能生巧,方便容易了。易用性是汽车服务企业管理信息系统便于推广的一个重要因素,要实现这一点,友好的用户界面是一个基本条件。

(3) **信息与管理互为依存** 汽车服务企业的决策和管理必须依赖于及时正确的信息。信息是一种重要的资源,在物流管理控制和战略计划中,必须重视对信息的管理。

8.1.3 汽车服务企业管理信息系统基本类型

目前,在实践应用中的管理信息系统有四种:业务信息系统、管理信息系统、决策支持系统以及办公信息系统。它们的设计原理、方法和技术基本上是一样的,只是随着应用目的与要求的不同而有所区别。

1. 业务信息系统

业务信息系统是为日常业务处理提供信息的,就制造型企业而言,其日常业务有生产、销售、采购、库存、运输、财务、人事等方面的业务工作。每一类业务工作都形成信息子系统,如销售信息子系统、采购信息子系统、库存信息子系统、运输信息子系统、财务信息子系统等。业务信息系统应具有数据处理功能、数据管理功能、信息检索功能和监控功能。

2. 管理信息系统

管理信息系统简称 MIS (Management Information System),是以系统思想为指导,以计算机为基础建立起来的为管理决策服务的信息系统。MIS 输入的是一些与管理有关的数据,经计算机加工处理后输出供各级管理人员使用的信息。MIS 不仅能进行一般的事务处理,代替管理人员的繁杂劳动,而且能为管理人员提供辅助决策方案,为决策科学化提供应用技术和基本工具。MIS 是信息化社会发展的必然产物,也是企业管理现代化的重要进程。对一个企业来说,建立 MIS 以处理日益增多的信息,目的是为了提高企业的管理效率、管理水平和经济效益。管理信息系统一般应具有以下主要功能:数据处理功能、预测功能、计划功能、优化功能和控制功能。

3. 决策支持系统

决策支持系统简称 DSS (Decision Support System),它是以电子计算机为基础的知识信息系统。DSS 可以提供信息,协助解决多样化和不确定性问题,对决策进行支持。

目前在 DSS 中广泛应用数量化方法,即用数学模型和方法,对提供选择的各种方案进行定量的描述和分析,从而提供数量依据,供决策者权衡选择,从中获取最佳或满意的方案。常用的方法有:数学分析中的优化方法,概率统计中的统计预测、回归分析、相关分析,运筹学中的排队论以及模糊数学中的一系列理论和方法等。

决策支持系统由三个主要部分组成:

(1) 语言系统。语言系统的主要功能是表示问题,即描述所要解决的问题。一个语言系统可以使用通用的计算机程序设计语言,也可以使用专用的查询语言。

(2) 知识系统。知识系统是有关问题领域的知识库系统。知识系统由数据库、方法库和模型库三个子系统组成。方法库和模型库子系统起支持作用,在多用户环境下,能够使一个临时用户用最少的程序工作得到最多的系统支持,从而能简便、迅速地解决用户问题。

(3) 问题处理系统。问题处理系统是决策支持系统的核心。任何一个问题处理系统都必须具备从用户和知识系统收集信息的能力,也必须具备将问题变换为合适的可执行的行动计划的能力。问题处理系统另一个必不可少的功能是分析能力。当问题处理系统完成模型和数据的确认后,分析机构就开始工作,并控制它们的执行。

4. 办公信息系统

办公信息系统是用计算机来处理企业或行政机关办公工作中的大量公文管理工作,办公信息系统也称办公自动化系统。

8.2 互联网络在汽车服务中的应用

自 20 世纪 90 年代初开始,Internet 商业化的巨大成功,进入了所谓的互联网络经济。互联网络经济的商业模式成功的主要标志为:企业用户将 Internet 接入和 WWW 服务委托给 ISP 管理;企业用户将一些简单应用,如电子邮件,委托给 ASP 管理;企业用户通过 Internet 进行商务操作,即电子商务,实现"零摩擦"商务交易。与传统商务操作过程相比,互联网络可以为企业节省约 40% 的商务开销。这正是互联网络经济的真正驱动力。互联网络的巨大经济效益促进其在企业中的快速普及应用,汽车服务业也不例外。

传统意义上的我国汽车服务业,长期以来一直处于原始、落后的现状,这种落后表现在管理水平、技术水平、人员素质、设备装备等诸方面。信息化和电脑技术把汽车服务企业引向现代管理模式和管理方式。企业发展的根本在于人,在于管理。"服务"将成为未来竞争最重要的手段,对于汽车服务企业来说尤其如此。这种主动服务,就是建立稳定的客户关系,依赖于客户信息和服务档案的建立与管理。而大量的企业经营数据信息,仅凭人工来完成是难以想像的。利用电脑技术,建立企业网络数据库才是必由之路。

事实上,汽车服务企业经常需要处理大量复杂的数据信息,仅仅依靠人力往往难以对客户及车辆档案、企业经营数据等进行准确的统计和分析。而运用电脑管理,速度快、时间短、资料全、效率高。例如,一个 30 人的维修企业的月度工时统计,如采用人工计算,需要一个统计员 1~2 天的时间,采用电脑进行统计仅仅需要几秒,效率提高何止几千倍。互联网在汽车服务界的应用前景十分广阔。

(1) 汽车服务方面的专业互联网在汽车服务企业的应用中,会因汽车服务技术人员方便、快捷地查询各类技术支持资料,减少服务时间而显著提高生产效率,仅此一项即可为企业节约可观的经济收入。以欧亚笛威汽车维修互联网为例,该网站目前已有网员 600 余家,每家会员修理厂利用互联网方便、快捷查询资料,提高生产力,所产生至少 5 万元/年的经济效益,全年的总经济效益可达 3000 万元/年,由此产生的影响是十分巨大的。

(2) 随着电脑的迅速普及,大批掌握使用电脑和互联网的人才将源源不断地进入汽车服务企业,为企业的职工队伍注入新的血液和活力。由于他们的文化素质较高,求知欲强,对新生事物具有很强的敏感性,因此从企业内部产生了掌握现代信息技术的需求,这种需求将会更进一步推动利用互联网获得信息资源在汽车服务业的应用。

(3) 现代汽车服务企业采用基于互联网的电脑管理方式不仅势在必行,而且时机也已经成熟:其一,电脑硬件的价格已经降低到很低的水平;其二,软件的开发、设计也越来越成熟,功能方面也越来越适合汽车服务企业的实际运作;其三,随着一些大中专汽车专业毕业生进入汽车服务企业，为实行电脑管理奠定了良好的人才基础；其四，远程通信技术的诞生为软件的售后维护工作奠定了坚实的基础。

表 8-1 为汽车服务企业可以利用的一些因特网服务项目。

表 8-1 因特网服务项目

服 务	描 述
电子邮件	可将文本、声音和图片发送到其他地方
FTP	可将另一台计算机上的文件拷贝到你的计算机上
新闻讨论组	针对一个特定主题进行在线讨论
聊天室	使两个或多个人在线实时地以文本形式进行对话
因特网电话	可与世界各地因特网上其他用户通信
因特网视频会议	支持同时的语音和视觉通信
即时通信	允许两个或多个人在因特网上即时通信
附加的因特网服务	为个人和公司提供各种其他服务

8.3 电子商务

近年来电子商务正在以极快的速度发展，并逐渐进入人们的日常生活。电子商务是世界性的经济活动。它离不开对信息资源的利用和管理，运用了信息技术和系统思想。电子商务能高效利用有限的资源，加快商业周期循环、节省时间、减少成本、提高利润和增强企业的竞争力。从业务流程的角度看，电子商务是指信息技术的商业事务和工作流程的自动化应用。如今电子商务已发展成为一个独立的学科，企业的信息化是它发展的基础。电子商务正在改变工业化时代企业客户管理、计划、采购、定价及衡量内部运作的模式。消费者开始要求能在任何时候、任何地点，以最低的价格及最快的速度获得产品。企业不得不为满足这样的需求而调整客户服务驱动的物流运作流程和实施与业务合作伙伴（供应商、客户等）协同商务的供应链管理。ERP 为企业实现现代供应链管理提供了坚实的信息平台，是企业进行电子商务的基础。

8.3.1 电子商务的分类

按照不同的方式可对电子商务进行不同的分类，现在主要的分类方式是按交易对象对电子商务分类，主要有以下几种。

1. **企业对企业**（Business to Business，B to B，又可简化为 B2B）

即企业与企业之间，通过 Internet 或专用网方式进行电子商务活动。推动这种模式发展的主要力量是传统产业大规模进入电子商务领域，通过电子商务改善市场营销和企业内部管理方式，从而创造出全新的企业经营模式。企业间电子商务可分为两种类型，即非特定企业间的电子商务和特定企业间的电子商务，前者是指在开放的网络当中对每笔交易寻找最佳伙伴，并与伙伴进行全部交易行为。特定企业间的电子商务是指在过去一直有交易关系或者在进行一定交易后要继续进行交易的企业间，为了相同的经济利益，而利用信息网络来进行设计开发市场及库存管理。企业间可以使用网络向供应商订货、接收发票和付款。

2. **企业对消费者**（Business to Customer，B2C）

即企业通过 Internet 为消费者提供一个新型的购物环境——网上商店，实现网上购物、网上支付。这种模式着重于以网上直销取代传统零售业的中间环节,创造商品零售新的经营模式。

3. 企业对政府(Business to Government,B2G)

这种商务活动覆盖企业与政府间的各项事务。例如,政府采购清单可以通过 Internet 发布,通过网上竞价方式进行招标,公司可以以电子交换方式来完成。除此之外,政府还可以通过这类电子商务实施对企业的行政事务管理,如政府用电子商务方式发放进出口许可证、开展统计工作,企业可以通过网上办理交税和退税等。

4. 个人与政府间电子商务(Government to Customer,G2C)

即政府通过网络实现对个人相关方面的事务性处理,如通过网络实现个人身份的核实、报税、收税等政府对个人的事务性处理。

5. 消费者对消费者(Customer to Customer,C2C)

消费者对消费者方式是大家比较熟悉的方式,如网上拍卖等。在这些交易类型中,B2B 是主要形式,占总交易额的 70%~80%。这是由于企业组织的信息化程度和技术水平比个体消费者明显要高。

企业级电子商务是电子商务体系的基础。在科技高速发展、经济形势快速变化的今天,人们不再是先生产而后去寻找市场,而是先获取市场信息再组织生产。随着知识经济时代的来临,信息已成为主导全球经济的基础。企业内部信息网络(Intranet)是一种新的企业内部信息管理和交换的基础设施,在网络、事务处理以及数据库上继承了以往的 MIS(管理信息系统)成果,而在软件上则引入因特网的通信标准和 WWW 内容的标准。Intranet 的兴起,将封闭的、单项系统的 MIS 改造为一个开放、易用、高效及内容和形式丰富多彩的企业信息网络,实现企业的全面信息化。企业信息网络应包含生产、产品开发、销售和市场、决策支持、客户服务和支持及办公事务管理等方面。对于大型企业,同时要注意建设企业内部科技信息数据库,如对技术革新、新产品开发、科技档案、能源消耗、原辅材料等各种数据库的建设。当然还要选择一些专业网络和地方网络入网。

8.3.2 电子商务系统构成

电子商务是商业的新模式,各行业的企业都将通过网络链接在一起,使得各种现实与虚拟的合作都成为可能。电子商务是一种以信息为基础的商业构想的实现,用来提高贸易过程中的效率,其主要内容有:信息管理、电子数据交换、电子资金转账。

1. 电子商务处理方式与范围

电子商务的处理方式和范围主要包括以下三方面:

(1)企业内部之间的信息共享和交换。通过企业内部的虚拟网络,分布各地的各分支结构以及企业内部的各级人员可以获取所需的企业信息,避免了纸张贸易和内部流通的形式,从而提高了效率,降低了经营成本。

(2)企业与企业之间的信息共享和交流。EDI 是企业之间进行电子贸易的重要方式,避免了人为的错误和低效率。EDI 主要应用在企业与企业之间、企业与批发商之间、批发商与零售商之间。

(3)企业与消费者之间。企业在因特网上设立网上商店,消费者通过网络在网上购物,在网上支付,为消费者提供了一种新型的购物环境。

在传统实物市场进行商务活动是依赖于商务环境的(如银行提供支付服务、媒体提供宣传服务等),电子商务在电子虚拟市场进行商务活动同样离不开这些商务环境,并且提出了新的要求。电子商务系统就是指在电子虚拟市场进行商务活动的物质基础和商务环境的总称。最基本的电子商务交易系统包括企业的电子商务站点、电子支付系统、实物配送系统三部分，以实现交易中的信息流、货币流和物流的畅通。电子商务站点为顾客提供网上信息交换服务，电子支付系统实现网上交易的支付功能，而实物配送系统是在信息系统的支撑下为完成网上交易的关键环节，但对某些数字化产品则无须进行实物配送而依赖网上配送即可，如计算机软件产品的网上销售。

2. 电子商务子系统的组成

(1) 客户关系管理系统　客户关系管理系统使企业能够对与客户（现有的或潜在的）有关的各种要素（客户需求、市场背景、市场机会、交易成本及风险）做出分析与评估，从而最大限度使企业能够获得客户，进而扩大市场。无论企业的客户通过何种方式与企业取得联系，都可以通过 CRM 来实现企业与客户的交流与互动。

(2) 在线订购系统　在线订购系统适用于中小贸易公司或生产性企业，系统通过互联网，将所有业务关系的单位联系在一起，使企业的客户或企业的分销商、分/子公司、代理等市场渠道可以通过该系统实现随时随地在网上交易，从而降低了传统的采购或订货的成本和时间，从而可以更有效地利用资源，提高工作效率。公司通过在线订购系统可以加强对商品的管理，可以在网上全方位展示商品并配以文字说明，可以随时调整商品价格；对市场销售渠道的订货业务进行管理，可随时查询订单的执行情况，对客户资料进行统计分析，评估市场销售渠道的稳定性；对订单进行汇总处理，建立统一的订单数据库，对订单信息进行自动化处理并打印报表，自动转交后台相关业务部门处理。

(3) 网上购物系统　网上购物系统即网上商城，可在网上挑选并购买商品，付款可用邮寄方式，也可网上支付。

(4) DRP 资源分销管理系统　为解决企业用户利用互联网管理企业信息流，特别研发的应用服务系统。可以依据企业的业态管理需求，量身定制属于企业特有的管理软件，极大地提高企业的业务处理效率，降低运行成本。

(5) B2B 电子商务　商品信息交换网站，这种类型的网站主要是提供了一个网上的交易平台，类似于一个自由市场，网站的经营者类似于自由市场的管理者，一般并不直接介入到具体的交易中，而主要由买方和卖方自由进行交易，网站的经营者收取相应的会员费等。这样的网站包括常见的商品信息网、招聘网站等。

8.4　汽车服务企业资源计划

8.4.1　ERP 的产生与发展

20 世纪 90 年代初，世界经济格局发生了重大变化，市场变为顾客驱动，企业的竞争变为 TQCS（时间，质量，成本，服务）等全方位的竞争。随着全球市场的形成，一些实施 MRPII 的企业感到，仅仅面向企业内部集成信息已经不能满足实时了解信息、响应全球市场需求的要求。

MRPII 的局限性主要表现在：经济全球化使得企业竞争范围扩大了，这就要求企业在各个方面加强管理，并要求企业有更高的信息化集成，要求对企业的整体资源进行集成管理，而不仅仅对制造资源进行集成管理；企业规模不断扩大，多集、多工厂要求协同作战，统一部署，这已超出了 MRPII 的管理范围；信息全球化趋势的发展要求企业之间加强信息交流和信息共享，信息管理要求扩大到整个供应链的管理。

在这种背景下，美国加特纳咨询公司（Gartner Group Inc.）根据市场的新要求在1993年首先提出了企业资源计划（Enterprise Resource Planning，ERP）概念，随着科学技术的进步及其不断向生产与库存控制方面的渗透，解决合理库存与生产控制问题所需要处理的大量信息和企业资源管理的复杂化，要求信息处理的效率更高。传统的人工管理方式难以适应以上系统，只有依靠计算机系统来实现。而且信息的集成度要求扩大到企业的整个资源的利用和管理。

ERP是建立在信息技术基础上，利用现代企业的先进管理思想，全面地集成了企业所有资源信息，为企业提供决策、计划、控制与经营业绩评估的全方位和系统化的管理平台。

根据计算机技术的发展和供需链管理，推论各类制造业在信息时代管理信息系统的发展趋势和变革，随着人们认识的不断深入，ERP覆盖了整个供需链的信息集成，并且不断被赋予了更多的内涵，已经能够体现精益生产、敏捷制造、同步工程、全面质量管理、准时生产、约束理论等诸多内容。近年来，ERP研究和应用发展更为迅猛，各大媒体广泛报道，各种研讨会大量召开，出现了各具特色的应用软件产品，ERP的概念和应用也以企业信息化领域为核心，逐渐深入到了政府、商贸等其他相关行业。

从最初的定义来讲，ERP只是一个为企业服务的管理软件，在这之后，全球最大的企业管理软件公司SAP在20多年为企业服务的基础上，对ERP的定义提出了革命性的"管理+IT"的概念，那就是：

（1）ERP不只是一个软件系统，而是一个集组织模型、企业规范和信息技术、实施方法为一体的综合管理应用体系。

（2）ERP使得企业的管理核心从"在正确的时间制造和销售正确的产品"，转移到了"在最佳的时间和地点，获得企业的最大利润"，这种管理方法和手段的应用范围也从制造企业扩展到了其他不同的行业。

（3）ERP从满足动态监控，发展到了商务智能的引入，使得以往简单的事物处理系统，变成了真正具有智能化的管理控制系统。

（4）从软件结构而言，现在的ERP必须能够适应互联网，可以支持跨平台、多组织的应用，并和电子商务的应用具有广泛的数据、业务逻辑接口。

因此，今天说的ERP，通常是基于SAP公司定义来说的。ERP是整合了现代企业管理理念、业务流程、信息与数据、人力物力、计算机硬件和软件等一体的企业资源管理系统。ERP为企业提供全面解决方案，除了制造资源计划MRPII原来包含的物料管理、生产管理、财务管理以外，还提供如质量、供应链、运输、分销、客户关系、售后服务、人力资源、项目管理、实验室管理、配方管理等管理功能。ERP涉及企业的人、财、物、产、供、销等方面，实现了企业内外部的物流、信息流、价值流的集成。

8.4.2　ERP的管理思想

ERP的管理思想的核心是实现对整个供应链和企业内部业务流程的有效管理，主要体现在以下3个方面。

1. 体现在对整个供应链进行管理的思想

在知识经济时代，市场竞争的加剧，传统的企业组织和生产模式已不能适应发展的需要，与传统的竞争模式不同的是，企业不能单独依靠自身的力量来参与市场竞争。企业的整个经营过程与整个供应链中的各个参与者都有紧密的联系。企业要在竞争中处于优势，必须将供应商、制造厂商、分销商、客户等纳入一个衔接紧密的供应链中，这样才能合理有效地安排企业的产供销活动,才能满足企业利用全社会一切市场资源进行高效的生产经营的需求,以期进一步提高效率,并在市场上赢得竞争优势。简而言之,现代企业的竞争不是单个企业间的竞争,而是一个企业供应链与另一个企业供应链的竞争。ERP 实现了企业对整个供应链的管理,这正符合了企业竞争的要求。

2. 体现精益生产、同步工程和敏捷制造的思想

与 MRPII 相比,ERP 支持混合型生产系统,在 ERP 中体现了先进的现代管理思想和方法。其管理思想主要体现在两方面:一方面表现在"精益生产(Lean Production,LP)",即企业按大批量生产方式组织生产时,纳入生产体系的客户、销售代理商、供应商,以及协作单位与企业的关系已不是简单的业务往来,而是一种利益共享的合作关系。基于这种合作关系,组成了企业的供应链。这就是精益生产的核心。另一个方面,表现在"敏捷制造(Agile Manufacturing,AM)",即企业面临特定的市场和产品需求,在原有的合作伙伴不一定能够满足新产品开发生产的情况下,企业通过组织一个由特定供应商和销售渠道组成的短期或一次性的供应链,形成"虚拟工厂",把供应和协作单位看成企业组织的一部分,运用"同步工程(Simultaneous Engineering,SE)"组织生产,用最短的时间将产品打入市场,同时保持产品的高质量、多样化和灵活性。这就是"敏捷制造"的核心,计算机网络的迅速发展为"敏捷制造"的实现提供了条件。

3. 体现事先计划和事中控制的思想

在企业的管理过程中,控制往往是企业的薄弱环节,很多企业在控制方面由于信息的滞后,使得信息流、资金流、物流的不同步,企业控制更多的是事后控制。ERP 的应用改变了这种状况,ERP 系统中体现了事前控制和事中控制的思想。ERP 的计划体系主要包括:主生产计划、物料需求计划、能力计划、采购计划、销售执行计划、利润计划、财务预算和人力资源计划等,并且这些计划功能和价值控制功能已经完全集成到了整个供应链中。ERP 事先定义了事务处理的相关会计核算科目与核算方式,以便在事务处理发生的同时自动生成会计核算分录,保证了资金流与物流的同步记录和数据的一致性。从而可以根据财务资金的状况追溯资金的流向,也可追溯相关的业务活动,这样改变了以往资金流信息滞后于物料流信息的状况,便于实施事务处理进程中的控制与决策。此外,计划、事务处理、控制与决策功能,都要在整个供应链中实现。ERP 要求每个流程业务过程最大限度地发挥人的工作积极性和责任心。因为流程与流程之间的衔接要求人与人之间的合作,这样才能使组织管理机构从金字塔式结构转向扁平化结构,这种组织机构提高了企业对外部环境变化的响应速度。

8.4.3 ERP 的作用

ERP 之所以得到许多企业的认可,是因为 ERP 的使用给企业带来了切实的效益。它的作用主要表现在定量和定性两个方面。

1. 定量方面

(1) 降低库存。这是人们说得最多的效益。因为它可使一般用户的库存下降 30%~50%,库存投资减少 40%~50%,库存周转率提高 50%。

(2) 按期交货,提高服务质量。当库存减少并稳定的时候,用户服务的水平提高了,使用 ERP 企业的准时交货率平均提高 55%,误期率平均降低 35%,按期交货率可达 90%,就使销售部门的信誉大大提高。

(3) 缩短采购提前期。采购人员有了及时准确的生产计划信息,就能集中精力进行价值分析,货源选择,研究谈判策略,了解生产问题,缩短了采购时间和节省了采购费用,可使

采购提前期缩短50%。

（4）提高劳动生产率。由于零件需求的透明度提高，计划也做了改进，能够做到及时与准确，零件也能以更合理的速度准时到达，因此，生产线上的停工待料现象将会大大减少。停工待料减少60%，提高劳动生产率5%～15%。

（5）降低成本。由于库存费用下降，劳力的节约，采购费用节省等一系列人、财、物的效应，必然会引起生产成本的降低。可使制造成本降低12%。

（6）管理水平提高。管理人员减少10%，生产能力提高10%～15%。

2. 定性方面

（1）ERP的应用简化了工作程序，加快了反应速度。以前业务部接到客户订单，必须通过电话、传真或电子邮件与相关机构联系，才能决定是否接受订单，这种询问环节数量多、周期长，经常贻误商机。而采用ERP之后，业务人员只要查询一下企业的生产状况、库存情况，就可以做出是否接受订单的决策，从而掌握了最佳的时效，并及时对企业生产计划作出调整。

（2）ERP的应用保证了数据的正确性、及时性。有很多企业对自身情况了解得不很清楚。如当前的库存到底为多少、预算的执行情况如何、销售计划的完成情况等。如果应用ERP，就可以解决这些问题。以往有许多资料是企业几个部门所共有的，但是共享数据由于种种原因而存在误差，产生了不一致性。到底是哪个环节出现问题？要发现它是很困难的，在ERP环境下，数据信息的键入只需一次，各个需要数据的部门通过公共的数据库就可实现数据信息的共享。这使得数据的管理和维护大为方便，而且数据的一致性也得到保证。

（3）ERP的应用，降低了企业的成本，增加了收益。企业各环节的沟通都在网上进行，许多事务性的工作流程被消除，从而减少了管理费用，降低了经营成本。由于对信息掌握能力的加强和对市场需求变化迅速的反应，公司可以增进与供应商、经销商、客户的联系，从而提高了客户的满意度。另外，生产成本的降低，以及生产能力的提高，使得公司可以及时给顾客提供高品质的产品或服务，企业形象和竞争力得到巩固和加强。

（4）提高了适应市场变化的应变能力。企业内部各部门、各车间的信息，能互相交换、资料共享，打破了部门之间、车间之间信息分割、资料多元、相互封锁的局面，形成了统一的信息流。由于信息统一，从市场到产品，从产品到计划，从计划到执行，最后将信息反馈到企业高层决策，大大提高了决策的可靠性，提高了适应市场变化的应变能力。

（5）由于实行了统一的计划、统一的信息管理，部门之间、车间之间相互矛盾减少，相互理解增多，开会、讨论也减少。管理人员从日常事务中得到解放，可专心致力于本部门业务的研究，实现规范化和科学管理。

（6）生产环境出现变化，手工操作、手工传递信息逐步减少，代之以信息自动输出，计算机报表显示。

8.4.4　ERP系统的结构

ERP是将企业所有资源进行整合集成管理，简单说是将企业的三大流：物流、资金流、信息流进行全面一体化管理的管理信息系统。以商业ERP系统应用结构图为例，见图8-1。

企业ERP系统可以整合主要的企业流程成为一个单一的软件系统。允许信息在组织内平顺流动。这些系统主要是针对企业内的流程，但也可能包含与客户和供应商的交易。

ERP系统从各个不同的主要企业流程间搜集数据，并将数据储存于单一广泛的数据库中，让公司各部门均可使用。管理者可获得更正确、更及时的信息来协调企业每天的运作，

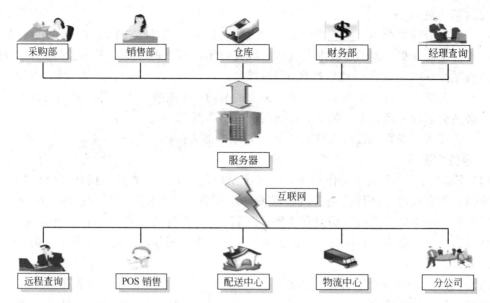

图 8-1 商业 ERP 系统应用结构图

并且有整体观地考察企业流程及信息流。

利用 ERP 系统帮助管理其内部制造、财务与人力资源流程已成为主流。在其设计之初并不支持和主要流程有关的企业外部实体，然而企业软件供应商已经开始加强他们的产品，让企业可以将其企业系统与经销商、供货商、制造商、批发商及零售商的系统连接，或是将企业系统与供应链系统及客户关系管理系统连接。

8.5 典型的汽车品牌专营（4S）店计算机管理实例

本节主要介绍一个典型的 4S 计算机管理系统在实际中的应用。

1. 根据企业情况选择使用规模

（1）局域网使用　适合 4S 店的经营场所集中在一个地方，所有参与使用 4S 软件的计算机都集中在一个局域网内。前厅销售接待、后厅维修接待、车间管理、财务结算、库房管理等岗位分开，各行其责，严格按照规范流程管理。如图 8-2 所示。

（2）广域网使用　汽车 4S 店的经营场所分散在不同的地方，每个地方都能上 ADSL 或宽带（必须是同一运营商提供），且带宽在 1M 或 1M 以上，数据库集中在总部或使用计算机较多的地方。如图 8-3 所示。

2. 该计算机管理系统概述

（1）系统特点

① 先进的客户关系管理。本系统引入先进的客户关系管理理念，全面协助企业管理客户资源。通过对客户资源的有效管理，达到缩短销售周期、提高服务质量、提升客户满意度与忠诚度，增强企业综合竞争能力。

② 全面流畅的业务管理。系统功能包括售前的客户接待跟踪、售中车辆订购或销售、财务收款开票、销售代办服务、到售后客户回访等功能，整套软件功能全面、流程清晰，所有业务单据全部可以通过电脑直接打印输出。

③ 强大的统计查询分析功能。系统除提供各种业务数据、财务数据的查询统计功能外，

第 8 章 汽车服务企业信息管理

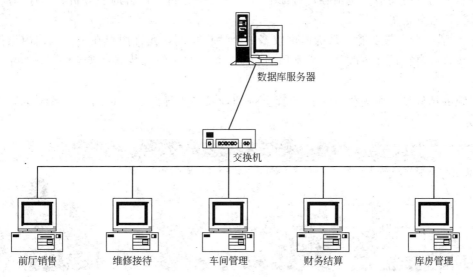

图 8-2　局域网使用图

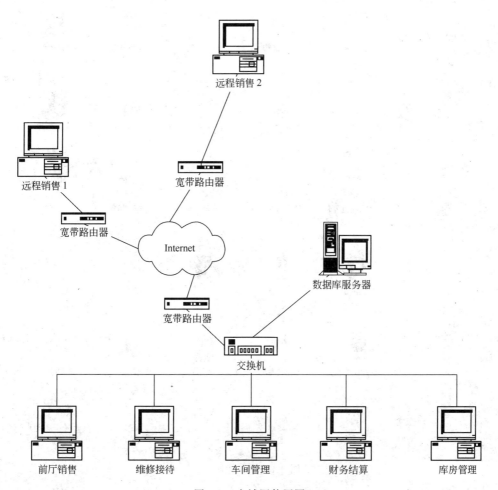

图 8-3　广域网使用图

还提供强大的分析功能,包括客户特征分析、成交率分析、销售周期分析、库存周期分析、销售分类汇总分析等。

④ 灵活的自定义功能。系统提供较多的个性化功能,允许用户在一定范围内根据自身的需要或喜好自行设计更改系统中常用的表单表格、自由组合数据筛选条件、自行定义常用的基础字典等。

系统的结构是按照配件管理的流程安排的,界面为导航加菜单结构。系统主界面如图8-4 所示。

图 8-4　系统主界面

系统上部菜单为系统主菜单,系统分为基础数据、客户关系、订购管理、车辆管理、销售管理、财务管理、业务管理、统计查询八大功能模块,点击菜单导航可打开各模块的子模块。中部为汽车销售主要功能模块图标，单击图标可打开功能模块。下部表框内为统计报表模块，放置的是汽车销售管理中经常用到各主要统计查询报表。

（2）主要功能说明

1）客户关系管理

本系统全面集中管理客户资源，包括潜在客户与成交客户，记录的客户基本资料与详细资料、包括与客户接触的完整记录。通过对客户资源和关系的有效管理（如图 8-5 所示），从而达到：

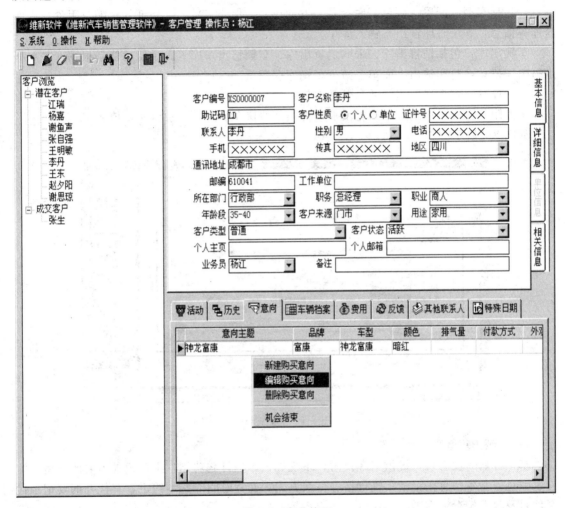

图 8-5　客户管理

① 防止客源流失。业务员只能看到自己或允许查看的有限的客户资料与业务数据，即使业务员的流动也无法带走其他业务员的客户数据，同时原来的客户数据也完好的保存在数据库内，继续为公司所用便于业绩考核；系统自动通过客户名称、证件号码、联系电话、手机等信息判断提示记录的相同性，有效杜绝业务员间相互争抢客户、争夺销售业绩。

② 有效监督指导业务员工作。业务员对客户的所有联系活动都有记录，一方面有效监督业务员工作情况，一方面根据业务员联系客户的进展情况予以工作指导。

③ 全面提高服务质量。通过对车辆档案跟踪、特殊日期等资料为客户提供体贴的保养、保险、年检提醒及温馨的节日、生日关怀，从而提高服务质量、提升客户满意度与忠诚度。

④ 为营销策划提供准确数据。通过记录分析客户特征、购车意向、意见反馈等数据，为营销策划提供准确的决策数据，比如客户来源、客户区域、年龄段、意向价位、关注内容等分布情况制定广告策略、促销政策等。

2）车辆管理

车辆采购：记录车辆采购渠道、所购车型、配置、颜色、数量、价格、选配内容等信息，并随时可查看采购合同履行情况，并且可根据实际情况更改采购合同数据。

车辆入库：包括车辆采购入库、销售退货入库、车辆移入车库。详细记录入库车辆基本信息，包括车型、配置、颜色、底盘号、发动机号、保修卡号、合格证号、随车附件、入库仓库等信息，并可打印输出车辆入库单。

车辆出库：包括销售出库、采购退货出库、车辆移出车库等。主要功能是根据业务单据进行出库确认，打印输出出库单，减少车辆库存数量。

车辆库存：查询在库车辆及车辆基本信息。

车辆附加：在出厂配置基础上增加或更换某些汽车部件，增加汽车价值。

如图 8-6 所示。

图 8-6　车辆管理

3）车辆销售管理

车辆订购：没有现货提供给客户时，系统提供车辆订购功能，主要记录需要的车型、配置、颜色等基本信息，记录车辆价格、付款方式、交货时间等基本约定，有代办的要记录代办项目及收费情况，有赠品的还可进行相关数据的录入。系统还提供订购单、订购合同等打印输出功能。

车辆销售：记录客户及所购车辆详细信息，以及定价、优惠、合同价与实际价、付款方式、车辆流向、车辆用途、业务员等基本信息，有代办的要记录代办项目及收费情况，有赠品的还可进行相关数据的录入。系统还提供销售单、销售合同等打印输出功能。

销售代办：根据合同约定，替客户代办相关项目、登记对方单位、代办成本的数据，便于财务付款及单车收益核算。

合同查询：查询订购合同及销售合同的履行情况，包括是否选车、钱是否付清、销售代办是否完成、发票是否已开、车辆是否出库等。

财务管理：根据采购、销售等业务完成定金、车款、代办款等收款工作及车辆采购、车辆附加、销售代办产生的付款工作，对销售车辆开具销售发票及进行收益核算。

4）业务管理

资料文档：管理公司及业务上的相关资料及文档，支持格式包括 WORD、EXCEL、JEPG、POWERPOINT、BMP 等格式，可以方便管理公司合同、规章制度、车辆信息等资料和文档。

商家档案：记录关注商家的基本信息，包括名称、地址、经营车型、联系人、联系电话等信息。

销售询价：记录市场调查的基本信息，包括车辆售价、有无货源、货源基本情况等信息，并可按日期、车型等条件进行查询。

5）统计查询

系统提供报表涵盖车辆采购、订购、销售、车辆入出库、车辆库存、财务收付、客户管理等相关数据报表，包括采购合同台账、车辆销售台账、车辆入出库明细表、车辆库存报表、客户档案表、车辆库存周期、车辆销售收益、财务收付款明细表、销售业绩统计表等。

【案例】 上海通用汽车公司的柔性生产与精益物流

毋庸置疑，上海通用汽车公司（简称上海通用）的生产物流是中国乃至全世界柔性生产与精益物流的典范。可以想像，在上海通用的车间，无数各式各样的零部件聚集到部件装配车间或者总装配车间，被准确无误地送入自动化生产线，又被丝毫不差地安装到不同类型的汽车上，组成一辆辆具有人类灵气和生命力的汽车。整个生产过程如此复杂，而又如此精益而美丽，这就是现代企业生产物流的无限魅力。

柔性化生产源自汽车业发达的欧美，是 20 世纪末国际上先进的生产理念，是"以客户为中心"的理念在生产上的延伸，是多品种、小批量产品生产的最优方法，其所带来的时间与成本优势，能快速将具有价格竞争力的优质产品带到市场。国内许多生产厂家，如东风汽车公司都在尝试进行柔性生产。上海通用项目设计规划之初，投资双方就决心改变国人对汽车厂家的看法，以现代国际化企业的要求来进行汽车厂的建设，从而为中国汽车消费者带来最具吸引力的产品，因此必须引进柔性生产系统。上海通用汽车生产线投产后，不同品种、不同规格的各型各款轿车实现了共线生产，成为通用公司全球范围内柔性最强的生产线之一，在世界汽车制造业中也屈指可数。

柔性生产的前提条件是对生产线物料及时准确地供给。如果把资金比作公司的血液，那么物料供应无疑就是生产线的血液，物料供应系统就是生产线的供血系统。与公司的营销体系相对应，上海通用实行的是拉动式的物料供应系统，这是目前国际上较为先进的拉动式经营策略，是保持生产过程中库存量最小的系统。也就是说，公司根据收到的客户订单安排生产，与此同时，生成相应的物料计划发给各个供应商。这样既保证生产时有充足供货，又不会有库存而占用资金和仓库。

如何保证生产线前的物料供应及时准确呢？同样也是依靠高科技信息系统支持的简单实用的看板拉动式体系来完成。当生产线工人发出物料需求指令时，该指令由处于物料箱内带有条码的看板来传递。当工人开始使用一箱零件时，就把看板卡放在工位旁固定地点。物料人员定时收取看板卡，使用条码、扫描仪和光缆通信等工具，排出下一次供料时间。司机根据看板卡从临时仓库取出新的物料，并在每一箱中放入一张看板卡，然后将新的物料送至操作工处。此外，生产线工人还可通过物料索取系统，使用按钮、灯板等设备作为电子拉动信号传递对消耗物料进行补充的信息。当生产线货架或货盘中用到仅剩最后几个零件时，操作工按动按钮，物料索取灯启动，司机立即将索取卡送到物料存储区，取出物料送到工位，并将物料索取灯关闭，确认物料发送。这套电子拉动系统确保了信息的准确性，基本上消灭了由于数据传递失误而引起的物料短缺现象。

另一部分物料，如保险杠、座椅等较大的选装零件通过联网计算机系统将即时的需求计划传递给供应商，其中包括交货时间、排序信息及交货数量，供应商将经过排序的物料准确及时地送到生产线旁。为了配合柔性生产的需求，物料系统还做了其他调整。其中之一就是对部分零部件实施排序配送。举例来说，三种不同尺寸的车窗玻璃,由同一个工人共线装配,如果不对玻璃进行排序,生产线旁必须安放三个不同的料架,而工人也必须花费时间进行辨别,根据车型不同从不同料架上取货。因此排序法对节省生产线物料空间,提高工作效率有很大作用。此外,物料部门还增加了车间的货物窗口,采用新型料架,改进物料摆放,提高了配送化程度。上海通用物流系统对柔性生产的支持更多地体现在一点一滴的细微之处。无论是生产线大量使用的空中悬链输送系统、随行夹具、标准多样的物流容器等,还是大量使用的地面有轨平移输送车、自动回转输送台以及为生产线配送物料的电动牵引拖挂车等,无一不体现标准、规范、精益之特色。可以说正是大量物料输送装置的精心设计、标准精巧的物料集装器具的充分使用、现场整齐规范的物料摆放等为上海通用实施精益物流管理打下了良好基础。

通过精益物流管理,上海通用取得了降低库存、节省占地空间、减少搬运、便于操作、简洁系统、使用最少设备等效果,既保障了柔性生产线的正常运行,对产品质量不断提高也有巨大促进作用,从而也强化了企业的核心竞争力。

[复习思考题]

1. 简述我国汽车服务企业信息化管理的现状。
2. 汽车服务企业信息管理系统的基本内涵是什么?特征是什么?
3. 汽车服务企业管理信息系统的基本类型有哪些?
4. 简述互联网络在汽车服务中的应用。
5. 电子商务的分类包括哪些?
6. 简述电子商务处理方式与范围。
7. 简述电子商务子系统的组成。
8. 什么是ERP?
9. ERP的管理思想体现在哪些方面?
10. ERP的作用有哪些?

第 9 章　企业文化与企业形象

> **学习目标**
> 1. 掌握企业文化的内涵和内容。
> 2. 了解企业文化建设的原则和程序，掌握企业文化建设的基本方法。
> 3. 理解企业形象的含义和构成以及常见分类。
> 4. 熟悉企业形象设计的内容。

9.1　企业文化概述

随着市场经济的不断发展和企业制度的逐步创新，企业文化日渐成为企业竞争力的重要组成部分，并成为人们研究企业运行机制、探索企业成功奥秘、构建企业发展动力的一种不可缺少的管理理论。企业文化的内涵、特点以及企业文化对企业竞争力的影响，对打造新型的企业文化、不断提升企业自身竞争力，在国际竞争中立于不败之地具有重要作用。

9.1.1　企业文化的内涵

20 世纪 80 年代，西方学术界和企业界就提出了企业文化的概念。随着经济全球化和信息社会化的发展，企业间的竞争日趋激烈，主导企业成败的核心竞争力已由过去的资本、劳动力和自然资源升级为信息、知识和文化的竞争。企业文化激励员工发挥聪明才智，凝聚企业分散的力量。企业竞争的深层内涵就是企业文化的竞争。

文化是一个内涵深邃、外延广阔的概念。企业作为社会的细胞，企业文化便是一种微观文化。企业文化跨越经济和文化双重学科，对它的理解众说纷纭，莫衷一是。有人认为，应该把企业文化界定在物质文化、制度文化和精神文化三个方面；也有人认为，企业文化应该从物质和精神两方面加以分析和区别。目前，获得广泛认同的关于企业文化的定义是：企业文化是处于一定经济社会文化背景下的企业在长期生产经营过程中逐步生成和发展起来的日趋稳定的独特的企业价值观、企业精神以及以此为核心而生成的行为规范、道德准则、生活信念、企业风俗、习惯、传统等等；另一方面还应包括在此基础上生成的企业经营理念、经营指导思想、经营战略、科技战略和科技管理方法、政策以及企业自身的科学技术知识。简单而言，企业文化就是企业信奉并付诸实践的价值理念。

9.1.2　企业文化的内容

根据企业文化的定义，其内容是十分广泛的，但其中最主要的应包括如下几点：

1. 经营哲学

经营哲学也称企业哲学，是一个企业特有的从事生产经营和管理活动的方法论原则。它是指导企业行为的基础。一个企业在激烈的市场竞争环境中，面临着各种矛盾和多种选择，要求企业有一个科学的方法论来指导，有一套逻辑思维的程序来决定自己的行为，这就是经营哲学。例如，日本松下公司"讲求经济效益，重视生存的意志，事事谋求生存和发展"，这就是它的战略决策哲学。

2. **价值观念**

企业的价值观，是指企业职工对企业存在的意义、经营目的、经营宗旨的价值评价和为之追求的整体化、个异化的群体意识，是企业全体职工共同的价值准则。只有在共同的价值准则基础上才能产生企业正确的价值目标。有了正确的价值目标才会有奋力追求价值目标的行为。因此，企业价值观决定着职工行为的取向，关系企业的生死存亡。只顾企业自身经济效益的价值观，就会偏离社会主义方向，不仅会损害国家和人民的利益，还会影响企业形象；只顾眼前利益的价值观，就会急功近利，搞短期行为，使企业失去后劲，导致灭亡。

3. **企业精神**

企业精神是指企业基于自身特定的性质、任务、宗旨、时代要求和发展方向，并经过精心培养而形成的企业成员群体的精神风貌。企业精神要通过企业全体职工有意识的实践活动体现出来。因此，它又是企业职工观念意识和进取心理的外化。企业精神是企业文化的核心，在整个企业文化中起着支配的地位。企业精神以价值观念为基础，以价值目标为动力，对企业经营哲学、管理制度、道德风尚、团体意识和企业形象起着决定性的作用。可以说，企业精神是企业的灵魂。

企业精神通常用一些既富于哲理，又简洁明快的语言予以表达，便于职工铭记在心，时刻用于激励自己；也便于对外宣传，容易在人们脑海里形成印象，从而在社会上形成个性鲜明的企业形象。

4. **企业道德**

企业道德是指调整本企业与其他企业之间、企业与顾客之间、企业内部职工之间关系的行为规范的总和。它是从伦理关系的角度，以善与恶、公与私、荣与辱、诚实与虚伪等道德范畴为标准来评价和规范企业。

企业道德与法律规范和制度规范不同，不具有那样的强制性和约束力，但具有积极的示范效应和强烈的感染力，当被人们认可和接受后具有自我约束的力量。因此，它具有更广泛的适应性，是约束企业和职工行为的重要手段。

5. **团体意识**

团体意识是企业内部凝聚力形成的重要心理因素。企业团体意识的形成使企业的每个职工把自己的工作和行为都看成是实现企业目标的一个组成部分，使他们对自己作为企业的成员而感到自豪，对企业的成就产生荣誉感，从而把企业看成是自己利益的共同体和归属。因此，他们就会为实现企业的目标而努力奋斗，自觉地克服与实现企业目标不一致的行为。

6. **企业形象**

企业形象是企业通过外部特征和经营实力表现出来的，被消费者和公众所认同的企业总体印象。由外部特征表现出来的企业的形象称表层形象，如招牌、门面、徽标、广告、商标、服饰、营业环境等，这些都给人以直观的感觉，容易形成印象；通过经营实力表现出来的形象称深层形象，它是企业内部要素的集中体现，如人员素质、生产经营能力、管理水平、资本实力、产品质量等。表层形象是以深层形象为基础，没有深层形象这个基础，表层形象就是虚假的，也不能长久地保持。流通企业由于主要是经营商品和提供服务，与顾客接触较多，所以表层形象显得格外重要，但这绝不是说深层形象可以放在次要的位置。

7. **企业制度**

企业制度是在生产经营实践活动中所形成的，对人的行为带有强制性，并能保障一定权利的各种规定。从企业文化的层次结构看，企业制度属中间层次，它是精神文化的表现形式,是物质文化实现的保证。企业制度作为职工行为规范的模式,使个人的活动得以合理进行,内外人际关系得以协调,员工的共同利益受到保护,从而使企业有序地组织起来为实现企业目标而努力。

9.1.3 企业文化的特征

对企业文化的认识,应当根据其基本特征并结合本企业的实际完整地理解。尽管企业文化内涵丰富,所包含的内容涉及许多方面,但总的来说,它具有以下几个基本特征:

1. 特色性

企业文化作为一种微观文化,必然受到社会文化和民族文化的影响,不同的文化氛围,必然会产生具有不同风格的企业文化。在企业文化的形成和发展过程中,社会文化和民族文化潜移默化的影响,使得不同文化背景下的企业呈现出不同的特色和魅力,这种与众不同的企业文化一旦形成就会产生巨大的感召力、凝聚力,并能够有效激励企业的员工,团结员工队伍,铸就企业的文化竞争力。

2. 共识性

尽管企业中员工的素质参差不齐,需求也有所差异,对企业的文化理念不能达到完全的共识,但仍可以通过努力,针对员工的需求和观念,结合企业的发展战略和经营理念,追求相对的"共识",达到多数人的"共识"。企业文化是一种共同的价值判断和价值取向,不仅是员工对于企业发展方向、前途和目标的共识,也是对企业实现自身价值所采取的方式的共识,共识的达成程度直接影响企业的效率。因此,应当尽可能地追求最广大员工的"共识"。

3. 人本性

现代企业文化提倡精神激励,追求管理的灵活性,强调和谐的人际关系,是对传统理性管理模式的突破和创新。日本著名企业家松下幸之助"企业即人"的名言以及我国著名企业家张瑞敏"人单合一"理论的积极应用,充分揭示了人是企业盛衰的决定性因素,强调重视人的因素,将企业管理的效率更多地诉诸于人的自觉性和自我激励性,这更适应未来企业发展模式。只有重视人的因素,才能调动企业员工的积极性和创造性,进而使企业强盛。

4. 变化性

企业在建立之初已经具有了自己的文化,但企业文化的发展是一个变化、前进的过程,随着宏观环境的不断变化以及企业自身的成长,企业会学习和形成适应新形势的企业文化,在新的企业背景下需要不断推陈出新,有选择地发扬和摒弃,这符合企业文化发展适应生产力发展的一般规律。

9.2 企业文化建设

企业文化建设不可能一蹴而就,它是一个系统工程,必须持久地、深入地、全面地开展。企业文化纲要的制定,只是为企业文化建设打下一个良好的基础,而企业文化的实践化,还有待于长期的、大量的艰苦工作。

9.2.1 企业文化建设原则

企业文化的建设原则要体现企业的竞争精神,这种竞争精神可以包容在 8 种基本价值观之中,这些价值观与创新、忠诚及提高生产力密切相关。企业文化建设的八大原则如下:

1. 目标原则

企业行为是有目标的活动。企业文化必须把有价值的目标反映出来,使每个员工都明确他们的工作是与这一目标相联系的。这样,员工就会感到自己的工作意义重大,并且"自我实现"的需要可以得到满足。领导者的任务是要把目标传达给每个员工,借此带动员工,这就是"目标驱动"。具有竞争力的领导者会把"我们的灵魂"与"我们的工作"连在一起,并因为有真正的拥护者和追随者而使企业实现其崇高而长远的目标。对于目标原则,可以从以下两条来检验:

(1) 员工是否了解自己企业的长远目标,是否认为自己的工作具有真正的社会价值。

(2) 管理阶层在制定政策时是考虑到企业的目标,还是只针对眼前的情况而采取权宜之计。

2. 共识原则

企业成功与否,要看它能否聚集众人的创意,看它能否激励员工和管理人员一起从事创造性的思考和工作。如今的员工都受过专门的教育和训练,文化知识素质较以前有大幅度提高。他们不再习惯于一味地跟着别人跑,不再需要俯首帖耳、唯命是从,他们都有自己的头脑,有自己的价值目标,他们要求领导和管理方式从"指挥式"转向"共识式"。管理者的重要使命在于决策,决策有指示式、咨商式和共识式。共识式决策就是在决策时召集较多同事或部属进行坦诚地、充分地商讨而达成一致,因而人人都有主人翁感,人们将企业的决定视为自己的决定,因而全身心地为企业服务。对共识原则的实施,主要根据以下两条来检验:

(1) 影响整个企业的重大决策,是否采取共识方式判定。

(2) 管理人员是否具备采取共识式决策所需要的作风和技能。

3. 卓越原则

追求卓越就是"求好",一个企业的一切工作都应以卓越的方式完成。卓越是关于杰出工作信念的理想境界,是一种精神,一种动力,一种工作伦理,并不只指工作绩效的完美无缺。卓越掌握着一个人或一个企业的生命和灵魂,所有成功的企业都培养出了追求卓越的精神,这就是求新求变、更上一层楼的精神。对于卓越原则的实施,主要根据以下 3 条来检验:

(1) 是否所有员工和管理人员都定期进行自我评价并注意自我教育和改进。

(2) 管理人员一般对目前的成绩感到满意或一直不满意。

(3) 企业对员工的创新作为是否一贯采取主动奖励措施。

4. 一体原则

坚持一体原则,就是要追求企业全体成员的"一体感",也就是员工认识到个人利益与企业利益休戚相关。个人是企业的所有者之一,当企业能够满足自己"拥有的需要"时,员工是愿意保护企业、使其免受伤害的,员工会为企业的成功而感到喜悦、鼓舞,为企业的失败而感到沮丧、痛苦,进而能做到为整体利益而牺牲眼前利益。创造这种"一体感"的关键在于:减少不必要的管理层次,并尽量让企业最基层的人员担当重任;不再强调管理阶层与员工之间的界限,而是最大限度地强调企业全员的参与和共识;管理者通过个人的表率作用,表现出对员工的信任和引导员工产生"自我拥有"的满足感。对一体原则的实施,可以考虑根据以下 3 条加以检验:

(1) 管理者是否认为员工也在决策过程中有所贡献。员工是否觉得自身努力的目标对整个企业目标的实现有帮助。

(2) 晋级、加薪和奖赏是否依据个人的能力而非根据其他,如地位等。

(3) 当企业整体受益时,企业内部的各阶层是否都分享到了奖励与荣誉。

5. 成效原则

企业成员的每一项成就都应该得到企业和领导者的肯定和鼓励。成效原则是把员工的利益与工作的成绩联系起来。如员工的工资可以按工作的成绩来支付，而不是按权力和资历来定。但更重要的是要给员工带来优胜感和光荣感，即精神上的奖赏，因为没有别的奖赏能比上司、同行给予的由衷赏识更能激励人心、更具威力了。对于成效原则的实施，可根据以下3条来检验：

(1) 企业给出的最重奖赏是按成效还是按资历来决定的。
(2) 是否依据企业内不同机构的优异程度而分别设立不同的奖金制度的。
(3) 是否根据个人的成绩来决定晋升。

6. 实证原则

企业成功的概率，在一定程度上取决于是否把基本的数学观念、数学工具运用到企业决策中，以及是否具有一般意义上的科学态度，也就是讲不讲实证原则。科学的态度就是善于思考，对被认为"已知的"事物追根究底，这是一种极好的素质，它与智力的怠惰恰好相反。对于实证原则，可以从以下3点来检验：

(1) 每个管理者与员工所组成的团队，是否知道本身负责的资料，是否能看到这些资料，以及是否如期把资料绘成图表。
(2) 当问题出现时，是否搜集资料并作分析，以便决策采取何种相应措施。
(3) 分析资料是否运用统计程序。资料是否在工作场所公布。

7. 亲密原则

亲密原则是就企业中人与人之间的关系而言的。亲密感是存在于企业及其成员之间的一条看不见的线，是一种非常基本的人性追求。所谓亲密感，指的是给予和接纳爱的能力。也就是说，一个人在与企业内的其他成员相处时必须以真诚、友善、尊重、信任和关心他人的方式把自己投入，并使对方给自己以同样的真诚、友善、尊重、信任和关心。当个人与企业之间的关系健全时，亲密感大都能存在。有了亲密感，才能提高信任、牺牲和忠诚的程度。对于亲密原则的实施，可以从以下3点加以检验：

(1) 企业是否经由它的政策与行动来显示关心每位员工在企业内的发展。
(2) 员工在企业中，是否感到如鱼得水般的快乐，是否获得了必需的安全感。
(3) 员工们是否经常愿意自觉组合以贡献自己的创意。

8. 正直原则

"正直"是企业文化赖以建立的磐石，也是领导者不可缺少的品质。正直就是诚实、前后一致、表里一致、以负责的态度采取行动。领导者要使企业的目标得以实现，就必须取得下属的信任和支持。而正直的精神是最富有人格说服力的，它能鼓舞员工，激发他们的干劲。未来的领导者拥有传统的指挥权将越来越有限，他们必须依靠他们人格的力量，通过鼓舞和引导来强化他们的号召力。对于正直原则的实施，可以从以下3点加以检验：

(1) 制定决策时是否优先考虑到对客户与员工的长期益处。
(2) 企业内的沟通渠道是否会让员工知道企业的真正目标以及做某种决定的动机。
(3) 管理人员是否具有足够的魅力吸引员工，使之心悦诚服，长期跟随。

9. 其他

此外，企业文化的建设要特别做到以下几点：

(1) 企业文化建设必须与企业和整个社会的物质文明水平相适应，不能脱离实际提口号。

（2）企业文化建设必须要由企业员工共同参与，不能仅靠少数人关起门来做文章。

（3）企业文化建设要抓住企业的主要矛盾和主要特征，有鲜明的特点和个性，不能千篇一律。

（4）企业文化建设要尊重本国民族优良的传统和习惯，与宏观文化融为一体，而不能脱离本国国情。

9.2.2　企业文化建设基本程序

建设企业文化是一项复杂而艰巨的系统工程，一种优秀的企业文化的构建不像制定一项制度、提一个宣传口号那样简单，它需要企业有意识、有目的、有组织地进行长期的总结、提炼、倡导和强化。

建设企业文化的基本程序，一般包括调查研究、定格设计、实践巩固和完善提高四个环节。

1. 调查研究

除了新创建的企业外，多数企业建设自身的文化都是在原有"文化"的基础上进行的，即都是"非零起点"。所以，建设企业文化，应首先搞好调查研究，把握企业现有的文化状况及影响企业文化的各种因素，为企业文化的定格做好准备。调查研究主要内容包括：企业的经营领域；企业领导者的个人修养和风范；企业员工的素质及需求特点；企业的优良传统及成功经验；企业现有文化理念及其适应性；企业面临的主要矛盾；企业所处地区的环境等方面内容。

2. 定格设计

企业文化的定格设计，即在分析总结企业现有文化状况的基础上，充分考虑到企业的经营领域、企业领导者的个人修养和风范、员工素质及其需求特点、企业的优良传统及其成功经验、企业现有文化理念及其适应性、企业面临的主要矛盾和所处地区环境等因素的影响，用确切的文字语言，把肯定的企业价值观念表述出来，成为固定的理念体系。企业理念体系大体包括企业使命、企业目标、企业价值观、企业道德、企业精神、经营观、管理观、人才观、服务观、员工基本行为准则及企业风尚等。

企业文化定格设计应遵从下述原则：从实际出发和积极创新相结合；创造个性与体现共性相结合；领导组织和群众参与相结合。

3. 实践巩固

企业文化定格后，就要创造条件付诸实践并加以巩固。即把企业文化所确定的价值观全面地体现在企业的一切经济活动和员工行为之中，同时采取必要的手段，强化新理念，使之在实践中得到员工的进一步认同，使新型的企业文化逐步得到巩固。

具体需要做好以下工作：

积极创造适应新的企业文化运行机制的条件；加强精神灌输和舆论宣传；企业领导者以身作则、积极倡导；利用制度、规范、礼仪、活动等进行强化；鼓励正确行为。

4. 完善提高

企业文化定格并在实践中得到巩固以后，尽管其核心的和有特色的内容不易改变，但随着企业经营管理实践的发展、内外环境的改变，企业文化还是需要不断充实、完善和发展。企业领导者要依靠群众，积极推进企业文化建设，及时吸收社会文化和外来文化中的精华，剔除本企业文化中沉淀的消极成分，不断对现有文化进行提炼、升华和提高，从而更好地适应企业变革与发展的需要。

9.2.3 企业文化建设的基本方法

建设企业文化的方式与方法是多种多样的，它与企业经营管理活动相伴随、相互渗透、相互推动。但从相对独立的角度讲，建设企业文化的方式与方法主要有以下几个方面。

1. 创立企业文化礼仪

（1）企业文化礼仪的概念及作用　企业文化礼仪是指企业在长期的文化活动中所形成的交往行为模式、交往规范性礼节和固定的仪式。它规定了在特定文化场合企业成员所必须遵守的行为规范、语言规范、着装规范，若有悖礼节，便被视为"无教养"行为。企业文化礼仪根据不同的文化活动内容具体规定了活动的规格、规模、场合、程序和气氛。这种礼仪往往有固定的周期性。不同企业的礼仪体现了不同企业文化的个性及传统。

企业文化礼仪在企业文化建设中的作用主要表现在：

使企业理性上的价值转化为对其成员行为的约束力量；企业文化礼仪是企业文化传播最现实的形式；企业文化礼仪是企业成员的情感体验和人格体验的最佳形式。

（2）企业文化礼仪的类型　企业文化礼仪不是企业文化活动中的静态构成，而是在实践中不断补充、丰富和创新的。具有优良传统的企业，其文化礼仪也是丰富多彩的。

工作惯例礼仪、生活惯例礼仪、纪念性礼仪：这一类主要是指对企业具有重要意义的纪念活动中的礼仪，举行这类礼仪的目的是使员工产生强烈的自豪感、归属感、增强自我约束力。服务性礼仪：主要是指在营销服务中接待顾客的礼仪，规定这类礼仪的目的主要是提高企业服务质量和服务品位，满足顾客的精神需要。交往性礼仪：主要是指企业员工在社会公众联系、交际过程中的礼仪，规定这类礼仪的目的主要是对内创造文明、庄重的工作氛围，对外树立企业良好的形象。

（3）创立具有自身特色的企业文化礼仪　企业文化礼仪既可以是自发产生的，也可以由企业组织推行。企业如果能够自觉地创立具有自身特色的企业文化礼仪体系，使企业文化礼仪与企业价值观相一致，就能更有效地发挥企业文化礼仪在建设、强化、传播企业文化中的积极作用。企业文化礼仪有自身活动的特点，若不注意，则易流于形式，浮于表层，不但起不到对企业文化的促进作用，还可能压抑企业的活力。

2. 营造企业文化氛围

（1）企业文化氛围的概念　所谓氛围，一般是指特定环境中的气氛和情调，能够形成氛围，必定使人产生一种强烈的感觉，这种感觉来自特定环境中所体现的精神。企业文化氛围是指笼罩在企业整体环境中，体现企业所推崇的特定传统、习惯及行为方式的精神格调。企业文化氛围是无形的，以其潜在运动形态使企业全体成员受到感染，体验到企业的整体精神追求，因而产生思想升华和自觉意愿。因此，企业文化氛围对于企业成员的精神境界、气质风格的形成都具有十分重要的作用。

（2）企业文化氛围的构成　企业文化氛围由物质氛围、制度氛围、感情氛围等三部分构成。

① 物质氛围。主要是从企业物质要素及其组合中所反映出的企业主体的情趣、格调。良好的物质氛围表现为企业环境（厂区、车间、办公室、生活区等）洁净、井然有序。

② 制度氛围。主要是企业成员对企业各项政策、制度及规定的态度、情绪等。良好的制度氛围表现为制度与企业成员行为的一体化。企业成员形成了自觉维护、遵守企业各项政策、制度及规定的习惯和气氛。

③ 感情氛围。主要是企业成员在相互交往及工作中所表现出来的气氛和态度。良好的感情氛围，表现为企业成员之间相互尊重与信任，工作配合默契，心情舒畅，相互之间的摩

擦、冲突和矛盾现象较为少见，员工对企业有强烈的归属意识。工作中追求成就，追求创新，人人不言落后。

上述企业文化氛围构成的诸要素中，感情氛围是核心，它是企业文化最直接的表观。物质氛围和制度氛围的好坏从根本上讲取决于感情氛围。因此，创造企业文化氛围的重点是创造企业文化的感情氛围。

（3）创造良好的企业文化氛围　在积极创造物质氛围和制度氛围的基础上，要把创造良好的企业感情氛围作为重点。企业创造良好的感情氛围，第一，要从思想上、事业上关心员工，如关心员工政治思想上的进步，文化、技术水平的提高，在工作上给予支持和帮助等，使员工感受到企业的重视与尊重，感觉到事业上有发展前途，从而促使上下级之间感情的融合；第二，应善于利用各种文化活动，沟通员工个体与个体之间、个体与群体之间、群体与群体之间的感情，协调相互关系，增进情谊；第三，应从生活上关心员工，尽力为其办实事，解决实际困难，增强员工的归属感；第四，要利用各种场合进行感情投资，建立企业领导者与员工相互信任、相互支持的新型关系；第五，要通过做思想政治工作、宣传企业目标、开展民主管理、进行物质和精神激励等办法加强对企业内部各类非正式组织的引导，使之在思想感情上与企业保持一致；第六，要创造良好的学习环境，鼓励企业成员求知上进，使企业内形成浓厚的学习空气。

3. 建设企业文化的其他方法

在建设企业文化的过程中，除了创立企业文化礼仪、开展企业文化活动、创造企业文化氛围等基本方法外，还可以根据企业的具体情况有针对性地采取一些具体的方法。

（1）教育输入法。当企业文化的积累达到一定的量度，企业内外环境迫切需要推行新的价值体系时，企业文化的倡导者应通过各种形式，如会议、讲座、报告、办报刊、黑板报、墙报、宣传栏、广播、网络及发放宣传材料等向员工输入企业新的价值观，使员工尽快了解、理解企业的意图，从而在较短的时期内，在企业价值观上达成"共识"。

（2）舆论导向法。企业发展进入关键时刻，新旧文化的冲突和摩擦非常激烈，企业员工所信奉的价值观不一致。企业应有目的地组织各种系统的宣传活动：包括内部宣传和对外宣传，让员工知道，什么是好的，什么是不好的，什么行为是正确的，什么行为是错误的，从而为员工提供正确的价值导向和行为导向。

（3）领导垂范法。企业领导者作为企业文化的发起者和新文化的积极倡导者，他的言行和形象对文化的发展影响极大。企业领导者只有使自身的品德、情感、能力、作风、行为更充分展示所倡导的文化的特点，身体力行，率先垂范，才有可能在企业培养出一种好作风，展现良好的精神面貌。

（4）行为激励法。当企业员工的某些需要长期无法实现时，企业员工个体或某些群体意识与行为就会出现惰性，以至于对企业倡导的价值体系持淡漠或反感态度。这时就应采用激励的方法，如物质激励、目标激励、反馈激励、强化激励、成就激励、参与激励、信息激励、情感激励等，满足员工物质上或精神上的迫切需要，激发员工的积极性，使员工看到并体验到企业倡导的价值观并不是空洞无物、脱离实际的，促使员工调整自己的心理和行为。

（5）活动感染法。即通过举办各种形式的政治、文化、娱乐活动，如英模报告会、革命传统报告会、读书会、经验交流会、运动会、文艺晚会、智力竞赛、技术比赛、合理化建议以及各种主题营销和服务活动等，突出体现企业价值观的主题，创造良好的活动气氛，使员工在其中潜移默化地受到企业优秀文化的感染，思想得到升华，士气得到提高，尤其是使价值取向、追求、行为准则等渐渐得到调整，并向着企业倡导的文化方向发展。

(6) 利用事件法。即积极利用企业发展或对外交往中正反两个方面的重大事件,如技术发明或泄密事件,生产、经营、管理成功事例或责任事故,质量评比获奖或消费者投诉事件,新闻报道中的表彰或批评事件,参与社会公益活动或破坏环境事件等,大力渲染,强调某一事件的积极意义或给企业带来的重大损失,借以给员工带来心理震撼和震动,使员工产生强烈的印象,无形之中受到教育和启发,从而接受正确的价值观行为方式。

上述方法在使用中不是孤立的,根据企业文化建设的特点和难度,可以以一种方法为主、其他方法为辅,也可以把几种方法结合在一起使用,相互渗透、相互补充,综合发挥作用。

9.2.4 企业文化与企业制度的关系

1. 两者关系表现形式

企业文化不同于企业制度,但是企业文化和企业制度对于一个企业的管理和发展都是非常重要的,是企业管理的"两手",一只手是硬的,一只手是软的。可以独立存在,单独运用,也可以同时并存,同时运用。两者不相互依靠,但是两者确存在密切关系。两者可能相互补充、协同作用;两者也可能相互冲突、相互削弱。根据两者一致程度的高低,企业文化与制度的相互作用关系可以分为三种表现形式:

(1) 一致型关系 一致型关系是指企业文化与企业制度处于正相关,一致性比较好,两者提倡和要求的行为方向是一致的。这时,两者对企业的管理和企业的发展就会起到同时作用、相互补充、相得益彰的作用。两者的一致性越高,对管理产生的作用就会越好。比如,IBM核心价值观的例子,在老沃森年代,"穿黑色正装和白色衬衫"的着装制度与IBM"高品质的客户服务"的核心价值观是高度一致的,两者相得益彰,有力促进了IBM的发展。

(2) 离散型关系 离散型关系是指企业文化与企业制度相关性比较低,甚至没有相互关系,企业文化说企业文化的事,企业制度说企业制度的事。这时,两者对企业的管理和企业发展都会起到一定的作用,但是作用力相对于"一致型关系"来讲要小得多。这种情况在很多企业中也比较多见。离散型的企业文化往往由于没有制度的支撑,变成空口号。甚至有很多企业,为了体现差异化,在整合文化时,转向片面追求华丽词语,以追求文化个性和标新立异,但是文化对企业管理的提升和发展所起的作用却不大。

(3) 冲突型关系 冲突型关系是指企业文化与企业制度呈负相关,两者相互矛盾、相互冲突。企业文化倡导的内容与企业制定规定的要求相互矛盾,甚至有时完全相反。这时,两者对企业管理的作用就会相互对冲,让员工无所适从,结果作用力相互削弱,导致企业管理事倍功半。如IBM的例子,到了20世纪90年代,IBM仍然倡导"高品质的客户服务",但是"随着时间的流逝,客户已经改变了他们在工作时的着装,而且很少有技术型的买家会在公司中出现时身穿白衬衫和黑色套装。"而IBM的制度还是规定员工必须"穿黑色正装和白色衬衫"的正装,这条规定在这时不仅不能有效体现IBM"高品质的客户服务"的核心价值观,甚至在一定程度上给客户造成了"劣质、死板的客户服务"的印象。这条规定一直到郭士纳到IBM后才被废除,郭士纳在自传《谁说大象不能跳舞?》一书中,还特意用了一些篇幅说明了此事。

当企业文化与企业制度存在冲突时,所有的员工为了遵守公司的制度,不得不破坏公司的文化,公司文化逐渐沦为一句空话,甚至最终使得公司的文化在员工的一次次破坏中,逐渐被全体员工淡忘。

2. 理顺企业文化与企业制度的关系

为了让企业文化能和企业制度一起共同推动企业管理的提升,更好地促进企业的发展,有必要理顺企业文化与企业制度的关系，尽量让两者的关系呈现高度的一致性。

首先，必须对企业文化及与文化相关的企业制度进行系统的整理和分析，明确他们之间的关系，哪些是一致型关系、哪些是离散型关系、哪些是冲突型关系。

其次，根据不同的关系采取不同的策略进行改进。

（1）对于一致型关系的部分，有必要进一步研究两者关系的一致程度高低，对于一致程度低的，有必要完善制度，以保证文化执行过程中得到更加有力的制度支撑。

（2）对于离散型关系的部分，有必要对文化和制度进行系统梳理和完善。一方面要对企业文化进行系统梳理，分析文化的结构是否完整或者冗余，对于不完整的地方要完整和丰富文化，对于冗余的地方，要给予删除。另一方面，要对企业制度和规定进行系统梳理，对于缺乏制度支撑的文化，要建立健全制度。对于有很多制度，但是却没有文化的地方，要看是否有必要丰富和完善文化，以便用文化进行指引和指导员工的思想，发挥文化的导向作用。

（3）对与冲突型关系的部分，必须充分分析两者之间是哪一方符合公司的发展需要，对于不符合或不适应公司发展需要的一方要进行调整和改进。

9.3 企业形象

企业文化结构建设中有一个重要的内容就是企业形象建设。作为现代市场竞争条件下的战略手段——企业形象塑造已成为众多企业制胜的法宝。企业文化与企业形象是两个相互包含的概念和范畴，是一种你中有我、我中有你的相辅相成的关系，二者共同构成企业的精神资源，企业文化具体反映和表现企业理念，同时也丰富企业理念的内涵。企业文化是在企业理念的指导下，企业运行的过程中，由员工群体所创造的并得到全体员工认可的价值标准和行动规范的总和。

9.3.1 企业形象概述

1. 企业形象的含义

企业形象是指人们通过企业的各种标志（如产品特点、行销策略、人员风格等）而建立起来的对企业的总体印象。企业形象是企业精神文化的一种外在表现形式，它是社会公众与企业接触交往过程中所感受到的总体印象。这种印象是通过人体的感官传递获得的。企业形象能否真实反映企业的精神文化，以及能否被社会各界和公众舆论所理解和接受，在很大程度上决定于企业自身的主观努力。

2. 企业形象的构成

企业形象虽然以"知名度"、"信誉"、"声望"等形式存在于社会大众的观念之中，但是，这些观念都是人们在对企业客观实在形象的接触中形成的。企业的物质要素、品质要素、制度要素、精神要素和习俗要素在经营中的表现，构成了客观实在的企业形象。企业形象的内容如下：

（1）物质要素　物质要素可以喻为企业形象的骨架，其直观性最强，衡量尺度最硬，是构成企业形象的基础。物质要素包括企业向社会提供的产品和服务；企业的厂房、厂区环境及设备技术水平；企业的经济效益和物质福利待遇以及企业排放废物对生态环境的影响情况等。无论哪个企业，在上述各方面做扎扎实实的改进，都会有益于客观企业形象的提高。

（2）品质要素　品质要素可比喻为企业形象的血肉，这是由企业全体员工的因素而展现的企业形象。企业领导人的素质、作风和领导才能对企业形象所起的作用最大。在一定条件下，企业领导的形象就代表着企业形象；企业各岗位上的职工，特别是与公众直接交往的销售、服务、公关人员，他们的工作精神、态度和作风，随时都在影响企业形象的形成；企业英雄、模范人物的形象越高大，事迹越感人，就越为企业形象添光彩。

(3) 制度要素 制度要素可以被喻为企业形象的内脏。一个企业如果具有合理的组织机构，科学、健全的规章和制度，而且这些规章制度都能得到严格的遵守，那么这个企业就会具备灵活的、应变性很强的运行机制。有了这种内部机制，企业就能主动地自我更新，不断使企业形象更完美。

(4) 精神要素 精神要素即企业的价值观、精神状态、理想追求等，可以将它喻为企业形象的灵魂，这些是无形的东西但却体现在有形东西之中。没有它们，企业形象就没有生气，没有活力，就会像服装店中身着华丽服装摆出各种姿势的模特人型一样。模特人型与演员模特尽管穿着同一套服装，但给人留下的印象却完全不同。原因就在于演员的精神、气质、态度与服饰融为一体，大大提高了整体形象的优美程度。

(5) 习俗要素 习俗要素是以物质性、活动性为特征的风俗习惯，其直观性很鲜明，因此可以像服饰一样地修饰企业形象。如企业的礼仪或公关礼节，传统作风，商标，品牌，厂徽，厂服，荣誉称号的展示等都是构成企业独具个性的形象的一部分。

以上5种要素有的有形，有的无形，有的是静态的，有的是动态的，它们互相联系，彼此渗透和谐统一，共同构成企业完整的形象。

3. 企业形象的分类

企业形象是一个多维度、多层次的概念，可以从不同的角度对企业形象进行分类。

(1) 特殊形象与总体形象 按企业形象的内容，可分为特殊形象和总体形象。

① 特殊形象是企业针对某一类公众所设计、形成的形象。如某股份有限公司在经营管理中，对职工、股东、管理者、用户、政府、传播媒介、社区等公众树立的不同形象，就是特殊形象。针对企业形象的某一个方面，企业所留给公众的印象，也是特殊形象，如某企业良好的厂区环境、优质的产品、完善的服务等都属此类。企业的特殊形象是企业改善自我形象的突破口，是构成企业整体形象的基础。

② 总体形象是各个特殊形象的综合和抽象，是社会公众对企业的整体印象。形成总体形象的具体因素除了产品、服务、环境等具体形象外，还有企业的许多综合因素和指标。比如企业的发展史、市场占有率、经济效益及社会贡献等。总体形象可以是对不同公众所建树的特殊形象的总和，也可以是各种形象因素所构成的特殊形象的总和，一般用知名度与美誉度来表示一个企业的总体形象。

(2) 内部形象与外部形象 按评价主体和认定尺度的不同，可以分为内部企业形象和外部企业形象。

① 内部企业形象又称主体企业形象，是指企业职工通过对本企业综合考察、认识后形成的总体印象，它是企业形象各要素在职工头脑中的反映和评价。内部企业形象完美，能使全体员工增强对企业的满意感、自豪感和荣誉感，从而增强企业的凝聚力，强化职工与企业"命运共同体"的群体意识；反之，则会减弱和淡化这种荣辱与共的意识。

② 外部企业形象又可称为社会企业形象，是一个企业在社会公众（消费者、社区居民、机关公务员等）心目中留下的印象，或者说是企业形象要素在社会公众头脑中的反映。一般来说，社会公众对企业的评价和印象，并不需要对企业进行长期了解和全面考察，只是就他们和企业发生关系的那个方面去评价企业并形成对该企业的印象。

(3) 有形形象与无形形象 按企业形象的可见性，可以分为有形形象和无形形象。

① 有形形象也可称为企业的硬件形象，指的是社会公众能通过自身感觉器官直接感受到的企业实体形象。有形形象主要包括企业的产品形象、员工形象、环境设施形象等。可以说，产品形象是工业企业最主要的实体形象，企业只有创造出优质、适用、新颖、美观、价格合理的产品（商品）形象，才能满足广大消费者日益增长的物质文化需要。如果企业是服务性企业，那么，其所提供的服务质量则是该企业重要的形象。员工形象是塑造企业形象的根本和保证，全体员工在劳动热情、业务技能、劳动效率、服务态度、服饰仪表、言谈举止等方面给社会公众留下的印象也至关重要。环境设施形象是塑造企业整体形象的基础，一个装备优良、设施先进、环境优美的企业自然给人以现代企业的感受，而那种设施简陋、装备陈旧、环境脏乱的企业，给社会大众的第一印象就是一个低劣的企业形象。

② 无形形象指的是潜伏隐藏在企业内部的企业精神、管理风格、企业信誉、经营战略等无形因素在社会公众中形成的观念印象。其中，企业信誉是无形形象中的主体内容，它体现在企业的经营管理活动中，看不见摸不着。企业信誉的好坏，在一定程度上会左右公众对该企业所采取的行动。信誉是无形的，但对企业来说却是一笔极有价值的财富。在现实中，人们总是先感受到有形的东西，才能在头脑中进一步抽象综合成一个无形形象。由于无形形象是建立在有形形象基础之上的，因此，对于企业来说，改变自己的形象，首先能做的就是改变自己的有形形象，这种改变较之无形象的改变，比较迅速亦比较容易，如产品质量的提高会迅速改变企业在公众心目中的有形形象。但无形形象的改变，更深刻、作用更大。企业要树立良好的信誉和卓越的企业文化，需要企业各部门、各方面长期的努力，它对公众产生的影响，远远大于有形形象。

（4）现实形象与理想形象　按企业形象的塑造过程，可以分为现实形象和理想形象。

① 现实形象是企业塑造形象之前现实的为社会公众所认同的形象。一般可以通过形象调查，用一定的方法测得企业的现实形象。现实形象可能是良好的、受公众欢迎的，也可能是平庸的，甚至是低劣、不符合公众意愿的形象。这种现实形象不仅是塑造企业新形象的起点，而且是影响企业生存和发展的最现实的因素。企业只有正确地认识和评价自身的形象，找到缺陷和不足，才能塑造出期望的理想形象。

② 理想形象亦称期望形象或目标形象，是企业期望在公众心目中达到的最佳形象，它是企业改善自己形象的努力方向。任何一个企业，要改善自己的形象，首先就需要设计自己的理想形象。理想形象的设计，要经过认真的调查研究，了解社会公众的意见和要求，发挥自身的优势，弥补现实形象中的不足，充分体现时代风貌和要求。理想形象往往在企业新创立或有重大改变如转产、扩产时进行评定，作为企业以后塑造形象的奋斗目标。

4. 企业形象的特征

企业形象形成以后，就在一段时间内保持不变，具有相对稳定性。这一形象通过各种传播渠道如大众传播媒介和个体传播媒介，逐渐影响社会公众对这一企业的态度。而公众的态度将会支配着公众对这一企业的情感倾向、所作的判断、思考、舆论和行为。最后，公众对这一企业的情感倾向、判断、舆论和行为通过传播又反过来构成了有关这一企业的信息的一部分，从而影响其他人对企业的印象，形成一个循环过程。公众正是在这种不断的循环中修正他们心目中有关这一企业的形象的，这就是企业形象发生作用的机制。

因此，企业形象作为某一特定范围内人们对企业印象的综合，它既不等同于企业所发生的所有客观事实，也不等同于某个个体的印象，而具有其自身的一些特征。

（1）整体性　企业形象是企业在长期的生产经营活动中给社会公众留下的整体印象。企业形象是由多种要素构成的，主要表现在以下5个方面：

① 综合因素，包括企业的发展历史、社会知名度、美誉度，以及市场占有率、经济效益、社会贡献等。

② 企业人员素质及服务水平，包括人员知识结构、文化素养、服务态度、服务方式、服务功能、服务质量等。

③ 生产与经营管理水平，如产品品种、产品结构、质量、经营方式、经营特色、基础管理、专业管理、综合管理水平等。

④ 物质设施，包括厂址、设备、营业场所陈列和布局等。

⑤ 公共关系，如公关手段、信息沟通形式、广告宣传形式及置信度等。

(2) 社会性　企业形象是由很多人的印象汇总而成的，因此，离开了社会，没有社会交往和商品交换，人们就不可能对企业产生印象，更不可能产生企业形象了。企业形象的社会性主要表现在两个方面：其一，企业形象是社会的产物，是不以人的意志为转移的社会现象。虽然企业形象的具体产生过程是人们的主观意识对企业这一客观事物的反映，是主观性的东西，但是，企业形象本身不是人们想它有就有、不想它有就没有的，而是由企业的社会存在决定的。尽管人们不能左右它的存在，但可以认识它，主动去塑造它，为企业的经营管理服务。其二，企业形象受一定的社会环境影响制约，它不可能脱离一定的社会、文化、政治、经济条件而独立存在。在某一社会环境中好的企业形象，在另一社会环境中就不一定是好的企业形象，社会环境的变化也会影响企业形象的变化。

(3) 多层次性　企业形象在不同的群体对象中有不同的理解和认识。可以根据公众的背景、职业、层次划分为不同的社会群体，如各级政府部门、企业领导、职工、消费者、新闻界等。据此，可以将一个企业的形象划分为在各级政府部门行政人员心目中的形象、在本企业领导者心目中的形象、在消费者心目中的形象等。

这些不同的社会群体对企业形象的认识途径、认识方法均有所不同，印象也不尽一样。

(4) 相对稳定性　当社会公众产生对企业的总体印象之后，这一印象一般不会很快或轻易地改变，因此，企业形象具有相对稳定性。其结果有两种，一是相对稳定的良好企业形象，也就是说，企业美誉度高，企业信誉强，它可以产生巨大的物质力量，产生强大的"名厂"、"名店"、"名牌"效应；另一种形象则是相对稳定的低劣形象。企业如果忽视了企业形象的建设，把假冒伪劣产品打入市场，就会长时间难以摆脱社会公众对自身的不良印象，这就需要企业经过较长时间的艰苦的努力，才能挽回影响，重塑企业形象。

(5) 传播性　企业形象的塑造有其客观性，但其感受者是公众。企业为了能够主动地在广大公众心目中建立良好的企业形象，必须借助传播这一主要的渠道和手段。企业形象塑造过程离不开传播的事实使得企业形象的塑造具有了传播性的特点。不同层次的公众对企业形象的看法可以通过个体传播媒介如聊天、交谈的方式产生相互影响，也可以通过大众传播媒介如报刊、广播和电视产生相互影响。

9.3.2　企业形象设计

企业形象的构成要素通过企业识别系统集中而统一地表现出来，传达给社会公众。企业识别系统的英文缩写为 CIS。企业系统识别主要由企业理念识别（MI）、企业行为识别（BI）和企业视觉识别（VI）三个部分构成。这些要素相互联系，相互作用，有机配合。企业形象正是通过企业识别系统设计展示出来的。

1. 企业理念识别设计

企业理念识别，是企业在长期的经营实践中形成的并为员工所认同和接受的企业哲学、企业目标、价值观念、企业精神的结合体。企业理念是企业的灵魂，制约着企业运行的方向、速度、空间、机制和状况，反映了企业长期经营与繁荣而确立的战略目标，是企业员工精神力量的基础，成为企业市场行为和社会行为的规范准则，也是构成企业形象最基本、最重要的要素。

(1) 企业理念设计的原则　企业理念设计，是要确定或提升企业的经营宗旨、经营方针、价值观和精神风貌，目的是增强企业理念的识别力和认同力，因而作为灵魂的企业理念设计，必须遵循如下的原则。

① 个性化原则。企业理念的个性化，就是要在其设计中，从企业经营目标、自身环境、内部条件、历史传统、独特风格等因素出发，找出本企业与其他企业的理念差异，从而创造出独具个性的企业理念。

② 民族化原则。企业理念设计，应根据自身的民族精神、民族习惯、民族特点，来体现本民族的形象。"只有民族的，才是世界的"。企业理念的民族化，只有在民族文化的范围内得到普遍认同，才能在世界范围内弘扬企业的民族文化个性。中国现代企业的理念设计，固然要赋予社会主义市场经济条件下新的内涵，但也必须坚持和弘扬民族精神。

③ 概括化原则。企业理念设计应用简洁的文字，精确、明白、概括地表示出来。这种高度概括的企业理念，既要易读、易记、易懂，又便于向公众传达。

根据上述原则，在企业理念设计过程中，首先要搞好企业内外调查，既要了解企业的经营方向、行业特点及运行状况，又要了解企业的社会地位、公众期望及实际业绩，通过分析和比较，以确定企业理念的诉求方向。其次，要在调查与分析的基础上，把构成企业理念的经营宗旨、经营方针、经营价值观及企业精神等基本要素加以界定，以确定其基本含义。再次，要用准确、简练的语言文字，借以表达企业理念。这种文字表达要富有哲理、引人思索、生动形象、动人以情，以增强理念的感染力。

(2) 企业理念设计的内容　企业理念设计，包括经营宗旨设计、经营方针设计、企业价值观设计、企业精神设计等。

① 经营宗旨设计。任何企业的生产经营活动，都有自己的经营目的。经营宗旨是企业经营的最高目标和根本目的，它体现了企业的理想与追求。经营宗旨设计，实质上是企业自身的社会定位。企业经营目标定位涉及如何处理经济目标、社会目标和文化目标之间的关系。企业经营宗旨设计或社会定位，直接影响着企业与社会的关系，决定着企业的生存与发展。

② 经营方针设计。经营方针是指企业在经营思想指导下，为实现经营宗旨所确定的基本原则，它是企业一切活动的指南。经营方针不同于企业本身的工作守则、行为标准、操作要求等各种具体行为规范，它规定了企业经营活动必须统一遵守的最高规则，保证企业发展不可偏离所规定的方向。

③ 企业价值观设计。企业价值观是指在企业占主导地位的、为企业绝大多数员工所共有的对企业经营行为意义的总观点和总看法。它是整个企业理念的基础。企业价值是企业中占主导地位的观念。企业价值观通过潜移默化的形式渗透到企业经营管理活动的全过程，决定着企业及其员工的行为取向和判断标准。

④ 企业精神设计。企业精神是企业生产经营活动中，为谋求自身的存在和发展而长期形成的，并为企业员工认同和接受的一种先进群体意识。企业精神是企业的精神动力，代表着企业员工的精神风貌，渗透在企业宗旨、战略目标、经营方针、职业道德、人事关系等各个方面，反映在厂风、厂纪、厂容、厂誉等各个层面上。企业精神对企业员工具有强大的凝

聚力、感召力、引导力和约束力，能够增强员工对企业的信任感、自豪感和荣誉感，并使外界通过企业精神产生对企业的信任和好感，获得社会公众的认同和支持。

2. 企业行为识别设计

当企业理念识别设计完成之后，紧接着就要进行企业行为识别设计。企业行为识别是企业理念的传播形式，它涵盖了企业内部和外部所有经营管理活动，通过企业的具体的具体行为来塑造企业形象。同企业理念识别相比，企业行为识别内容具体，实实在在，便于操作，是企业理念的外化或表现。

（1）企业行为识别的结构　企业行为识别贯彻于企业整个生产经营活动中，规范着企业的组织、管理、教育、生产、开发以及对社会的一切活动。具体来说，企业行为识别由对内和对外两个方面所构成。

① 企业内部行为识别。是在独特的企业理念指导下，通过员工教育等一系列活动，使企业理念渗透到企业及其员工的行为之中，以形成和提升企业形象。它主要包括员工教育、组织设计、强化管理、环境建设、研究开发、福利制度、行业规范、企业文化建设等。通过企业内部这些活动，全面提高企业素质，特别是每个员工的素质，达成一致的共识，为实现企业目标而竭尽全力。

② 企业外部行为识别。是在独特的企业理念指导下，通过广泛而有成效的对外经营活动，取得社会公众的广泛认同，达到理解、支持企业的目的。它主要包括市场调查、产品开发、市场服务、营销策划、公关活动、广告宣传、公益活动等。通过这些活动，将企业宗旨、商品质量、人员素质、经营特色、工作绩效等企业形象信息，传播给消费者及其他社会公众，使社会公众对企业产生认同感和依赖感，从而在社会公众中树立成功的企业形象。

（2）企业行为识别设计的内容

① 员工教育设计。员工既是企业管理的主体，又是企业管理的客体。员工作为管理主体，就要具有较高的政治素质、文化素质、技术素质和操作技能；员工作为管理客体，也要具有较高的政治素质、文化素质以及理解、接受、遵从管理者的要求。企业员工的这些素质状况直接决定着企业的生存与发展，并影响着企业的形象。为造就高素质的员工队伍，就要加强对员工的教育与培训。

② 组织结构设计。现代企业组织的基本结构，主要有3种可供选择的结构模式，即功能垂直结构模式（U形结构）、事业部型分权结构模式（M形结构）和母子公司分权结构模式（H形结构）。

③ 管理行为设计。企业管理行为是企业为实现企业目标而在生产经营领域中所进行的管理活动，主要包括：计划管理、生产管理、质量管理、技术管理、财务管理、营销管理、人事管理、基础管理等内容。

3. 视觉识别设计

企业视觉识别设计是继企业理念和企业行为识别设计之后的又一重要识别设计。它是企业理念和行为识别的集中而直接的反映，是将企业识别系统中非可视的内容转化为静态的识别符号，以无比丰富而多样的应用形式，在最广泛的层面上，塑造独特的企业形象。

企业视觉识别是企业整体形象的静态识别符号系统，它是通过个体可见的识别符号，经由组织化、系统化和统一化的识别设计，传达企业经营理念和情报信息的形式。企业视觉识别涉及项目最多，层面最广，效果也最直接，可使社会公众快速而明确地识别和认知企业。

企业视觉识别的基本构成，一般有基本要素和应用要素两大部分。企业视觉识别的基本构成要素主要包括：企业名称、企业标志、企业标准字、企业标准色、企业造型和象征图案、企业专用印刷字体、企业宣传标语和口号、企业吉祥物等。这些要素是表达企业经营理念的，它要求形式与内涵的完美统一。企业视觉识别的应用要素，主要包括：事务性办公用品、办公室器具设备和装饰、招牌旗帜标示牌、建筑物外观群落、衣着制服、展览橱窗、交通工具、广告媒介、产品包装、包装用品、展示陈列、工作场所规划等。这些要素是传达企业形象的具体载体，因而在对应用要素所包括的内容进行设计时，必须严格遵循基本要素的规定，使应用要素能够形成统一的视觉形象。

在企业视觉识别的诸要素中，企业名称、企业标志、企业标准字、企业标准色等基本要素的设计最为重要。

【案例】 福田汽车文化整合内部公关案例

在中国汽车产业界，有这样一个企业，它成立短短八年，就在全国8个省市地区共重组兼并了14个多种所有制企业，员工人数由原来2400人激增至2.5万人。8年时间，该企业产销汽车100万辆，创造了中国汽车史上的速度之最。这个企业就是北汽福田汽车股份有限公司。

福田汽车高速扩张的企业格局在为企业提供快速发展的资源支撑同时，也为企业的文化整合带来了巨大的挑战。2004年开始，福田汽车高层开始关注到一些内部现象：企业总部信息纵向传播不到底，管理效能相应下降；横向信息传递渠道严重不足，部门壁垒开始出现，管理协调成本升高。同时，一些重组事业部出现亚文化变异，部分员工工作积极性降低，出勤率下降，流动率增加，甚至波及高层。福田汽车决策层认为这些"企业病"的端倪初现，也是导致2004年上半年福田汽车增速放缓的内因之一。

福田汽车因时应变，提出要变"外延式扩张"为"内涵式增长"的经营思想，推动以"文化变革、经营方式变革、技术变革、生产方式变革、管理变革"为核心的"五项变革"，从而消除管理瓶颈。作为企业文化变革的首要任务，福田汽车公关传播部在企业决策层的直接支持下，在全公司各事业部和职能部门的积极配合下，策划并执行了福田汽车文化整合内部公关活动。

福田汽车文化整合内部公关活动分为两大部分：一是有效地建立起了企业内部完整高效的信息系统，并成功实现双向互动，使企业内部上情下达和下情上达都有了顺畅的渠道；部门壁垒也基本消除，企业团队作战能力明显增强，协调成本大大降低；二是通过一系列公关活动，尤其是围绕8月28日福田汽车成立8周年开展的旨在促进文化融合的各种活动，营造出的情境极大地影响了员工，使他们增强了集体荣誉感和企业归属感。企业取得的成就引起了全国媒体的关注，而媒体对福田汽车的报道又反过来增强了员工对企业发展的信心，促进员工士气高涨。

由于前期准备工作充分，调研科学，方案合理，执行中采用多种手段调动了广大员工的积极性，加上媒体的推波助澜，福田汽车的文化整合取得了成功。具体表现为：

(1) 搭建起了完整高效的内部信息传播体系，实现了信息双向沟通互动。

(2) 多渠道的内部信息横向交流，使得"部门墙"逐渐瓦解，部门间支持与配合的意识增强，协调成本降低，企业整体管理效率显著提高。

(3) 员工对企业核心文化认同度大幅提高，员工对企业理念和价值观的认同度上升到85%以上，并导致了行为的显著改善。

(4) 文化整合成功给福田汽车再次注入了快速发展的动力，企业业绩增长显著，稳居"中国商用车第一品牌"宝座，并获得"2005CCTV我最喜爱的中国品牌"等多项殊荣。

[复习思考题]

1. 企业文化的内涵是什么？
2. 简述企业文化的内容和特征。
3. 企业文化建设的原则包括哪些？
4. 简述企业文化建设的基本程序。
5. 什么是企业文化礼仪？它的作用是什么？

6. 企业文化礼仪有哪些类型?
7. 简述企业文化氛围的构成。怎样创造良好的企业文化氛围?
8. 简述企业文化与企业制度的关系。
9. 企业形象的含义是什么?
10. 简述企业形象的构成与分类。
11. 企业理念识别设计的含义和内容是什么?
12. 企业行为识别设计的含义和内容是什么?
13. 企业视觉识别设计的含义和内容是什么?

附录　汽车维修企业用到的法律、法规、标准（简介）

一、中华人民共和国道路运输条例

《中华人民共和国道路运输条例》经国务院第48次常务会议讨论通过，并于2004年7月1日起施行。条例对规范道路运输活动，维护道路运输市场秩序，保障道路运输安全，保护道路运输各方面当事人的合法权益，促进道路运输业的健康发展，具有重要的意义。条例中与汽车维修企业有关的条款有：

第三十八条　申请从事机动车维修经营的，应当具备下列条件：

（一）有相应的机动车维修场地；

（二）有必要的设备、设施和技术人员；

（三）有健全的机动车维修管理制度；

（四）有必要的环境保护措施。

第四十四条　机动车维修经营者应当按照国家有关技术规范对机动车进行维修，保证维修质量，不得使用假冒伪劣配件维修机动车。

机动车维修经营者应当公布机动车维修工时定额和收费标准，合理收取费用。

第四十五条　机动车维修经营者对机动车进行二级维护、总成修理或者整车修理的，应当进行维修质量检验。检验合格的，维修质量检验人员应当签发机动车维修合格证。

机动车维修实行质量保证期制度。质量保证期内因维修质量原因造成机动车无法正常使用的，机动车维修经营者应当无偿返修。

机动车维修质量保证期制度的具体办法，由国务院交通主管部门制定。

第四十六条　机动车维修经营者不得承修已报废的机动车，不得擅自改装机动车。

第六十六条　违反本条例的规定，未经许可擅自从事道路运输站（场）经营、机动车维修经营、机动车驾驶员培训的，由县级以上道路运输管理机构责令停止经营；有违法所得的，没收违法所得，处违法所得2倍以上10倍以下的罚款；没有违法所得或者违法所得不足1万元的，处2万元以上5万元以下的罚款；构成犯罪的，依法追究刑事责任。

第七十一条　违反本条例的规定，客运经营者、货运经营者不按规定维护和检测运输车辆的，由县级以上道路运输管理机构责令改正，处1000元以上5000元以下的罚款。

违反本条例的规定，客运经营者、货运经营者擅自改装已取得车辆营运证的车辆的，由县级以上道路运输管理机构责令改正，处5000元以上2万元以下的罚款。

第七十三条　违反本条例的规定，机动车维修经营者使用假冒伪劣配件维修机动车，承修已报废的机动车或者擅自改装机动车的，由县级以上道路运输管理机构责令改正；有违法所得的，没收违法所得，处违法所得2倍以上10倍以下的罚款；没收违法所得或者违法所得不足1万元的，处2万元以上5万元以下的罚款，没收假冒伪劣配件及报废车辆；情节严重的，由原许可机关吊销其经营许可；构成犯罪的，依法追究刑事责任。

第七十四条　违反本条例的规定，机动车维修经营者签发虚假的机动车维修合格证，由县级以上道路运输管理机构责令改正；有违法所得的，没收违法所得，处违法所得2倍以上10倍以下的罚款；没收违法所得或者违法所得不足3000元的，处5000元以上2万元以下的罚款；情节严重的，由原许可机关吊销其经营许可；构成犯罪的。依法追究刑事责任。

二、汽车维修质量纠纷调解办法

《汽车维修质量纠纷调解办法》于1998年9月1日起实施，其目的是为维护汽车维修业的正常经营秩序，保障承、托修双方当事人合法权益，规范汽车维修质量纠纷调解工作。

（一）总则

汽车维修质量纠纷调解是指在汽车维修质量保证期内或汽车维修合同约定期内，承修方与托修方因维修竣工出厂汽车的维修质量产生纠纷，双方自愿向道路运政管理机构申请进行的调解。县级以上地方人民政府交通行政主管部门所属道路运政管理机构负责纠纷调解工作。

（二）纠纷调解申请的受理

1. 纠纷调解的条件

纠纷发生的时段限制为质量保证期或合同约定期内；

纠纷调解的范围限制为对维修竣工出厂汽车的维修质量产生的纠纷；

受理纠纷调解的先决条件为双方自愿申请调解。

2. 申请调解应提供的资料

包括申请调解方的名称；法定代表人的姓名、单位、地址、电话；当事人的姓名、单位、地址、电话；纠纷详细过程及申请调解的理由与要求的书面报告；汽车维修合同、维修竣工出厂合格证、汽车维修费用结算凭证等其必要的资料。

3. 填写《汽车维修质量纠纷调解申请书》

道路运政管理机构应在接到申请书后的5个工作日内，根据《调解办法》的规定，作出是否受理的答复意见。

4. 举证的要求

参加调解纠纷双方当事人均有举证责任，并对举证事实负责。

5. 保护当事汽车原始状态

这是调解质量纠纷的基本条件。

（三）技术分析鉴定

1. 技术分析和鉴定的责任

技术分析和鉴定的责任由各级道路运政管理机构组织有关人员或委托有质量检测资格的汽车综合性能检测站进行。

2. 技术分析和鉴定的要求

技术分析和鉴定人员应依据现场拆检记录、汽车维修原始记录和汽车维修合同、汽车使用情况以及其他有关证据，分析原因，得出结论，并填写《技术分析和鉴定意见书》。

（四）质量事故的责任认定

应对维修中承、托修双方发生的维修质量问题，通过调查、了解、技术鉴定等手段，认真划分双方责任。

（1）承修方应承担的责任范围主要有：未按有关规定和标准操作或维修操作不规范，使用有质量问题的配件、油料或装前未经鉴定等。

（2）托修方应承担的责任是：违反驾驶操作规程和汽车使用维护规定而发生的质量责任。

（五）纠纷调解

1. 调解过程及要求

调解应以公开的方式进行。调解程序是由调解员根据有关技术标准和资料、技术分析鉴定书及当事方的陈述、质证、辩论，分析事故原因，确定纠纷双方应负责任，调解各方应承担的经济损失。

2. 经济损失及承担

经济损失主要指经济损失，包括：

（1）在质量事故中直接损失的机件、燃润料及其他车用液体、气体、材料等；

（2）返修工时费、材料费、材料管理费、辅助材料费、委外加工费、检测费等。经济损失应由责任人按过失比例承担；对不能修复或没有修复价值的零部件按汽车折旧率和市场价格计算价值。

3. 终止调解的规定

在调解维修质量纠纷过程中，若出现了不利于纠纷调解工作继续进行下去的情况，允许终止调解。

4. 调解达成协议及履行

经调解达成协议的，道路运政管理机构应填写《汽车维修质量纠纷调解协议书》。调解达成协议的，当事人各方应当自动履行。达成协议后当事人反悔的或逾期不履行协议的，视为调解不成。

如调解不能达成协议或调解达成协议后，一方不履行协议，有关当事人方可依法提请仲裁机构仲裁或向人民法院提起民事诉讼。

5. 调解费用的处理

质量纠纷调解过程中拆检、技术分析和鉴定的费用由责任方按照责任比例承担。

三、汽车维修合同实施细则

1. 合同的实施与监督检查

由各地道路运政管理机构和工商行政管理机关组织实施，并负责监督、检查。

2. 汽车维修合同签订的范围

汽车大修，主要总成大修，二级维护，维修预计费用在1000元以上的。

3. 合同签订的要求

承、托修双方必须按要求使用汽车维修合同示范文本。

合同必须按照平等互利、协商一致、等价有偿的原则依法签订，承、托修双方签章后生效。

承、托修双方根据需要可签订单车或成批汽车的维修合同，也可签订一定期限包修合同。

承修方在维修过程中，发现其他故障需要增加维修项目及延长维修期限时，应征得托修方同意后方可承修。

代订合同，要有委托单位证明，根据授权范围，以委托单位的名义签订，对委托单位直接产生权利和义务。

4. 合同的主要内容

承、托修双方的名称；签订日期及地点；合同编号；送修汽车的车种车型、牌照号、发动机型号（编号）、底盘号；维修类别及项目；预计维修费用；质量保证期；送修日期、地点、方式;交车日期、地点、方式;托修方所提供材料的规格、数量、质量及费用结算原则;验收标准和方式;结算方式及期限;违约责任和金额;解决合同纠纷的方式;双方商定的其他条款。

5. 合同的履行义务

汽车维修合同依法签订,具有法律效力,双方当事人应严格按合同规定履行各自的义务。

(1) 托修方的义务

按合同规定的时间送修汽车和接收维修竣工汽车;提供送修汽车的有关情况(包括送修汽车基础技术资料、技术档案等);按合同规定的方式和期限交纳维修费用。

(2) 承修方的义务

按合同规定的时间交付修竣汽车;按照有关汽车修理技术标准(条件)修车,保证维修质量,向托修方提供竣工出厂合格证;建立承修汽车维修技术档案,并向托修方提供维修汽车的有关资料及使用的注意事项;按规定收取维修费用,并向托修方提供维修工时、材料明细表。

6. 合同的变更和解除

汽车维修合同签订后,任何一方不得擅自变更或解除。但是由于情况发生变化,在一定条件下是允许变更和解除合同的,当事人一方要求变更或解除维修合同时,应及时以书面形式通知对方。因变更或解除合同使一方遭受损失的,除依法可以免除责任的外,应由责任方负责赔偿。

7. 合同纠纷的处理

承、托修双方在履行合同中发生纠纷时,即汽车维修经济活动中发生争议、争执时,应及时协商解决;协商不成时,任何一方均可向当地经济合同仲裁部门申请仲裁或直接向当地人民法院起诉。维修汽车在质量保证期内发生质量问题,当事人也可先到所在道路运政管理机构提请调解处理。

8. 违反《实施细则》的处理

凡属于汽车维修合同签订的范围而不签合同的,道路运政管理机构可对汽车维修企业予以警告和罚款,每次罚款额按实际发生或额定的维修费用总额 2‰(至少 20 元)计。由此而引起汽车维修质量或经济方面的纠纷,道路运政管理机构不予受理。

维修企业凡不按规定签订的合同,道路运政管理机构责令维修企业整改。

四、缺陷汽车产品召回管理规定

2004 年 3 月 15 日,由国家质检总局、国家发改委、商务部和海关总署共同制定的《缺陷汽车产品召回管理规定》正式发布,并于 2004 年 10 月 1 日起开始实施。

缺陷汽车召回是指按照规定程序,由缺陷汽车制造商(包括进口商),采用修理、更换或收回等方式,消除其产品可能引起人身伤害、财产损失的缺陷过程。缺陷是由于设计、制造等方面的原因而在某一批次、型号或类别的汽车产品中普遍存在的具有同一性质的危及人身、财产安全的不合理的危险。

按照《规定》,汽车消费者(车主)有权向主管部门、有关制造商、销售商、租赁商或进口商投诉或反映汽车产品存在的缺陷,并可向主管部门提出开展缺陷产品召回的相关调查的建议。另一方面,车主应当积极配合制造商,进行缺陷汽车产品召回。对于明知有缺陷或隐瞒不报的汽车制造商,主管部门除责令其进行召回外,还要向社会公布曝光,并依情节轻重处以相应数额的罚款。

实行了缺陷汽车产品召回制度后,会对汽车制造和汽车消费方面带来一定的促进作用。一方面,召回制度尊重用户的知情权,能有效保护用户的权益,对厂家起到约束作用,促使厂家重视产品质量,优化产品设计。另一方面,有了召回制度,厂家能按照规则和程序办事,明确厂家和用户双方的权益和责任,这些都有利于厂家建立严格的质量监控体系,有利于中国汽车行业的健康发展。

五、营运车辆技术等级划分和评定要求(JT/T 198—2004)

《营运车辆技术等级划分和评定要求》(JT/T 198—2004)是对《汽车技术等级评定标准》(JT/T 198—1995)和《汽车技术等级评定的检测方法》(JT/T 199—1995)中营运车辆相应内容的修订。

本标准与 JT/T 198—1995 和 JT/T 199—1995 相对照的主要区别是:

修订后的标准将《汽车技术等级评定标准》(JT/T 198—1995)和《汽车技术等级评定的检测方法》(JT/T 199—1995)两项标准的内容合并;

"评定规则"中,取消了汽车使用年限的规定。取消了关键项、一般项及项次合格率的规定;

检测方法引用《营运车辆综合性能要求和检验方法》(GB 18565—2001);

评定技术要求是参照《营运车辆综合性能要求和检验方法》(GB 18565—2001)等相关标准最新版本的有关规定编制的。

1. 范围

本标准规定了营运车辆技术状况等级的评定内容、评定规则、等级划分、评定项目和技术要求。本标准适用于营运车辆。

2. 规范性引用文件

下列文件中的条款通过本标准的引用而成为本标准的条款。

GB/T 18276—2000　汽车动力性台架试验方法和评价标准

GB 18352　轻型汽车污染物排放限值及测量方法

GB 18565—2001　营运车辆综合性能要求和检验方法

GB/T 18566　运输车辆能源利用检测评价方法

QC/T 476　车辆防雨密封性限值

3. 评定内容

评定营运车辆整车装备及外观检查、动力性、燃料经济性、制动性、转向操纵性、前照灯发光强度和光速照射位置、排放污染物限值、车速表示值误差等。

4. 评定规则

(1) 评定原则:营运车辆应达到 GB18565 规定的要求。

(2) 等级划分:营运车辆技术等级分为一级、二级和三级。等级划分标准在《营运车辆技术等级划分和评定要求》(JT/T 198—2004)中做了详细规定。

六、机动车维修管理规定(交通部令 2005 年第 7 号)

《机动车维修管理规定》于 2005 年 6 月 3 日经交通部第 11 次部务会议通过,自 2005 年 8 月 1 日起施行。本规定是为规范机动车维修经营活动,维护机动车维修市场秩序,保护机动车维修各方当事人的合法权益,保障机动车运行安全,保护环境,节约能源,促进机动车维修业的健康发展,根据《中华人民共和国道路运输条例》及有关法律、行政法规的规定制

附录 汽车维修企业用到的法律、法规、标准（简介）

定的。凡从事机动车维修经营的，应当遵守本规定。规定中与汽车维修行业管理有关的主要内容如下：

（一）经营许可

1. 申请从事汽车维修经营业务或者其他机动车维修经营业务的，应当符合下列条件：

（1）有与其经营业务相适应的维修车辆停车场和生产厂房。租用的场地应当有书面的租赁合同，且租赁期限不得少于1年。停车场和生产厂房面积按照国家标准《汽车维修业开业条件》（GB/T 16739）相关条款的规定执行。

（2）有与其经营业务相适应的设备、设施。所配备的计量设备应当符合国家有关技术标准要求，并经法定检定机构检定合格。从事汽车维修经营业务的设备、设施的具体要求按照国家标准《汽车维修业开业条件》（GB/T 16739）相关条款的规定执行；从事其他机动车维修经营业务的设备、设施的具体要求，参照国家标准《汽车维修业开业条件》（GB/T 16739）执行，但所配备设施、设备应与其维修车型相适应。

（3）有必要的技术人员：

1）从事一类和二类维修业务的应当各配备至少1名技术负责人员和质量检验人员。技术负责人员应当熟悉汽车或者其他机动车维修业务，并掌握汽车或者其他机动车维修及相关政策法规和技术规范；质量检验人员应当熟悉各类汽车或者其他机动车维修检测作业规范，掌握汽车或者其他机动车维修故障诊断和质量检验的相关技术，熟悉汽车或者其他机动车维修服务收费标准及相关政策法规和技术规范。技术负责人员和质量检验人员总数的60%应当经全国统一考试合格。

2）从事一类和二类维修业务的应当各配备至少1名从事机修、电器、钣金、涂漆的维修技术人员；从事机修、电器、钣金、涂漆的维修技术人员应当熟悉所从事工种的维修技术和操作规范，并了解汽车或者其他机动车维修及相关政策法规。机修、电器、钣金、涂漆维修技术人员总数的40%应当经全国统一考试合格。

3）从事三类维修业务的，按照其经营项目分别配备相应的机修、电器、钣金、涂漆的维修技术人员；从事发动机维修、车身维修、电气系统维修、自动变速器维修的，还应当配备技术负责人员和质量检验人员。技术负责人员、质量检验人员及机修、电器、钣金、涂漆维修技术人员总数的40%应当经全国统一考试合格。

（4）有健全的维修管理制度。包括质量管理制度、安全生产管理制度、车辆维修档案管理制度、人员培训制度、设备管理制度及配件管理制度。具体要求按照国家标准《汽车维修业开业条件》（GB/T 16739）相关条款的规定执行。

（5）有必要的环境保护措施。具体要求按照国家标准《汽车维修业开业条件》（GB/T 16739）相关条款的规定执行。

2. 从事危险货物运输车辆维修的汽车维修经营者，除具备汽车维修经营一类维修经营业务的开业条件外，还应当具备下列条件：

（1）有与其作业内容相适应的专用维修车间和设备、设施，并设置明显的指示性标志；

（2）有完善的突发事件应急预案，应急预案包括报告程序、应急指挥以及处置措施等内容；

（3）有相应的安全管理人员；

（4）有齐全的安全操作规程。

规定中所称危险货物运输车辆维修，是指对运输易燃、易爆、腐蚀、放射性、剧毒等性质货物的机动车维修，不包含对危险货物运输车辆罐体的维修。

3. 申请从事机动车维修经营的，应当向所在地的县级道路运输管理机构提出申请，并提交下列材料：

(1)《交通行政许可申请书》；

(2) 经营场地、停车场面积材料、土地使用权及产权证明复印件；

(3) 技术人员汇总表及相应职业资格证明；

(4) 维修检测设备及计量设备检定合格证明复印件；

(5) 规定中规定的其他相关材料。

4. 道路运输管理机构对机动车维修经营申请予以受理的，应当自受理申请之日起 15 日内做出许可或者不予许可的决定。符合法定条件的，道路运输管理机构做出准予行政许可的决定，向申请人出具《交通行政许可决定书》，在 10 日内向被许可人颁发机动车维修经营许可证件，明确许可事项；不符合法定条件的，道路运输管理机构做出不予许可的决定，向申请人出具《不予交通行政许可决定书》，说明理由，并告知申请人享有依法申请行政复议或者提起行政诉讼的权利。

机动车维修经营者应当持机动车维修经营许可证件依法向工商行政管理机关办理有关登记手续。

5. 申请机动车维修连锁经营服务网点的，可由机动车维修连锁经营企业总部向连锁经营服务网点所在地县级道路运输管理机构提出申请，提交下列材料，并对材料真实性承担相应的法律责任：

(1) 机动车维修连锁经营企业总部机动车维修经营许可证件复印件；

(2) 连锁经营协议书副本；

(3) 连锁经营的作业标准和管理手册；

(4) 连锁经营服务网点符合机动车维修经营相应开业条件的承诺书。

道路运输管理机构在查验申请资料齐全有效后，应当场或在 5 日内予以许可，并发给相应许可证件。连锁经营服务网点的经营许可项目应当在机动车维修连锁经营企业总部许可项目的范围内。

6. 机动车维修经营许可证件实行有效期制。从事一、二类汽车维修业务和一类摩托车维修业务的证件有效期为 6 年；从事三类汽车维修业务、二类摩托车维修业务及其他机动车维修业务的证件有效期为 3 年。

机动车维修经营许可证件由各省、自治区、直辖市道路运输管理机构统一印制并编号，县级道路运输管理机构按照规定发放和管理。

机动车维修经营者应当在许可证件有效期满前 30 日到做出原许可决定的道路运输管理机构办理换证手续。

机动车维修经营者变更许可事项的，应当按照本章有关规定办理行政许可事宜。

机动车维修经营者变更名称、法定代表人、地址等事项的，应当向做出原许可决定的道路运输管理机构备案。

机动车维修经营者需要终止经营的，应当在终止经营前 30 日告知做出原许可决定的道路运输管理机构办理注销手续。

(二) 维修经营

1. 机动车维修经营者应当按照经批准的行政许可事项开展维修服务。

2. 机动车维修经营者应当将机动车维修经营许可证件和《机动车维修标志牌》悬挂在经营场所的醒目位置。

3. 机动车维修经营者不得擅自改装机动车，不得承修已报废的机动车，不得利用配件拼装机动车。托修方要改变机动车车身颜色，更换发动机、车身和车架的，应当按照有关法律、法规的规定办理相关手续，机动车维修经营者在查看相关手续后方可承修。

4. 机动车维修经营者应当加强对从业人员的安全教育和职业道德教育，确保安全生产。机动车维修从业人员应当执行机动车维修安全生产操作规程，不得违章作业。

5. 机动车维修产生的废弃物，应当按照国家的有关规定进行处理。

6. 机动车维修经营者应当公布机动车维修工时定额和收费标准，合理收取费用。

机动车维修工时定额可按各省机动车维修协会等行业中介组织统一制定的标准执行，也可按机动车维修经营者报所在地道路运输管理机构备案后的标准执行，也可按机动车生产厂家公布的标准执行。当上述标准不一致时，优先适用机动车维修经营者备案的标准。

机动车维修经营者应当将其执行的机动车维修工时单价标准报所在地道路运输管理机构备案。

7. 机动车维修经营者应当使用规定的结算票据，并向托修方交付维修结算清单。维修结算清单中，工时费与材料费应分项计算。维修结算清单格式和内容由省级道路运输管理机构制定。

机动车维修经营者不出具规定的结算票据和结算清单的，托修方有权拒绝支付费用。

8. 机动车维修连锁经营企业总部应当按照统一采购、统一配送、统一标识、统一经营方针、统一服务规范和价格的要求，建立连锁经营的作业标准和管理手册，加强对连锁经营服务网点经营行为的监管和约束，杜绝不规范的商业行为。

（三）质量管理

机动车维修实行竣工出厂质量保证期制度。汽车和危险货物运输车辆整车修理或总成修理质量保证期为车辆行驶 20000 公里或者 100 日；二级维护质量保证期为车辆行驶 5000 公里或者 30 日；一级维护、小修及专项修理质量保证期为车辆行驶 2000 公里或者 10 日。

质量保证期中行驶里程和日期指标，以先达到者为准。机动车维修质量保证期，从维修竣工出厂之日起计算。

在质量保证期和承诺的质量保证期内，因维修质量原因造成机动车无法正常使用，且承修方在 3 日内不能或者无法提供因非维修原因而造成机动车无法使用的相关证据的，机动车维修经营者应当及时无偿返修。不得故意拖延或者无理拒绝。

在质量保证期内，机动车因同一故障或维修项目经两次修理仍不能正常使用的，机动车维修经营者应当负责联系其他机动车维修经营者，并承担机动车维修经营者应当公示承诺的机动车维修质量保证期。所承诺的质量保证期不得低于《机动车维修管理规定》中质量保证期的规定。

道路运输管理机构应当受理机动车维修质量投诉，积极按照维修合同约定和相关规定调解维修质量纠纷。

机动车维修质量纠纷双方当事人均有保护当事车辆原始状态的义务。必要时可拆检车辆有关部位，但双方当事人应同时在场，共同认可拆检情况。

对机动车维修质量的责任认定需要进行技术分析和鉴定，且承修方和托修方共同要求道路运输管理机构出面协调的，道路运输管理机构应当组织专家组或委托具有法定检测资格的检测机构做出技术分析和鉴定。鉴定费用由责任方承担。

对机动车维修经营者实行质量信誉考核制度。机动车维修质量信誉考核办法另行制定。

机动车维修质量信誉考核内容应当包括经营者基本情况、经营业绩（含奖励情况）、不良记录等。

道路运输管理机构应当建立机动车维修企业诚信档案。机动车维修质量信誉考核结果是机动车维修诚信档案的重要组成部分。

道路运输管理机构建立的机动车维修企业诚信信息，除涉及国家秘密、商业秘密外，应当依法公开，供公众查阅。

（四）法律责任

1. 违反《机动车维修管理规定》，有下列行为之一，擅自从事机动车维修相关经营活动的，由县级以上道路运输管理机构责令其停止经营；有违法所得的，没收违法所得，处违法所得 2 倍以上 10 倍以下的罚款；没有违法所得或者违法所得不足 1 万元的，处 2 万元以上 5 万元以下的罚款；构成犯罪的，依法追究刑事责任：

（1）未取得机动车维修经营许可，非法从事机动车维修经营的；

（2）使用无效、伪造、变造机动车维修经营许可证件，非法从事机动车维修经营的；

（3）超越许可事项，非法从事机动车维修经营的。

2. 违反《机动车维修管理规定》，机动车维修经营者非法转让、出租机动车维修经营许可证件的，由县级以上道路运输管理机构责令停止违法行为，收缴转让、出租的有关证件，处以 2000 元以上 1 万元以下的罚款；有违法所得的，没收违法所得。

3. 违反《机动车维修管理规定》，机动车维修经营者使用假冒伪劣配件维修机动车，承修已报废的机动车或者擅自改装机动车的，由县级以上道路运输管理机构责令改正，并没收假冒伪劣配件及报废车辆；有违法所得的，没收违法所得，处违法所得 2 倍以上 10 倍以下的罚款；没有违法所得或者违法所得不足 1 万元的，处 2 万元以上 5 万元以下的罚款，没收假冒伪劣配件及报废车辆；情节严重的，由原许可机关吊销其经营许可；构成犯罪的，依法追究刑事责任。

4. 违反《机动车维修管理规定》，机动车维修经营者签发虚假或者不签发机动车维修竣工出厂合格证的，由县级以上道路运输管理机构责令改正；有违法所得的，没收违法所得，处以违法所得 2 倍以上 10 倍以下的罚款；没有违法所得或者违法所得不足 3000 元的，处以 5000 元以上 2 万元以下的罚款；情节严重的，由许可机关吊销其经营许可；构成犯罪的，依法追究刑事责任。

5. 违反《机动车维修管理规定》，有下列行为之一的，由县级以上道路运输管理机构责令其限期整改；限期整改不合格的，予以通报：

（1）机动车维修经营者未按照规定执行机动车维修质量保证期制度的；

（2）机动车维修经营者未按照有关技术规范进行维修作业的；

（3）伪造、转借、倒卖机动车维修竣工出厂合格证的；

（4）机动车维修经营者只收费不维修或者虚列维修作业项目的；

（5）机动车维修经营者未在经营场所醒目位置悬挂机动车维修经营许可证件和机动车维修标志牌的；

（6）机动车维修经营者未在经营场所公布收费项目、工时定额和工时单价的；

（7）机动车维修经营者超出公布的结算工时定额、结算工时单价向托修方收费的；

（8）机动车维修经营者不按照规定建立维修档案和报送统计资料的；

（9）违反本规定其他有关规定的。

（五）附则

1986 年 12 月 12 日交通部、原国家经委、原国家工商行政管理局发布的《汽车维修行业管理暂行办法》和 1991 年 4 月 10 日交通部颁布的《汽车维修质量管理办法》同时废止。

参 考 文 献

[1] 张国方. 汽车服务工程. 北京：人民交通出版社，2004.
[2] 朱杰. 汽车服务企业管理. 北京：电子工业出版社，2005.
[3] 杨善林. 企业管理学. 北京：高等教育出版社，2004.
[4] 杨建良. 汽车维修企业管理. 北京：人民交通出版社，2005.
[5] 冯崇毅. 汽车运输企业管理. 北京：人民交通出版社，1998.
[6] 丁波. 交通运输企业管理. 北京：机械工业出版社，2005.
[7] 鲍贤俊. 汽车维修业务管理. 北京：人民交通出版社，2005.
[8] 郑晓明. 现代企业人力资源管理导论. 北京：机械工业出版社，2002.
[9] 金润圭. 人力资源管理教程. 上海：立信会计出版社，2004.
[10] 苏秦. 现代质量管理学. 北京：清华大学出版社，2005.
[11] 栾庆伟. 财务管理. 大连：大连理工大学出版社，1998.
[12] 周国光，何公定编著. 道路运输财务管理学. 北京：人民交通出版社，2004.
[13] 李保良主编. 汽车维修企业管理人员培训教材. 北京：人民交通出版社，2004.
[14] 赵艳萍等. 设备管理与维修. 北京：化学工业出版社，2004.
[15] 李葆文. 现代设备资产管理. 北京：机械工业出版社，2006.
[16] 程诚. 汽车服务系统工程. 北京：人民交通出版，2005.
[17] 东强. 现代管理信息系统. 北京：清华大学出版社，2006.
[18] 邓凯. 电子商务. 北京：中国电力出版社，2003.
[19] 宓亚光. 汽车售后服务管理. 北京：机械工业出版，2006.
[20] 韦焕典，黄坚. 现代汽车配件基础知识. 北京：化学工业出版社，2009.